U0838668

青少年心理健康的影响因素及机制研究

王　勇　王兆娣　范昌杰　著

中国商业出版社

图书在版编目（CIP）数据
青少年心理健康的影响因素及机制研究 / 王勇，王兆娣，范昌杰著. -- 北京 : 中国商业出版社，2025. 4.
ISBN 978-7-5208-3372-1
Ⅰ. G444
中国国家版本馆CIP数据核字第2025SY5838号

责任编辑：吴　倩

中国商业出版社出版发行
（www.zgsycb.com　100053　北京广安门内报国寺 1号）
总编室：010-63180647　　编辑室：010-83128926
发行部：010-83120835/8286
新华书店经销
北京七彩京通数码快印有限公司印刷
*
710毫米 ×1000毫米　16开　11.25印张 220千字
2025年4月第1版　　2025年4月第1次印刷
定价：50.00 元
* * * *
（如有印装质量问题可更换）

前　言

青少年心理健康指的是在个体由儿童向成人过渡的成长期间，其心理状态能够维持稳定、正向且健康的状况。这一阶段，青少年正处于身心逐渐发展成熟的转折期，尚未构建起完全独立且健全的人格体系，因此在面对生活中的各种压力与挑战时，往往更容易遭遇心理上的困扰与问题。可以说，青少年心理健康极为重要，它对于青少年的全面发展、个性塑造以及未来生活的幸福与满足均具有深远影响。

青少年心理健康不仅关乎其当前的学习与生活状态，更是其未来人生道路上不可或缺的重要基石。一个拥有健康心理的青少年，能够更好地应对成长过程中的种种挑战，保持积极向上的生活态度，从而为未来的学业成就、人际关系以及职业发展奠定坚实的基础。

首先，高度重视青少年心理健康的维护与促进工作，通过提供必要的心理支持、开展有效的心理健康教育以及构建积极的成长环境等措施，为青少年的健康成长保驾护航。只有这样，才能确保青少年在成长的道路上保持心理健康、全面发展，并最终实现个人价值与社会价值的双重提升。一个具备良好心理状态的青少年，能够更加顺利地融入社会，有效管理人际关系，并在面对各种挑战与压力时能展现出更为坚韧不拔的精神风貌。在当今这个日新月异的时代，青少年群体在生理与心理两方面都处于成长与变革之中，他们对周遭环境的细微变动表现出高度的敏感性。正因如此，青少年心理健康具有其独特性。

青少年心理问题的严重性与复杂性呈现出日益加剧的趋势，越来越多的青少年正面临心理健康问题的困扰，且这些问题发生的年龄呈下降趋势。这一趋势不仅揭示了青少年心理健康问题的普遍性，更凸显了其严峻性与紧迫性。在当代社会背景下，青少年心理健康已成为一个不容忽视的重要问题，它不仅关乎青少年的成长与发展，更关乎社会的稳定。

其次，对青少年心理健康问题给予充分的关注与重视，通过深入研究其特征与趋势，探索更为有效的预防与干预策略，为青少年的健康成长保驾护航。只有这样，才能确保青少年在面对各种挑战与压力时，能够保持健康的心理状态，顺利度过青少年时期，成为社会的有用之才。

本书共分为六章，系统阐述了青少年心理健康的多维度影响因素及应对策略。

第一章聚焦青少年心理健康的基础理论，详细阐释了青少年心理健康及青少年心理健康教育的基本概念，深入剖析了影响其心理健康的多种因素，为后续章节奠定了坚实的理论基础。

第二章探讨家庭教育在青少年心理健康中的重要作用，详细分析了家庭关系、父母教育焦虑以及父母教养方式如何对青少年心理健康产生深远影响，并有针对性地提出了相应的干预策略，以期通过优化家庭环境来促进青少年的心理健康发展。

第三章着眼于学校教育对青少年心理健康的塑造作用，深入探讨了校园文化建设、学校美育以及学校体育运动在青少年心理健康培养中的独特价值，同时提出了有针对性的应对策略，旨在通过完善学校教育体系来助力青少年的心理健康成长。

第四章将视角转向网络文化，详细分析了新媒体下网络文化对青少年心理健康的复杂影响，特别是网络游戏、“饭圈文化”等新兴文化现象对青少年心理健康的潜在威胁，并在此基础上提出了有效的应对策略，以期引导青少年在网络世界中健康成长。

第五章探讨了青少年抑郁情绪的调节与干预策略，不仅详细阐述了青少年抑郁情绪的表现及情绪调节的重要性，还深入研究了动物辅助疗法和社会工作在青少年抑郁情绪调节中的应用，分析了当前的困境，并提出了切实可行的对策，以期有效缓解青少年的抑郁情绪，促进其心理健康。

第六章是对青少年心理健康教育对策及建议的综合阐述，从青少年心理健康教育的整体改善、课程开展以及多学科融入等多个维度出发，提出了全面而具体的对策及建议。同时，本章还创新性地提出了将体验式教学模式应用在青少年心理健康教育中，以期通过实践探索来缓解青少年的心理问题，推动青少年心理健康教育的积极发展，为青少年的健康成长提供有力保障。

鉴于我国青少年出现心理问题的比例不断攀升，加强青少年对心理健康的认知与理解，并深化心理健康教育就显得尤为重要。此举对于引导青少年树立积极向上的人生观、科学合理的价值观以及全面客观的世界观具有不可忽视的积极作用。构建一个涵盖“学校、家庭、社区”三方联动的综合性心理健康干预机制，不仅充分展现了政府对青少年心理健康的高度重视与深切关怀，还能够高效整合并充分利用各方资源与力量，形成优势互补、协同发力的良好局面，从而更有效地促进青少年的心理健康发展。

学校作为青少年学习与成长的主要场所，应当承担起心理健康教育主阵地的职责，通过开设心理健康课程、举办心理健康讲座、建立心理健康档案等多种形式，全面提升青少年的心理素质与应对能力。家庭作为青少年情感与心理支持的重要来源，应当营造温馨和谐的家庭氛围，加强与青少年的沟通交流，关注其心理变化，及时给予关爱与支持。社区作为青少年生活与社交的重要平台，应当积极搭建心理健康服务平台，组织心理健康宣传活动，提供心理咨询服务，为青少年创造更加健康、积极的成长环境。

通过学校、家庭、社区三方的紧密合作与共同努力，构建一个全方位、多层次、立体化的心理健康干预体系，将能有效促进青少年的心理健康发展，为他们的成长成才奠定坚实基础，同时也为社会的和谐稳定与繁荣发展贡献力量。

目　　录

第一章　青少年心理健康概述

推动个体全面发展，在很大程度上取决于教育的力量。“双减”政策的颁布使素质教育进入了新阶段，同时也使心理健康教育迎来了前所未有的历史机遇期。青少年群体，作为国家的未来与民族的希望之光，正处于生理发育的关键阶段，其深受复杂社会环境的影响，心理问题日益凸显。由心理问题引发的青少年违法犯罪或极端行为事件频发，进一步凸显了加强青少年心理健康教育的迫切性与重要性。

在此背景下，青少年心理健康教育的深化与拓展显得尤为关键。它不仅关乎青少年个体的健康成长与全面发展，更关系到社会的和谐稳定与国家的长远发展。因此，教育者必须从多个维度出发，构建全面、系统、科学的青少年心理健康教育体系。一方面，要加强学校心理健康教育，通过开设心理健康课程、建立心理健康档案、开展心理健康辅导等方式，提升青少年的心理素质与自我调适能力。另一方面，要发挥家庭在青少年心理健康教育中的基础性作用，加强家校合作，关注青少年的心理变化，及时给予关爱与支持。此外，还要充分利用社会资源，搭建心理健康服务平台，为青少年提供便捷、专业的心理咨询服务。

青少年心理健康教育的深化与拓展是一项系统工程，需要政府、学校、家庭和社会等各方面的共同努力与协作。只有这样，才能有效应对青少年心理问题，促进青少年的全面发展，为国家的繁荣富强与民族的伟大复兴奠定坚实的基础。

第一节　青少年心理健康概念及现状

一、心理健康与青少年相关概述

（一）心理健康的概念

世界卫生组织（WHO）认为，心理健康是个体能够应对生活中的各种压力、能够认识自己的能力、妥善学习和工作，为社区发展作贡献的一种心理健全状态。[①]《健康中国

---

① WHO. Mental Health［EB/OL］.（2022-06-17）［2024-04-11］. https://www.who.int/news-room/fact-sheets/detail/mental-health-strengthening-our-response.

行动（2019—2030年）》指出，心理健康是个人在成长和发展的过程中，认知合理、情绪稳定、行为适当、人际和谐、适应变化的一种完好状态。① 由此可见，心理健康有两层含义，一是感觉良好，能够体验积极的情绪，情绪稳定；二是功能良好，能够适应变化，行为适当、富有成效地学习和工作。

（二）青少年的界定

青少年这一概念的界定并没有严格意义上的标准，不同学科、组织也形成了不同的定义青少年的标准。从心理学的学科角度出发，按照人的生理和心理的发展特点，一般把青年时期界定为14~25岁，而14~18岁为青年初期；人口学根据一个人在青少年时期生理发育的正态曲线，把15~25岁的人称为青年；法学根据对法定责任与义务的充分履行，将人分为未成年人与成年人，而成年人的标准是18周岁；社会学从社会化的视角来看待青年，提出一个人只有在“获得职业、经济独立、建立家庭”之后，才会告别青少年时期；WHO将18~65岁的人定义为青年人；我国共青团将14~28岁的中国公民定义为青年。而联合国则将青年定义为年龄介于15岁与24岁之间的人，该定义是专门为“国际青年节”活动而下。目前，联合国公布的全部有关青年的数据，均依据该定义。

根据以上种种标准，可以判断青少年是从少年走向青年的阶段，大致包括少年与青年，是一个具有特殊含义和外延的概念。因此，根据本书的研究方法，结合我国青少年的身体发育、心理成熟度和社会环境等因素，将13~22岁的人群定义为青少年，并以中学生和大学本科生为主要研究对象。

现在的青少年相较之前的青少年具有一些新的特点，他们通过网络方式过早地接触到了很多成年人世界的事情，但他们的心智还不足以消化辨别这些内容，所以出现了一些所谓“小大人”的情况，太低龄的内容不适合他们，无法引起他们的兴趣；而偏向于供给成年人的内容也不适合他们的身心发展，易造成心理上的“早熟”。

二、青少年心理发展特点

青少年时期是介于童年与成年之间的人生关键转型阶段，在这一时期，青少年在生理与心理层面均经历着深刻的变革。由于心理成熟度较低，众多期望与愿景往往难以及时达成，进而容易滋生挫败情绪，引发一系列心理冲突与内在矛盾，青少年呈现出显著的心理不平衡状态。他们可能因无法达成某些目标而感到沮丧，因人际关系的不和谐而感到孤独，或因对未来的不确定而感到迷茫。这些心理冲突与矛盾不仅影响着青少年的日常生活与学习，更可能对其心理健康与未来发展产生深远影响。

---

① 健康中国行动推进委员会．健康中国行动（2019—2030年）［EB/OL］．（2019-07-15）［2024-04-11］．https：//www.gov.cn/xinwen/2019-07/15/content_5409694.htm.

青少年在这一时期面临着身心发展的双重挑战。生理上，他们正经历着快速的生长发育，身体机能与形态均发生了显著变化。心理上，他们开始探索自我认同，构建独立人格，同时，对周围世界的好奇与探索也日益增强。然而，心理发展尚未达到成熟水平，青少年在面对复杂多变的社会环境与人际关系时，往往难以有效应对，从而导致期望与现实之间的落差，进而产生挫败感与焦虑情绪。

关注青少年时期的心理发展变化，理解其心理不平衡状态的成因与表现，对于促进青少年的健康成长与全面发展具有重要意义。对此，需要通过有效的教育与引导，帮助青少年建立正确的自我认知，提升应对挫折的能力，从而顺利度过这一关键时期，实现身心的和谐发展。

（一）反抗性与依赖性

在青春期这一特殊阶段，青少年因强烈感知到自身正迈向成熟，随之萌生出显著的独立意识，这导致他们时常陷入与成人世界相抵触的情绪旋涡之中。此阶段，青少年倾向于尝试那些成人社会或许并不鼓励或允许的行为，以此来彰显自我的独立性。然而，值得注意的是，尽管青少年在行动上表现出对独立自主的渴求，但在内心深处，他们并未能完全割舍对父母的情感依赖，内心深处依然极度渴望能够从父母那里获得情感上的共鸣、精神上的理解与支持以及必要的保护。

青少年在这一时期可能会展现出一种矛盾的心理状态：一方面，他们渴望通过挑战权威、尝试新事物来证明自己的独立与成熟；另一方面，在面对生活的种种挑战与不确定性时，他们又会不自觉地寻求父母的庇护与指导，希望父母能够成为自己坚实的后盾。这种对独立与依赖的双重需求，使得青少年在情感上常常处于一种复杂而微妙的状态，既渴望挣脱束缚，又害怕失去依靠。

对于青春期的青少年而言，如何在追求独立与保持依赖之间找到恰当的平衡点，成为他们成长道路上必须面对的重要课题。而父母在这一过程中扮演着至关重要的角色，他们需要以更加开放、包容的心态去理解青少年的行为选择，给予他们必要的支持与引导，帮助他们逐步建立起独立面对生活挑战的信心，同时又不失时机地为他们提供一个温暖、安全的避风港。

（二）闭锁性与开放性

步入青春期的青少年逐渐构筑起内心的壁垒，将自我情感世界深锁其中。这一时期，他们的心理世界变得越发复杂且丰富多彩，然而，他们的外在表现却越发内敛，减少了情感的直接流露。对外界环境的不信任与不满情绪交织在一起，这进一步加剧了这种心理闭锁的程度。

然而，正是在这种看似封闭的外表下，青少年内心深处却涌动着强烈的孤独感与寂寞情绪。他们渴望得到他人的关怀与理解，期盼有人能够穿透他们筑起的心墙，触及他们真实的情感世界。为了缓解这份孤独，青少年们不遗余力地寻找着志同道合的朋友。

一旦找到了这样的朋友，他们便会毫无保留地敞开心扉，与之推心置腹地交流。在朋友面前，他们不再隐藏自己的真实想法与感受，而是愿意分享自己的喜怒哀乐，寻求情感上的共鸣与支持。这种对友情的珍视与渴望，正是青少年在心理闭锁与孤独感交织下的一种自然反应，也是他们寻求情感慰藉与心理支持的重要途径。

（三）勇敢与怯懦

在某些特定情境之下，青少年有时会展现出一种看似极为强烈的勇敢品质，然而，这种勇敢往往掺杂着鲁莽与轻率的元素，带有一种“无知者无畏”的特质。这主要缘于他们在思维层面较少受到既定规则与框架的羁绊，在主观意识中缺乏深思熟虑；同时，由于他们在认知能力上存在一定的局限性，他们往往难以迅速且准确地辨识出某一潜在的危险情境。

青少年在面临挑战或困境时，可能会表现出一种无所畏惧的态度，他们愿意挺身而出，勇于尝试。然而，这种勇敢往往缺乏足够的审慎与考量，容易使他们陷入盲目行动的风险之中。他们在思想上相对自由，不受传统观念的束缚，这在一定程度上促进了他们的探索与创新，但也可能导致他们在面对复杂或危险情境时，缺乏必要的判断与警惕。

青少年在认识能力上的局限性也是导致他们难以迅速辨析危险情境的重要原因。他们的认知发展尚未完全成熟，对于复杂信息的处理与整合能力相对有限，这可能导致他们在面对潜在危险时，无法及时作出准确的判断与应对。因此，对于青春期少年的勇敢行为，需要给予理解与引导，既要肯定他们敢于挑战的勇气，也要教育他们学会审慎与自我保护，避免因鲁莽而陷入不必要的风险之中。

（四）高傲与自卑

青少年尚未具备对自己进行全面、客观及准确评估的能力，他们往往仅凭一时的情感反应或直觉来形成对自我的认知，进而导致他们在自信方面出现偏差。具体而言，即便是数次或仅仅一次偶然的成功经历，也足以使青少年陷入自我满足与过度自信的状态之中而沾沾自喜；相反地，一旦遭遇数次偶然的挫败或失利，他们便可能迅速陷入极度的自卑之中，对自我价值产生严重的怀疑与否定。

在这一过程中，青少年对于成功与失败的反应过于敏感且缺乏理性分析，他们未能意识到成功与失败往往受到多种因素的共同影响，包括努力程度、外部环境、机遇等，而非完全取决于个人能力。因此，他们在面对成功与失败时，难以保持一种平和、理性的心态，而是容易陷入极端情绪的波动之中。

为了引导青少年形成更为准确、稳定的自我认知，需要加强对他们的教育与引导，帮助他们学会从多个角度、全面客观地分析成功与失败的原因，培养一种更为成熟、理性的自我认知与情绪管理能力。同时，也应鼓励青少年积极参与各种实践活动，通过实践来检验自己的能力，逐步建立起基于实际经验的自信与自尊。

三、青少年心理健康管理

（一）心理健康管理

心理健康管理是一项系统性工作，它旨在全面审视并评估个体或群体在心理健康层面的状况。这一过程包括对心理健康状态的细致分析，以及基于评估结果的精细化分类。随后，根据分类结果，为不同的个体或群体提供具有高度针对性的心理服务，以确保所实施的服务措施能够精准对接其心理健康需求。

心理健康管理不仅要求对个体的心理状态进行深入的探索与了解，还需要对群体性的心理健康趋势进行宏观的把握与监测。在评估过程中，要运用多种方法与工具，以获取全面、准确的心理健康数据。这些数据将作为分类与提供心理服务的重要依据。

分类环节则是根据评估结果，将个体或群体划分为不同的心理健康层级或类别。这一步骤有助于识别出那些需要特别关注或干预的群体，从而确保心理服务的资源能够得到合理、有效的配置。

最终，心理健康管理会根据分类结果，为不同的个体或群体量身定制心理服务方案。这些方案可能包括心理咨询、心理治疗、心理教育等多种形式，旨在帮助个体或群体提升心理健康水平，预防心理问题的发生，或促进心理问题的有效解决。

（二）青少年心理健康管理

青少年心理健康管理是一项综合性工程，是通过一系列精心设计的干预措施，对青少年的心理状态、情感反应、认知功能以及行为模式进行科学而系统的评估与有效管理。这一过程的核心目标是促进青少年的心理健康与全面发展，不仅要解决青少年可能面临的心理问题，更要挖掘并提升其潜在的心理能力，增强整体心理素质。

青少年心理健康管理首要的是促进青少年的健康成长。一个健全且稳定的心理状态，是青少年身心健康、学业进步以及适应社会的基石。通过科学的心理健康管理，可以及时发现并解决青少年在心理层面可能遇到的问题，为他们提供一个更加健康、积极的成长环境。

青少年心理健康管理还着眼于培养青少年的心理韧性，提升他们面对挫折与压力的能力。通过专业的心理干预与辅导，青少年能够学会如何更有效地管理自己的情绪，增强自我认知与提升自我调节的能力，以在面对生活中的挑战时能够保持冷静与理性，作出更明智的决策。

青少年心理健康管理是一项旨在促进青少年全面健康发展的系统性工程，它不仅关注心理问题的解决，更强调心理潜能的发掘与心理素质的提升，以为青少年的健康成长奠定坚实的基础。

四、青少年心理健康的风险影响因素

在探讨青少年心理问题的成因时，可以注意到，一系列复杂因素交织在一起，共同影响着青少年的心理健康状态。这些因素既包括个体层面的特质与经历，也涵盖环境层面的各种条件。综合多项研究成果，以下是一些值得特别关注的风险因素。

首先，从个体因素来看，青少年的性格特点、自我认知、应对压力的方式以及过往的心理创伤等，都可能成为影响其心理健康的重要因素。例如，内向、敏感的青少年可能更容易受到外界刺激的干扰，产生焦虑或抑郁的情绪；而自我认知不清或自我价值感较低的青少年，在面对挑战时可能更容易感到挫败与无助。

其次，环境因素对青少年的心理健康具有较大影响。家庭环境、学校氛围、同伴关系以及社会文化等，都是塑造青少年心理世界的关键要素。家庭中的亲子关系紧张、缺乏支持与理解，学校中的学业压力、师生关系紧张，以及同伴间的竞争与冲突，都可能成为引发青少年心理问题的导火索。

因此，在理解和干预青少年心理问题时，需要综合考虑个体与环境两方面的风险因素，制定针对性的预防与应对策略，以有效促进青少年的心理健康与全面发展。

五、新时代青少年心理健康现状分析

新时代青少年心理健康问题具有复杂性和多样性，主要表现在：一是情绪问题，如压力过大、专注困难、考试焦虑、成绩下滑，以及忧郁、失眠、脾气暴躁、厌学等症状；二是行为问题，如叛逆难管、冲动行为以及沉迷网络等；三是社交问题，如社交恐惧、自我认同困惑以及缺乏可交流的社交团体等。据《2024 年儿童青少年抑郁治疗与康复痛点调研报告》，被诊断为情绪障碍的青少年中，首次确诊的平均年龄为 13.41 岁，其中男孩占 51.0%。其中，一半孩子患病时长为 1 年至 4 年，约 1/3 的孩子患病时长为 3 个月至 1 年。《2022 年国民抑郁症蓝皮书》显示，我国 18 岁以下的抑郁症患者占总患病人数的 30%，其中 50%的抑郁症患者为在校学生。青少年抑郁症患病率已达 15%，接近成年人的水平。这些数据表明，青少年心理健康问题已成为不容忽视的社会现象。在上述报告中，诊断情绪障碍的青少年中曾经有过请假经历的占 82.3%，有过休学经历的占 53.85%，平均休学次数为 1.71 次。这进一步说明了心理健康问题对青少年学习和生活的影响。

然而，心理健康问题往往并不浮于表面，而是深深埋在孩子的心中，不知何时何地爆发出来，因此，学校、家长及整个社会都要加强对青少年心理健康教育的认知，重视青少年心理健康教育，做好相应的防范措施和工作。

第二节　青少年心理健康教育概念及现状

青少年阶段是个体成长历程中的关键时期，青少年心理发展具有高度的敏感性和可塑性，因此极易受到各方面因素的影响，进而可能导致一系列心理问题出现。鉴于此，我国政府高度重视青少年心理健康状况，通过一系列综合性措施，积极推动心理健康教育在教育体系中的深度融合与有效实施。

我国在教育政策的制定与执行过程中，充分考虑到青少年心理健康的重要性，将心理健康教育作为学校教育的一部分，通过优化课程设置、丰富教学内容、提升教师素养等方式，确保青少年能够在学习过程中获得必要的心理支持与指导。同时，我国还高度重视家校合作在青少年心理健康教育中的作用，家庭与学校之间通过加强沟通与协作，共同为青少年营造一个健康、积极、和谐的成长环境。

我国还不断探索和创新心理健康教育的方式与方法，力求在保障青少年身心健康的同时，促进其全面而个性化的发展。这些努力不仅体现了国家对青少年心理健康的高度重视，也为我国青少年心理健康教育事业的持续发展奠定了坚实的基础。

一、心理健康教育的概念与目标

心理健康教育作为一种新兴且内涵广泛的教育模式，对其概念的解读呈现出多元化的特点。从广义的视角审视，心理健康教育旨在促进个体维持良好的心理状态，是一种全面而深入的教育实践。而聚焦于狭义视角，它特指学校环境下的心理健康教育活动，涵盖了学生在校园内所接触到的知识讲座、心理辅导等多种形式的干预手段。这些手段不仅能普及心理健康知识，还能帮助学生逐步提高心理适应能力，有效预防心理疾病的出现，从而促进学生身心健康的发展，使他们能够以更加饱满的精力和状态投入到学习之中。

心理健康教育在学校中的实施，不仅涉及知识的传授，更重视通过实践性的辅导活动提升学生的心理素质。这些活动可能包括专题讲座、心理辅导课程、心理健康工作坊等，旨在通过多样化的教学手段，帮助学生理解心理健康的重要性，掌握维护心理健康的基本方法，并逐步形成积极、健康的心态。

心理健康教育还强调个体心理适应能力的培养，即帮助学生学会如何在面对压力、挑战等情境时，保持冷静、理性的应对态度，有效调节情绪，避免心理问题的滋生。这种能力的培养，不仅有助于学生当前的学业发展，更能为其未来适应社会和终身发展奠定坚实的基础。

二、青少年心理健康教育的必要性及重要价值

青少年，作为国家的未来与希望，其健康成长无疑是全社会的责任。在这一进程中，青少年心理健康教育扮演着无可替代的关键角色。具体而言，青少年心理健康教育的价值与意义，可以从以下几个角度进行深入的剖析与阐述。

首先，从个体发展的角度来看，青少年心理健康教育对于促进青少年的身心健康、提升其自我认知与情绪管理能力具有不可估量的价值。通过专业的心理健康教育，青少年能够更好地理解自己，学会有效地应对生活中的压力与挑战，从而能更好地成长与发展。

其次，从社会适应的角度来看，青少年心理健康教育在帮助青少年建立积极的社会交往模式、增强社会适应能力方面发挥着举足轻重的作用。通过心理健康教育，青少年能够学会如何与他人建立良好的关系，如何在社会中找到自己的位置，这对于他们未来的社会融入与职业发展至关重要。

最后，从预防与干预的角度来看，青少年心理健康教育在预防心理问题、及时识别并干预心理困扰方面也具有重要作用。通过早期的心理健康教育，可以及时发现并解决青少年的心理问题，避免问题进一步恶化，从而保护他们的心理健康。

青少年心理健康教育的价值与意义是多方面的，它不仅关乎青少年的发展，更关系到社会的和谐与进步。因此，必须高度重视青少年心理健康教育，为其提供必要的支持与保障，以确保青少年的健康成长与社会的可持续发展。

三、青少年心理健康教育取得积极进展

我国正致力于将心理健康教育深度融入教育政策体系之中，以期能更精准高效地推进青少年心理健康工作。此举旨在通过强化心理健康教育的政策导向与实践应用，切实提升青少年心理健康工作的针对性和实效性，从而为青少年的心理健康与个性全面发展提供更为坚实的支撑。

我国正在积极探索将心理健康教育纳入学校课程设置、教育教学活动及家校合作等多个环节，以确保青少年能够在全方位、多层次的教育环境中接受到系统的心理健康教育。通过这一系列举措，期望能够更有效地识别并满足青少年在心理健康方面的多样化需求，帮助他们保持积极健康的心理状态，培养他们坚韧不拔的心理品质，以及提升他们自我认知与情绪管理的能力。

我国还高度重视青少年个性全面发展的培养，认为心理健康教育在这一过程中发挥着不可或缺的作用。通过心理健康教育，青少年能够更好地理解自己，发掘自身潜能，形成独立自主的个性特征，以及培养创新思维与实践能力。这将为他们在未来的学习、工作与

生活中，更好地应对挑战、实现自我价值奠定坚实的基础。

我国正积极推进心理健康教育纳入教育政策，以期通过一系列具体而有效的措施，为青少年的心理健康与个性全面发展提供更为全面、深入的保障与支持。

四、新时代学校心理健康教育面临的困难与挑战

随着社会的发展和科技的不断革新，青少年正置身于信息量庞大、竞争态势激烈的时代洪流之中。这一时代背景给予了他们前所未有的机遇，同时也让他们面临着更为复杂多变的心理压力与重重挑战。在此背景下，青少年学校心理健康教育所面临的困境与挑战同样不容忽视。

随着信息时代的到来，青少年需要处理的信息量急剧增加，这对他们的信息筛选、处理能力提出了更高要求。同时，在日益激烈的社会竞争中，青少年不仅要面对学业上的压力，还要应对人际关系、自我认知等方面的挑战。这些压力与挑战的累积，给青少年的心理健康带来了巨大负担。

在此背景下，学校心理健康教育要承担的责任更为重大。然而，当前学校心理健康教育在资源分配、课程设置、师资力量等方面仍存在诸多不足，例如，心理健康教育资源分配不均，导致部分地区的青少年难以获得高质量的心理健康服务；课程设置缺乏针对性，难以满足青少年多样化的心理健康需求；师资力量薄弱，难以保证心理健康教育的专业性和有效性。

为了应对这些挑战，我们需要从多方面入手，重视学校心理健康教育的建设与发展，为青少年的健康成长提供有力保障。

第二章　家庭教育对青少年心理健康的影响

第一节　家庭关系对青少年心理健康的影响

家庭与青少年成长密不可分，其内部关系状态对青少年的心理健康发展具有极为关键的影响。一个和谐融洽、充满温情的家庭氛围，能够为青少年营造一个安全可靠的成长空间，这种环境对于塑造他们的自尊自信、增强他们的人际交往能力以及推动他们的学业进步等均具有积极的催化效应。反之，若家庭关系中充斥着矛盾与冷漠，则极有可能触发青少年一系列的心理困扰与障碍。

深入剖析，家庭关系的动态变化对青少年的心理演变与成长轨迹具有深远的影响。和睦的家庭关系宛如一剂强心针，能够强化青少年的心理韧性，帮助他们在面对外界挑战时能以积极的心态去应对。这种正面的心理支持，为青少年的全面发展奠定了坚实的基础。相反地，紧张的家庭氛围则可能削弱青少年的心理防御机制，使他们更容易陷入焦虑、抑郁等负面情绪之中，进而阻碍其正常的心理成长与社会适应。

家庭关系不仅关乎青少年即时的心理状态，更是影响其长远发展的核心要素之一。为了促进青少年的健康成长，就必须高度重视家庭关系的构建与维护，努力营造一个和谐、温暖的家庭环境，为青少年的全面发展提供有力的心理支撑。

一、家庭关系的基本理论与类型

（一）家庭关系的定义

家庭这一基于婚姻联结、血缘联系或法律认定而在家庭内部成员间确立的权利与义务架构，构成了维系家庭成员间互动往来的核心纽带。其内涵深远，不仅局限于家庭内部成员间的相互作用，更延展至家庭成员与外部社会环境之间的广泛交流。从这一维度出发，家庭关系的外延便体现在它对个体成长轨迹的深刻塑造以及对个体社会适应能力的深远影响之上。

家庭关系作为家庭内部互动的基石，其稳定与否直接关系到家庭成员间的情感联结与相互支持。一个和谐融洽的家庭环境，能够为个体提供情感上的慰藉与心理上的支持，从而促进其身心健康与全面发展。反之，若家庭关系紧张，成员间缺乏有效沟通与理解，则可能导致个体在成长过程中遭遇情感缺失与心理困扰，进而影响其社会适应能力的正常发展。

家庭关系对个体成长的影响还体现在价值观的传递与行为模式的塑造上。家庭作为个体社会化的首要场所，其内部的价值观、行为准则与生活方式等，都会潜移默化地传递给下一代，从而影响其人格特质与社会行为模式的形成。这种影响是深远且持久的，往往能够跨越时空的界限，对个体的终身发展产生重要影响。

家庭关系不仅作为家庭内部成员间互动的纽带而存在，其对个体成长轨迹的深刻塑造以及对个体社会适应能力也具有深远影响。因此，有必要高度重视家庭关系的构建与维护，以促进个体的全面发展与社会和谐进步。

（二）家庭关系的类型及其与青少年心理健康的关系

家庭关系的形态纷繁复杂，每一种形态都在不同程度上对青少年的心理健康产生着不同的影响。以下列举几种具有代表性的家庭关系模式，以探讨它们对青少年心理健康的具体作用。

首先，传统意义上的核心家庭，即由父母与未婚子女组成的家庭结构。在这种家庭中，父母通常能够给予子女较多的关注与支持，为其提供一个相对稳定与和谐的生活环境，这对青少年的心理健康发展具有积极的促进作用。

其次，单亲家庭作为一种特殊的家庭关系类型，其结构上的缺失可能导致青少年在成长过程中面临更多的挑战。在这种环境下，青少年可能需要承担更多的责任，同时由于缺乏另一亲职角色的陪伴与支持，可能会对其心理健康产生一定的负面影响。

最后，重组家庭，即由于父母再婚而形成的家庭结构，这也是需要关注的一种家庭关系类型。在这种家庭中，青少年可能需要适应新的家庭成员与家庭规则，这对其心理适应能力提出了较高的要求。同时，家庭成员间的复杂关系也可能成为青少年心理压力的来源。

此外，还有一种较为特殊的家庭关系类型，即寄养家庭或收养家庭。在这种家庭环境中，青少年可能需要面对与原生家庭的分离、新环境的适应以及身份认同的困扰等问题，这些都可能对其心理健康产生深远的影响。

综上所述，家庭关系的类型多种多样，每一种类型都在不同层面上对青少年的心理健康产生着复杂而深远的影响。因此，就需要更加细致地分析各种家庭关系模式的特点及其对青少年心理健康的具体作用，以期为青少年的健康成长提供更加有针对性的支持与指导。

二、家庭关系失衡状态对青少年心理健康的负面影响

（一）常见的家庭关系失衡状态

在家庭关系失衡的情境中，有的家庭表现为夫妻关系的不和谐，而有的则体现在亲子关系的疏离。无论这种失衡具体体现在哪一维度上，一旦其程度超越了家庭内部自我调适的阈值，都将不可避免地打破家庭关系的整体均衡状态。这种失衡状态，不仅侵蚀着家庭成员间的情感纽带，更在潜移默化中对子女的成长轨迹施加着不良的影响。

夫妻关系的失衡可能导致家庭氛围的紧张与冷漠，使得子女在成长过程中缺乏应有的关爱与温暖，进而在情感发展、社会交往乃至学业表现等方面出现偏差。而亲子关系的失衡，则可能表现为父母对子女的期望过高或忽视其成长需求，这种极端化的教养方式同样会对子女的心理健康与自我认同造成损害。

因此，无论是夫妻关系还是亲子关系的失衡，一旦超出家庭自我修复的能力范围，都将对家庭的整体功能与子女的健康成长造成严重威胁。家庭作为个体社会化的首要环境，其内部关系的和谐与否，直接关系到子女的心理发展与社会适应能力的形成。故而，必须高度重视家庭关系的平衡与协调，通过有效的沟通与干预措施，及时纠正家庭关系中的失衡现象，为子女的健康成长营造一个温馨、和谐的家庭环境。

（二）家庭关系失衡状态对青少年心理健康的负面影响

家庭内部关系的失衡，其外在表征往往体现为亲子间沟通渠道的阻塞、父母之间关系的紧张，以及家庭整体氛围的淡漠与疏离。这些不利因素，不仅深刻影响着家庭内部的和谐与稳定，更在无形中对青少年的心理健康状况造成了长远的冲击与影响。

具体而言，亲子沟通障碍可能导致青少年在情感表达、需求满足以及价值观形成等方面遭遇困扰，进而引发其内心的孤独感、无助感乃至对自我的怀疑。父母关系的紧张，则可能使青少年在成长环境中感受到持续的冲突与不安，这种不稳定的家庭氛围会加剧其心理负担，甚至可能促使其形成消极的应对策略与行为模式。而家庭氛围的冷漠与疏离，则可能剥夺青少年在成长过程中所必需的情感滋养与支持，使其在情感发展与社会适应方面面临更大的挑战。

综上所述，家庭关系的失衡，无论是表现为亲子沟通的受阻、父母关系的紧张，还是家庭氛围的淡漠，都在不同程度上对青少年的心理健康产生了较大的负面影响。因此，有必要从多个层面入手，积极寻求改善家庭关系、促进青少年心理健康发展的途径与方法。

三、青少年家庭关系改善策略

在当下这个日新月异的现代社会里，青少年与其家庭成员间的关系面临着诸多复杂多

变的挑战。这些挑战不仅源自繁重的学业负担，还深深植根于代际的认知鸿沟以及沟通不畅等多重因素之中。为了营造一个充满温情、相互扶持的家庭氛围，进而强化青少年与家庭成员间的情感联结，亟须采取一系列科学有效的策略，以期改善并优化家庭关系。

具体而言，这些策略可能涵盖提升家庭成员间的沟通技巧，鼓励全员参与家庭活动，为青少年提供一个自由表达个人见解与释放情感的平台，以及家长需对青少年在成长道路上的每一步都给予充分的理解与支持。通过这些细致入微的努力，不仅能够加深家庭成员间的相互理解，还能有效减少因误解而产生的冲突与矛盾，从而为构建一个更为和谐美满的家庭环境奠定坚实的基础。

在实施这些策略的过程中，需特别注意提升沟通技巧，因为良好的沟通是消除隔阂、增进理解的关键所在。同时，通过共同参与家庭活动，不仅能够增进家庭成员间的情感交流，还能培养青少年的团队合作精神与责任感。此外，为青少年提供一个安全、包容的表达环境，将有助于他们形成自信、健全的人格。而家长的理解与支持，则是青少年成长道路上不可或缺的坚实后盾。

综上所述，为了构建一个和谐美满的家庭环境，就需从多方面入手，采取一系列科学有效的策略，加强青少年与家庭成员间的联系与理解，共同应对成长道路上的挑战与难题。

第二节　父母教育焦虑对青少年心理健康的影响

父母教育焦虑，这一在教育实践活动中父母的一种主观心理状态，正随着经济社会的快速发展与教育观念的持续革新而日益凸显，其强度非但未见减弱，反而呈现出加剧的趋势。此种焦虑情绪的累积与蔓延，对青少年的成长，尤其是其学习情绪与心理状态，产生了复杂而深远的影响。

父母教育焦虑的不断升级，如同一股无形的压力，悄然渗透于青少年的日常生活与学习之中。在这种持续的压力之下，青少年的学习情绪极易受到波动，表现为学习兴趣的减退、学习动力的缺失，甚至可能产生逃避学习、抵触教育的消极心态。更为严重的是，长期的焦虑氛围还可能侵蚀青少年的心理健康，导致其在面对挫折与压力时缺乏应有的韧性与应对能力，进而出现自卑、抑郁等心理问题。

值得注意的是，父母教育焦虑对青少年的影响并非孤立存在，而是与家庭环境、学校教育以及社会氛围等多重因素相互交织，共同作用于青少年的成长过程。因此，在探讨如何缓解父母教育焦虑、促进青少年健康成长时，就需要从多个维度入手，综合考虑各种因素的作用机制与影响路径。

父母教育焦虑已成为当前教育领域一个值得重视的问题，其对青少年的学习情绪与心理健康产生的负面影响不容忽视。为了构建一个更加健康、和谐的教育环境，我们需深入剖析父母教育焦虑的成因与影响，探索有效的应对策略与干预措施，以期实现青少年身心的全面发展与健康成长。

一、教育焦虑的定义

教育的定义，可从宽泛与具体两个层面来剖析。从广义的视角来看，教育涵盖了社会各个角落、学校各类课程以及家庭环境中的种种教育实践与活动。若从狭义的角度来审视，教育则聚焦于学校这一特定场所中的教育过程，特指学生在校园内所经历的学习与发展。

在探讨教育焦虑这一概念时，学术界普遍倾向于采用狭义的教育定义作为出发点。具体而言，家长的教育焦虑，主要聚焦于他们对子女在学校教育过程中所经历的点点滴滴以及最终学习成果的深切关注与忧虑。这种焦虑情绪，不仅体现了家长对子女未来发展的高度重视，也映射出在当前教育环境下，家长所面临的种种压力与挑战。

尽管狭义的教育定义在界定教育焦虑时具有其独特的优势与便利性，但教育者也不应忽视广义教育在教育焦虑形成与发展过程中的潜在影响。社会、学校与家庭作为教育的三大支柱，它们之间相互作用与影响，共同作用于个体的成长轨迹与教育经历，进而也在无形中影响着家长的教育焦虑情绪。

教育的定义具有广义与狭义之分，而在探讨教育焦虑时，学术界普遍采用狭义的教育概念。然而，教育者仍需保持开放的心态，全面审视广义教育在教育焦虑形成与发展中的重要作用，以期更深入地理解这一现象的本质与根源。

教育焦虑，这一涉及对学校教育活动及其效能认知的复杂议题，其核心在于家长普遍期望孩子在每一个教育节点上都能迈入理想的学府，并在此过程中接受到最为优质的教育指导与训练。在教育体系内部，考试选拔机制作为社会分层的重要媒介，其运作方式深刻影响着个体的成长路径与未来前景。在这一过程中，学业成绩的评判与社会评价紧密交织，共同塑造着学生的身份认同与价值导向。

考试选拔不仅是对学生知识掌握程度的一次检验，更是对其社会阶层归属的一次初步划分。优异的成绩往往意味着更多的资源与机会，而这一切又与个体未来的职业发展紧密相连。在就业市场上，各类社会资本在教育系统中的竞争达到了白热化状态，它们通过影响教育资源的分配与个体的教育选择，进而在就业这一关键环节上展开激烈的角逐。

教育焦虑反映了家长对学校教育活动的深切期盼与对子女未来发展的高度关注。而考试选拔作为教育影响社会分层的关键渠道，其公正性与有效性直接关系到个体的成长机会与社会流动。同时，学业评判与社会评价的紧密结合，以及就业市场上社会资本的激烈竞争，共同构成了教育焦虑产生的复杂背景与深层动因。

教育焦虑，这一在当代社会中广泛存在的心理状态，体现为家长对子女教育成果的过度忧虑与深切关注。其核心在于，家长担心孩子无法进入优质学校，无法在教育过程中获得公正对待，进而影响到其未来能否顺利进入心仪的高等学府，并最终影响其在社会就业市场的顺利融入与良好发展。

这种焦虑情绪不仅关乎孩子能否获得良好的教育资源与学习环境，更涉及对教育公平的深切关注。家长担心，由于种种因素的制约，孩子可能无法在教育竞争中占据有利位置，从而错失进入优质学校的机会。这种担忧进一步延伸至高等教育阶段，即孩子能否凭借自身实力与努力，成功迈入心仪大学的校门。

更为深远的是，教育焦虑还涉及对孩子未来就业前景的忧虑。家长深知，在当前竞争激烈的就业市场中，一份来自知名大学的毕业证书往往能为求职者增添不少筹码。他们深怕孩子在教育过程中的任何一环出现偏差，最终导致其在就业市场上处于不利地位。因此，就需要深入剖析教育焦虑的成因与影响，寻求有效的应对策略，以缓解这一社会现象带来的负面影响①。

本章中的“家长”角色特指儿童成长过程中最主要的照料者与培育者，即生活中通常所说的父母。这一界定具体涵盖了那些子女正处于幼儿园至高中这一关键教育阶段的家长。而“教育”一词，在此处则主要聚焦于子女的学校教育历程，涵盖从基础知识的学习到综合素质的培养。

通常将“家长教育焦虑”这一概念定义为：家长对于子女在学校教育过程中所经历的以及由此产生的教育成果与教育回报的不确定性所持有的一种担忧与焦虑情绪。这种不确定性可能源于多种因素，如子女的学习表现、学校的教学质量、未来的就业前景等。家长教育焦虑不仅体现了家长对子女未来发展的深切关注，也反映了在当前复杂多变的教育环境中家长所面临的心理压力与挑战。

本章所探讨的家长教育焦虑现象，是围绕子女学校教育过程、教育成果及教育回报的不确定性而展开的，它深刻影响着家长的心理状态与子女的成长环境。这就需要从多个角度深入剖析这一现象，以期提出有效的应对策略，为家长与子女创造一个更加健康、和谐的教育氛围。

① 王洪才．教育失败、教育焦虑与教育治理［J］．探索与争鸣，2012（2）：65-70.

二、父母教育焦虑的类型

（一）子女成长发展焦虑

在子女逐步成长与发展的每一个阶段，父母对子女的身心健康状况、在校的学习表现以及长远的个人发展持有高度的关切与忧虑。

首先，父母普遍将子女的身心健康视为一切教育活动得以有效实施的前提与基石，同时，这也是影响子女学业成就与未来规划的关键因素。他们认为，唯有在身心健康得到充分保障的基础上，子女方能全身心地投入到学习中，进而为未来的个人发展奠定坚实的基础。

其次，子女的学业表现，作为衡量教育效果与子女学习能力的重要指标，自然而然地成为现阶段父母最为关注且重视的方面。学业成绩的好坏，不仅直接反映了子女在知识掌握与技能提升上的成效，更在某种程度上预示着其未来能否在竞争激烈的社会中占据一席之地。因此，父母对子女的学业表现寄予厚望，同时也对此充满了焦虑与不安。

最后，子女的未来发展，作为教育成果的最终体现，无疑是父母最为关心的议题之一。然而，未来的不可预知性与不确定性，却使得父母在为子女规划未来时充满了焦虑与迷茫。他们深知，尽管教育可以为子女的未来提供一定的助力，但面对瞬息万变的社会环境与激烈的竞争态势，子女的未来发展仍然充满了挑战与未知。

综上所述，子女的成长与发展，作为父母教育焦虑情绪的最直接客体，其身心健康、学业表现以及未来发展均成为父母密切关注与深切忧虑的焦点。

（二）自身教育参与焦虑

父母在子女教育参与过程中体验到的焦虑情绪，可称之为“自我教育参与焦虑”。这一焦虑情绪具体体现在对教育方法选择的困惑以及对自身教育能力不足的担忧上。

在教育旅程的起点，父母往往面临着教育方法的艰难抉择。他们渴望为子女找到最为适宜的教育路径，以促进其全面发展。然而，面对多种多样的教育理念与方法，父母常常感到无所适从，不知从何下手。他们既担心所选方法无法与子女的个性与需求相匹配，又忧虑教育理念的正误会对子女的成长产生负面影响。这种对教育方法选择的迷茫与对教育理念的纠结，构成了父母自我教育参与焦虑的重要组成部分。

而且，随着教育过程的深入，理想与现实之间的差距逐渐显现。父母在实践中可能会遇到种种挑战与困难，如子女的学习进展不如预期、行为表现出现偏差等，这些现实问题往往会引发父母对自身教育能力的深刻反思与质疑。他们开始担心自己是否具备足够的知识与技能来引导子女健康成长，甚至忧虑自身的局限与不足，会导致教育结果的失败，给子女的未来带来不可弥补的遗憾。

综上所述，自我教育参与焦虑是父母在子女教育参与过程中普遍体验到的一种心理状态，它既包括了对教育方法选择的迷茫与对教育理念的纠结，也涵盖了对自身教育能力的怀疑与对教育结果失败的担忧。这种焦虑情绪不仅影响着父母的教育决策与行为，也对子女的成长与发展产生了深远影响。

三、父母教育焦虑的外在表现形式

（一）超前教育现象

教育焦虑会致使家长产生许多不恰当的教育行为，最普遍的就是增加子女的学业压力和学习强度。根据中国父母焦虑指数的调查，有近一半的家长同意孩子需要提前学习超纲知识。超前学习意味着过度、过早地开发了孩子的认知能力，孩子所学的内容远超其所应该掌握的知识，甚至违背身心发展规律。

耿羽①研究发现，有的家长从幼儿园阶段就会给孩子听原版英语材料，从大班开始送到培训机构学奥数，小学就考 FCE（First Certificate in English，针对英语处于中高级水平的考试），学了英语后又继续学第二外语等行为。并且这种现象随着社会对各方面能力的重视，家长超前教育的内容也越来越多。有研究指出阅读对知识学习的重要性，阅读能力更能促使成功，于是家长就早早地为孩子报上幼儿阅读班；我国《九校联盟（C9）计算机基础教学发展战略联合声明》中强调计算思维能力的重要性，于是有些家长就给孩子报幼儿编程辅导班，培养其计算思维。家长给孩子施加过多的学习压力，而忽略儿童的生理发展特点，违背教育规律，除了给孩子增加许多不必要的学业负担外，还可能导致孩子产生自信受挫、抵触学习等问题。②

（二）教育投资过度

家长教育焦虑的又一显著特征体现为对教育投资的过度热衷，这具体体现在不惜重金择校、盲目报众多辅导班，以及过早地将子女送往海外求学等多个层面。部分家长在实施这些举措时，往往忽视了子女对这些辅导班的实际兴趣与参与度，是否真正促进了其才艺的提升与个人发展；同时，也未充分考量辅导老师是否能有效填补子女学习上的空白，是否在教学过程中注重培养子女的独立思考能力，以及子女是否能在学习过程中体会到乐趣与成就感。

家长这种一味加大教育投资的行为，旨在提升子女在教育竞争中的优势地位，企图通过增加教育投资来获取更为理想的回报，从而缓解自身的焦虑情绪。然而，这种做法不仅加重了家庭的经济负担，还可能对子女的成长产生不利影响。

---

① 耿羽．莫比乌斯环："鸡娃群"与教育焦虑［J］．中国青年研究，2021（11），80-87.

② 冯博，宋莉莉．中国城市家长教育焦虑现状解读［J］．管理观察，2018（23），141-143.

部分经济条件较为优渥的家庭，会选择将子女送往国外留学，以此作为规避国内高考竞争压力的一种途径。这种做法虽然在一定程度上为子女提供了更为宽广的学习与发展空间，但同样也可能导致子女在异国他乡面临诸多挑战与适应难题。

家长教育焦虑所导致的过度教育投资行为，不仅增加了家庭的经济负担，还可能对子女的成长与发展产生复杂而深远的影响。因此，就需要深入剖析这一现象背后的原因与动机，探索更为合理与有效的教育方式，以期在缓解家长教育焦虑的同时，为子女的健康成长提供有力保障。

四、父母教育焦虑产生的负面影响

家庭教育，作为衡量社会发展趋势的重要风向标与前沿阵地，其动态变化深刻影响着个体的成长轨迹。在这一过程中，父母的教育焦虑情绪，往往会在潜移默化中渗透至孩子的学习态度与社会行为之中，对孩子产生深远的影响。

学生，作为拥有独特个性、丰富多样性与完整发展潜力的独立个体，其成长过程理应得到充分尊重与个性化引导。然而，当前以考试为核心的价值导向与密集式的教养模式，却在无形中给青少年带来了沉重的身心负担。这种教育模式不仅忽视了学生间的差异性，更在一定程度上剥夺了他们自主选择与探索的权利。

面对这一现状，许多家长与学生开始迫切地寻找他人教育成功的范例与模式，企图通过套用这些所谓的“成功公式”来达成自身教育的目标。这种盲目追求标准化的教育，不仅导致了教育过程的僵化与同质化，更在一定程度上抑制了学生创新思维与个性发展。

更为严重的是，这种量化、标准化的教育模式的负面效应日益凸显。它不仅加剧了教育竞争的白热化，更在一定程度上扭曲了教育的本质与目的，使得教育成为一种功利化的工具，而非促进个体全面发展的有效途径。

综上所述，家庭教育作为社会发展的晴雨表，其动态变化值得密切关注。在当前以考试为主导的教育环境下，父母的教育焦虑与孩子的学习负担问题亟待解决。对此，应积极倡导尊重个体差异、鼓励创新发展的教育理念，以期在减轻学生身心负担的同时，推动教育事业的健康与可持续发展。

五、父母教育焦虑影响青少年心理健康发展的应对策略

家长所承受的教育焦虑情绪，对于构建和谐温馨的家庭氛围构成了潜在的威胁，甚至会对孩子的心理健康发展造成不利影响。在这一背景下，心理老师作为连接家庭与学校心理工作的重要桥梁，其在调节家长与学生情绪关系方面扮演着至关重要的角色。

心理老师需充分发挥专业优势与教育智慧，以多元化视角，从多维度为家长提供有效

的情绪疏导与心理支持。通过一系列科学、合理且富有针对性的方法与策略，帮助家长缓解教育焦虑情绪，从而打造更加和谐稳定的家庭环境，为青少年的健康成长创造有利条件。

具体而言，心理老师可以运用心理咨询技巧，引导家长正视并接纳自身的焦虑情绪，同时教授其有效的情绪调节方法；还可以组织家校合作活动，增进家长与孩子之间的沟通与理解，促进亲子关系的和谐发展。通过这些努力，心理老师不仅能够帮助家长缓解教育焦虑，还能够促进家庭与学校的紧密合作，共同为青少年的健康成长保驾护航。

（一）加强家校沟通，缓解家长教育焦虑情绪

家校之间的有效沟通对于增进家长对家庭教育的认知，促进家校双方形成教育合力，以及为孩子营造有利的成长氛围具有积极作用。这种沟通机制能够促使家长更深入地理解学校教育的方式方法、教育理念及具体教学内容，从而激发家长主动参与学校教育工作的积极性与主动性。

通过有效的家校沟通，家长不仅能够与学校在教育目标、教育内容以及教育方法上达成高度一致，还能够确保家庭教育与学校教育在方向上保持一致，从而形成协同育人的良好局面。这种一致性与协同性对于为孩子营造一个和谐统一、积极向上的成长环境至关重要，有助于孩子在身心各方面得到全面发展与健康成长。

此外，家校沟通还能够促进双方在教育过程中加强相互理解与支持，增强教育合力，共同应对孩子成长过程中可能遇到的各种挑战与问题。这种合作不仅有助于提升教育效果，还能够为孩子提供更加全面、细致且个性化的教育服务，促进其综合素质的全面提升与健康成长。

（二）搭建“全员全过程育人”联动链条，培养孩子积极心理

学校的心理健康教育工作的开展绝非仅限于心理教师群体，而是需汇聚校内多方资源与力量，共同构建一个覆盖全员、贯穿全程、渗透全方位的育人体系。通过精心构建“全员参与、全程关注、全方位育人”的联动机制，能够更有效地促进孩子积极心理品质的养成。

这一联动链条的搭建，旨在打破传统心理健康教育工作的局限，将关注点从单一的心理老师群体扩展至全校师生及管理人员，实现心理健康教育工作的全员参与。同时，通过强调“全程关注”，可确保心理健康教育能够在孩子成长的每一个阶段都为其保驾护航，以及时识别并应对他们可能出现的心理问题，为他们的健康成长提供持续的支持与保障。

此外，“全方位育人”的理念要求教育者不仅关注孩子的心理健康状态，还要将心理健康教育工作融入学校教育的各个方面，包括课程设置、校园文化、师生关系等，以形成一个立体、多元、互动的心理健康教育生态系统。通过这一生态系统的构建，能够更加全

面地培养孩子的积极心理品质，助力他们成为具有健康心态、坚韧意志与良好社会适应能力的未来栋梁。

（三）开展家长课堂，科普教育理念

在当今这个日新月异的时代，教育环境日益呈现出复杂性与多变性的特征。倘若家长依旧墨守成规，沿用陈旧的教育理念，很可能难以适应孩子成长与发展的多元化需求。因此，探索新型教育模式，特别是开设家长科普课堂，成为应对这一挑战的重要途径。

家长科普课堂在促进家校合作、增进彼此理解方面发挥着举足轻重的作用。它不仅能够让家长深切感受到教师对学生无微不至的关怀与付出，从而加深他们对学校教育工作的认知与支持，还能够向他们传授科学、先进的教育理念。这些理念强调个体差异与全面发展，鼓励家长摒弃片面的比较心理，转而关注孩子独特的成长轨迹与内在需求。通过减少不必要的比较行为，家长能够更加理性地看待孩子的成长，进而在与孩子相处的过程中减少矛盾与冲突，营造更加和谐的家庭氛围。

因此，通过家长科普课堂这一平台，引导家长树立科学、合理的教育理念，不仅有助于优化家庭教育环境，提升家庭教育的质量与效果，还能够为孩子的全面发展奠定坚实的基础。这对于促进孩子身心健康，培养其独立思考与创新能力具有重要意义，值得深入探索与实践。

第三节　父母教养方式对青少年心理健康的影响

家庭作为青少年由个体步入社会的第一场所，承担着青少年社会化启蒙的角色，其中，父母不仅是青少年成长道路上的引路人，更是他们人生旅途中的首任导师。父母的教养模式与方式，在青少年的发展过程中举足轻重，对其性格塑造、价值观念形成以及行为习惯养成等方面均产生深远影响。

父母通过日常的言传身教，向青少年传递社会规范、道德准则及生活技能，这些早期经验为青少年后续的社会适应与人际交往奠定了坚实的基础。同时，父母的教养方式还直接关系着青少年的自我认知与情感发展，影响着他们在面对挑战时的应对策略与心理韧性。

父母应当意识到自身教养方式的重要性，积极采用科学合理的教育方法，为青少年营造一个充满爱与尊重的成长环境。这不仅有助于青少年形成健全的人格与积极的价值观，还能促进他们在学业、社交及情感等多个领域的均衡发展，为未来的生活奠定良好基础。

一、父母教养方式的相关概述

（一）父母教养方式的定义

父母在培养与教育子女过程中所采用的教养方式，实则是一系列相互交织、彼此影响的行为模式与策略的综合体现。这些行为模式并非孤立无援的个体，而是如同一幅错综复杂的画卷，相互依存、共同铺陈，为青少年的成长之路勾勒出一个全方位、多维度的环境背景。

父母的教养方式涵盖了从日常生活的细微关怀到长远规划的宏观指导等多个层面。这些行为模式不仅涉及父母对子女的直接教导与要求，还包含他们通过言传身教所传递的价值观、生活态度以及处理问题的方式方法。这些元素相互融合、相互作用，共同营造了一种既具有稳定性又充满变化性的成长环境，对青少年的性格塑造、价值观念形成以及行为习惯养成等方面均具有深远而持久的影响。

针对此，有必要深入探讨父母教养方式的内在逻辑与外在表现，以期更好地理解其对青少年成长的重要作用，并为优化家庭教育环境、促进青少年全面发展提供有益的参考与借鉴。

（二）父母教养方式与青少年社会行为之间的关系

情感支持与温暖的滋养，在青少年的成长与发展过程中，扮演着不可或缺的角色。这种源自外界的正向情感输入，犹如一股温暖而坚定的力量，持续地为青少年提供心理上的支撑与鼓舞。它不仅能够促进个体内心世界的丰富与成熟，还能够增强其在面对挑战时的心理韧性。

情感支持如同心灵的避风港，为青少年提供了一个安全、接纳的环境，使其能够自由地表达情感、分享经历，并从中获得理解与共鸣。这种支持不仅有助于缓解个体的心理压力与焦虑情绪，还能够激发其内在的积极力量，促进自我成长与提升。

而温暖的滋养作用，则更多地体现在对青少年情感需求的满足与滋养上。它如同阳光雨露，滋养着个体的心田，使其能够茁壮成长。这种滋养不仅能够提升青少年的幸福感与满足感，还能够促进其形成更加积极、乐观的人生态度。

情感支持与温暖的滋养作用在青少年的成长与发展中具有重要意义，它们共同构筑了一个充满爱与关怀的成长环境，为青少年的全面发展奠定了坚实的基础。

在青少年的成长与教育过程中，实现要求与控制的精妙平衡，是一项至关重要的艺术。这种平衡并非简单的折中或妥协，而是基于对要求与控制的深入理解与精准把握，以促进青少年的全面发展与自我实现。

父母对青少年潜能的挖掘与期望的设定，如同一座灯塔，为青少年指明了前进的方向。而控制，则是对青少年行为与选择的适度引导与规范，它确保了青少年在追求目标的过程中不会偏离正轨。

在要求与控制之间寻求平衡，意味着既要激发青少年的内在动力，又要确保其行为的合理性与规范性。这要求教育者或家长在设定期望时，既要考虑到青少年的实际情况与兴趣爱好，又要对其行为进行必要的引导与监督。

这种平衡的实现还需要教育者或家长具备高度的敏感性与灵活性，他们需要根据个体的成长阶段与心理状态，适时调整要求与控制的力度与方式，以确保青少年能够在一个既充满挑战又充满支持的环境中茁壮成长。

掌握要求与控制的平衡艺术，是青少年成长与教育过程中的一项重要任务。它要求教育者或家长在深入了解青少年需求与特点的基础上，灵活运用各种策略与方法，以实现青少年的全面发展与自我实现。

在教育实践的广阔天地中，反馈与奖惩机制如同一双无形的手，以其独特的导向力量，引领着青少年行为与认知的积极发展。这一机制不仅体现为对青少年行为结果的及时回应，更在于通过精准的策略与手段，塑造青少年未来的行动路径。

反馈作为连接行为与结果的重要桥梁，它以一种动态、即时的方式，将青少年的行为表现与其产生的后果紧密相连。正面的反馈如同温暖的阳光，照亮青少年前行的道路，激发其内在的积极性与创造力；而负面的反馈则如同冷静的灯塔，指引青少年在迷雾中找到正确的方向，促使其反思与改进。

奖惩机制，则是对反馈的一种具体化与强化。它通过设立明确的奖励与惩罚标准，为青少年的行为提供了清晰的价值导向。奖励如同甘甜的果实，激励着青少年持续付出努力，追求卓越；而惩罚则如同苦涩的良药，警醒青少年避免重蹈覆辙，规范其行为边界。

值得注意的是，反馈与奖惩的导向力量并非孤立存在，而是相互交织、共同作用于青少年的成长过程。它们既是对青少年行为的即时回应，也是对青少年未来行动的长期引导。因此，在教育实践中，教育者应当精心构建反馈与奖惩机制，确保其既能够准确反映青少年的行为表现，又能够激发其内在的潜能与动力，为青少年的全面发展提供坚实的支撑。

在教育实践的广阔领域里，沟通与示范作为两种强有力的教育手段，展现出的榜样效应不容忽视。它们不仅影响着青少年的行为模式与价值观念，更在潜移默化中塑造着社会的文化风貌与道德风尚。

沟通，作为信息交流的桥梁，其能够织就理解与共鸣的纽带。教育者通过真诚的对话与倾听，不仅能够及时了解青少年的需求与困惑，还能够以平等、尊重的姿态传递正确的价值观与行为规范。这种基于沟通与理解的互动方式，有助于激发青少年的内在动力，促进其自我认知与情感发展的提升。

而示范，则是以身作则的直观展现。教育者通过自身的行为表现，为青少年树立了可资借鉴的榜样。无论是日常生活中的小事，还是职业生涯中的大事，教育者的每一个行为都蕴含着深刻的教育意义。青少年在观察与模仿的过程中，不仅能够习得具体的技能与知识，更能够领悟到榜样背后所蕴含的道德观念与价值观念。

沟通与示范的榜样效应，不仅体现在个体层面的成长与发展上，更在社会层面发挥着深远的影响。它们通过塑造个体的行为模式与价值观念，进而影响着社会的文化风貌与道德风尚。一个注重沟通与示范的社会，往往能够培养出更多具有责任感、同情心与创造力的人才，为社会的进步与发展注入源源不断的活力。

家庭环境作为一种无形的力量，在潜移默化之中影响着青少年的成长、发展。这种影响不仅渗透于日常生活的点滴之中，更在青少年的性格塑造、价值观念形成以及行为习惯养成等方面发挥着重要作用。

家庭氛围的营造如同春风化雨，虽无声却有力。一个温馨和睦、充满爱与尊重的家庭环境，能够给予青少年充分的安全感与归属感，激发其积极向上的生活态度与探索精神。在这样的氛围中，青少年往往能够更加自信地面对生活中的挑战与困难，勇于追求自己的梦想与目标。

一个冷漠疏离、缺乏沟通与理解的家庭环境，则可能对青少年的成长产生负面的影响。在这样的氛围中，青少年可能会感到孤独无助，缺乏自信与动力，甚至出现逃避现实、自我封闭等心理问题。

家庭氛围潜移默化的影响不容忽视。家长应当注重营造积极健康的家庭环境，通过言传身教、情感交流等方式，为青少年提供成长所需的养分与支持。同时，社会与学校也应当加强对家庭教育的关注与引导，共同为青少年的全面发展创造更加有利的条件。

二、父母教养方式的类型及对青少年心理健康的影响

（一）权威型教养方式

权威型教养方式，作为一种兼具理性光辉与民主精神的家庭教育模式，在青少年成长道路上发挥的作用不容小觑。此种教养方式不仅致力于培育青少年的独立思维与自主能力，使其在面对生活挑战时能够展现出坚定的自我决断与行动能力；而且，它能够塑造青少年的亲社会倾向，引导其形成乐于助人、尊重他人、遵守社会规范的良好性格品质。

在这一教养模式下，家长并非单纯扮演着命令者的角色，而是成为青少年成长路上的引路人与伙伴。他们通过平等对话与理性引导，鼓励青少年表达个人观点，培养其批判性思维与解决问题的能力。同时，家长也以身作则，通过自身的行为示范，向青少年传递正

确的价值观与道德准则，为其社会行为的正向发展奠定坚实的基础。

权威型教养方式不仅是对青少年个体潜能的深度挖掘与全面培养，更是对社会和谐与进步的有力推动。它强调在家庭教育的微观层面，通过理性与民主的结合，实现青少年独立性与亲社会性的双重提升，为青少年的全面发展与社会的持续繁荣贡献力量。

（二）专制型教养方式

在家庭教育的多样模式中，专制型教养方式因其鲜明的严格架构与高强度的管控特性，成为值得深入探讨与反思的教育实践案例。此种教养模式不仅仅是一种简单的育儿手段，它更像是一把双刃剑，既可能通过严格的规则与要求，为子女构建一个清晰的行为边界与预期目标，也可能因过度的控制性，限制了子女的自主发展与个性表达。

专制型教养方式的核心在于其对子女行为的严格规范与高度监控。家长通过设定一系列明确的行为准则与期望，对子女的日常行为进行严格的监督与管理。这种教养方式往往强调秩序与服从，要求子女无条件地遵循家长的意愿与安排。然而，正是这种高强度的管控，使得子女在成长过程中可能面临过多的压力与限制，进而影响到其自主性、创造力以及社交技能的发展。

专制型教养方式也引发了人们对于教育目标与手段之间平衡的深刻思考。一方面，严格的规则与要求确实有助于培养子女的责任感与自律性；另一方面，过度的控制也可能导致子女在情感上产生疏离感，甚至引发反叛与逃避行为。因此，如何在保持教育秩序的同时，给予子女足够的自主空间与情感支持，成为家庭教育领域亟待解决的重要课题。

专制型教养方式在家庭教育中展现出了其独特的复杂性与挑战性。它既可能带来积极的教育效果，也可能引发一系列潜在的问题与风险。因此，对于这一教养模式的深入反思与探讨，不仅能更全面地了解家庭教育的多样性与复杂性，也为优化教育实践、促进子女的全面发展提供了有益的启示。

（三）放任型教养方式

在多种家庭教育方式中，放任型教养方式作为一种独特的育儿哲学，其核心特征在于父母对青少年行为采取了一种低要求或宽松管控，以及高接纳或积极响应的教养策略。这一模式并不意味着对子女的行为放任自流，而是父母在尊重子女个性与自主性的基础上，给予其更广阔的空间去探索、学习和成长。

具体而言，采用放任型教养方式的父母，倾向于对子女的日常行为设定较为宽泛的界限，避免过度干涉或严格规定。他们相信，通过提供一个相对自由与开放的家庭环境，能够激发子女的内在动力，培养其独立思考与解决问题的能力。同时，父母在子女遇到困惑或挑战时，会给予高度的接纳与情感支持，通过积极的倾听与反馈，帮助子女建立自信，增强其应对生活挑战的能力。

然而，放任型教养方式也面临着一定的挑战与争议。一方面，过度的放任可能导致子女在行为上缺乏规范与约束，影响其社会适应能力与责任感的培养；另一方面，高接纳与积极响应的教养策略，若未能与适当的引导与教育相结合，也可能使子女在价值观形成与道德判断上出现偏差。

因此，在家庭教育实践中，放任型教养方式需要父母在尊重子女自主性与提供必要引导之间找到恰当的平衡点。通过合理的规则设定、积极的情感支持与适时的教育引导，既保障子女的个性发展与情感需求，又培养其成为具有责任感、自律性与社会适应能力的个体。

（四）忽视型教养方式

忽视型教养方式，作为一种消极的育儿策略，其根本特征在于父母对青少年成长过程中的需求与行为表现的显著忽视或缺乏有效关注与回应。在此模式下，父母往往未能充分重视或积极回应青少年的情感需求、心理变化及行为动向，甚至在某种程度上有意无意地忽略或否定青少年的情感体验与基本权利。

采用忽视型教养方式的父母可能因忙于个人事务、缺乏育儿知识或情感疏离等，未能给予青少年足够的关注与支持。他们在面对青少年的情感表达、心理困惑或行为问题时，往往表现出冷漠、忽视或回避的态度，未能提供及时、有效的引导与帮助。这种长期的忽视与缺乏关注，不仅可能导致子女在情感上感到被遗弃与孤立，还可能引发其自尊心受损、自我价值感降低等一系列心理问题。

忽视型教养方式还可能对子女的社会适应能力与人际关系产生负面影响。由于缺乏父母的关爱与支持，子女可能难以形成健康的自我认知与积极的社交态度，进而在人际交往中出现退缩、防御或攻击性的行为。这不仅会影响其当前的社交体验与生活质量，还可能对其未来的社会融入与职业发展造成潜在的障碍。

忽视型教养方式作为一种消极的育儿策略，其对青少年成长与发展的负面影响不容忽视。父母应充分认识到忽视型教养方式的潜在危害，积极调整育儿态度与方法，为子女提供一个充满关爱、支持与理解的成长环境。

（五）溺爱型教养方式

溺爱型教养模式，以其鲜明的“过度保护”特质，在育儿领域成为一种备受瞩目的并常受批评的教育实践。这种模式根植于父母对子女深厚且无私的关爱之情，然而，正是这份深沉的爱，由于缺乏合理的界限设定与必要的成长引导，往往容易陷入误区，从而对子女的成长产生不利影响。

具体而言，采用溺爱型教养方式的父母，往往对子女的需求与愿望表现出过度的满足与迁就，忽视了培养其独立性与自我管理能力的重要性。他们可能过于关注子女的物质需求与情感满足，却未能适时地引导其学会面对挫折、承担责任与自我成长。这种过度保护的做法，虽然短期内看似为子女营造了一个无忧无虑的成长环境，但长远来看，却可能削弱其社会适应能力、自我挑战精神与责任感。

更为关键的是，溺爱型教养方式还可能对青少年的心理发展产生负面影响。在缺乏适当挑战与成长机会的环境中，青少年可能难以形成健康的自我认知与积极的自我价值感。他们可能变得过于依赖他人、缺乏自信与独立思考能力，甚至在面对困难与挑战时，表现出逃避、恐惧或无助的心态。

因此，溺爱型教养方式虽然源于父母对子女深沉的爱，但其缺乏界限与引导的特点，却容易使这份爱陷入误区，对子女的全面发展产生不利影响。为了促进子女的健康成长，父母应重新审视自己的育儿方式，学会在关爱与引导之间找到恰当的平衡点，为子女提供一个既充满爱又充满挑战的成长环境。

三、父母教养方式影响青少年心理健康的应对策略

（一）提升父母的心理健康水平

在青少年的成长中，父母扮演着至关重要的双重角色：他们既是青少年日常生活的悉心照料者，也是其心灵世界的敏锐引航人。父母的心理健康状况，宛如一面清晰而深刻的镜子，不仅映射出家庭氛围的微妙变化，更在无形中深刻塑造着青少年的性格特点与心理发展轨迹。正因如此，深入探究并采取措施提升父母的心理健康水平，不仅是对父母自身福祉的深切关怀，更是为青少年构建一个健康、积极且充满正能量的成长环境的关键所在。

父母的心理健康状态直接影响着家庭内部的情感交流与互动模式。一对心理健康的父母，能够以更加开放、包容的心态面对生活中的挑战与变化，从而营造出一种温馨、和谐的家庭氛围。这种氛围如同肥沃的土壤，滋养着青少年的心灵，促进其形成乐观向上、坚韧不拔的性格特质。

若父母的心理健康出现问题，家庭氛围往往也会变得紧张、压抑，这不仅会阻碍青少年的正常心理发展，还可能引发一系列行为问题与心理困扰。因此，提升父母的心理健康水平，不仅是对青少年成长环境的优化，更是其心理健康发展的有力保障。

探讨并实践提升父母心理健康水平的策略与方法，不仅关乎父母个人的幸福与成长，更是为青少年创造一个健康、积极成长的环境。通过加强心理健康教育、提供心理咨询服务等措施，可以为父母提供必要的支持与帮助，共同为青少年的全面发展与健康成长贡献力量。

（二）运用团体辅导干预父母教养方式

团体辅导作为一种极具成效的方法论，为父母提供了优化其教养方式的宝贵契机。通

过这一集体互动的平台，父母们能够相互学习、彼此借鉴，从而在提升自我育儿智慧与能力的过程中大步前进。它不仅为父母们开辟了一条探索高效教养策略的有效途径，更是助力他们在育儿道路上实现自我成长与蜕变的得力助手。

具体而言，团体辅导通过精心设计的活动与讨论环节，引导父母们深入剖析自身的教养行为，识别并理解其中可能存在的误区与不足。同时，它也鼓励父母们分享各自的成功育儿经验，从而在相互启发与激励中，共同探索更加科学、合理的教养之道。这一过程不仅有助于父母们建立正确的育儿观念，还能提升他们在实际育儿场景中的应对策略与技巧。

此外，团体辅导还强调情感支持与社会联结的重要性。它让父母们在面对育儿挑战时，不再感到孤立无援，而是能够在一个充满理解、鼓励与支持的团体中，找到共鸣与力量。这种情感上的联结与支持，对于增强父母的育儿信心与动力，以及促进家庭关系的和谐与稳定，都具有不可估量的价值。

综上所述，团体辅导以其独特的优势与功能，成为父母改善教养方式、提升育儿智慧与能力的重要平台。它不仅能够为父母们提供实用的育儿知识与技能，还能在情感与社会层面给予他们强有力的支持与帮助，共同为构建更加健康、和谐的家庭环境贡献力量。

（三）挖掘培训学校与社区资源的潜力

在青少年逐步走向成熟的成长之旅中，培训学校与社区资源作为两大不可或缺的基石，蕴藏着无尽的潜能与价值。它们能够提供具有针对性的指导与帮助。

培训学校通过其专业的课程体系与丰富的教学经验，为父母提供了学习先进育儿理念、掌握科学教养方法的宝贵平台。在这里，父母们能够系统地学习青少年的心理发展规律、行为特征以及沟通技巧，从而在实际育儿过程中更加游刃有余，能有效地应对各种挑战与困惑。

社区资源则以其独特的地理优势与丰富的活动形式，为父母与青少年搭建了互动交流的桥梁。社区通过亲子活动、家庭教育讲座以及心理健康辅导等服务，不仅增强了家庭成员之间的情感联结，还为父母提供了观察、了解青少年真实需求与心理状态的窗口。这些活动不仅有助于父母更好地理解青少年的内心世界，还能激发他们探索更加适宜、有效的教养策略。

培训学校与社区在青少年成长过程中扮演着举足轻重的角色。它们通过提供有针对性的指导与支持，不仅提升了父母的教养能力，还促进了家庭成员之间的沟通与理解，为青少年营造了一个更加健康、和谐的成长环境。因此，应充分利用这两大资源，共同为青少年的全面发展贡献力量。

（四）加强心理咨询和治疗

在应对教养青少年过程中所遭遇的棘手难题与挑战时，一部分父母亟须借助专业的心理咨询与治疗服务，作为强有力的外部支持与干预。这些专业的心理健康服务，其核心价值在于，它们不仅能够辅助父母精准识别并有效转变那些可能对青少年成长产生负面影响的教养模式，还能够精心指导他们掌握并实践一系列更为积极、科学的育儿方法与策略。

心理咨询与治疗通过一系列精心设计的评估与干预流程，帮助父母深入挖掘自身教养行为背后的深层次原因与动机，从而让他们能够更加客观地审视并调整那些可能阻碍青少年健康发展的消极教养模式。这一过程不仅有助于父母提升自我觉察与反思的能力，还能为他们提供一套全新的视角与工具，以更加积极、理性的态度面对育儿过程中的各种挑战。

心理咨询与治疗还着重于引导父母学习并应用一系列基于科学研究与实践验证的育儿方法与技巧。这些方法与技巧包括情感管理、社交技能、自我认知以及问题解决能力等方面，旨在促进青少年的全面发展。通过系统的培训与指导，父母们能够逐步建立起一套科学、系统的育儿知识体系，从而在实际育儿过程中更加游刃有余，为青少年的健康成长奠定坚实的基础。

第三章　学校教育对青少年心理健康的影响

第一节　校园文化建设对青少年心理健康的影响

校园作为教育教学活动的主阵地，其文化氛围的营造对于师生的成长与发展具有举足轻重的作用。开展校园文化建设，旨在营造一种与教育教学活动相得益彰，有力推动青少年全面发展的环境氛围。对于学校而言，校园文化不仅是其生命力的象征，更是实现可持续发展的关键所在；而对于青少年群体，校园文化则如同一股清泉，滋养着他们的心灵世界，并在潜移默化中发挥着辅助心理健康教育的重要功能。

具体而言，校园文化是学校精神风貌与价值追求的集中体现。它通过一系列丰富多彩的活动与载体，如校训、校徽、校歌以及各类社团活动、文体竞赛等，将学校的办学理念、教育理念以及人才培养目标等深层次的文化内涵传递给每一位师生。这种文化氛围的营造，不仅有助于增强师生的归属感与凝聚力，还能激发师生的创新精神与实践能力，为学校的持续发展注入不竭的动力。

对于青少年而言，校园文化更是一片沃土，滋养着他们的心灵。在良好的校园文化氛围中，青少年能够接触到多样化的思想观点、价值观念以及行为模式，从而拓宽视野、增长见识，并在实践中锻炼自己的批判性思维与创新能力。同时，校园文化还能为青少年提供一个展示自我、实现价值的舞台，让他们在参与各类活动的过程中体验到成功的喜悦与成长的快乐。

校园文化在青少年心理健康教育方面发挥着不可替代的作用。它通过营造一种积极向上、和谐包容的氛围，帮助青少年树立正确的世界观、人生观与价值观，增强他们的心理韧性与适应能力。当青少年面临学习压力、人际关系等心理困扰时，校园文化中的积极因素能够为他们提供有效的心理支持与情感慰藉，从而缓解其焦虑、抑郁等负面情绪，实现身心的健康发展。

青少年教育的深入实施应当高度重视校园文化的建设与发展。通过营造良好的校园文化氛围，让青少年在潜移默化中受到积极的影响，这不仅能够促进他们的身心健康与全面发展，还能为学校的持续发展注入新的活力与动能。

一、青少年心理健康教育与校园文化建设的关系

（一）青少年心理健康教育与校园文化建设的共性

青少年心理健康教育的实施与校园文化建设的推进，在主体层面展现出高度的一致性，这一共识构成了两者协同发展的坚实基础。具体而言，青少年作为心理健康教育的直接受众与受益者，同时也是校园文化氛围的营造者与体验者，他们在这一过程中扮演着至关重要的角色。无论是心理健康教育的深入开展，还是校园文化的精心培育，都需紧紧围绕青少年这一核心主体，充分尊重其主体地位，发挥其主观能动性。

进一步而言，青少年心理健康教育与校园文化建设的主体都指向青少年。心理健康教育旨在通过一系列科学、系统的干预措施，帮助青少年建立积极的自我认知、情绪管理能力以及良好的人际关系，从而促进其心理健康与全面发展。而校园文化建设则致力于营造一个积极向上、和谐包容的校园环境，为青少年提供丰富的精神滋养与成长平台。两者在促进青少年健康成长、提升综合素质方面殊途同归，共同指向了青少年这一核心主体的发展需求。

因此，在青少年心理健康教育与校园文化建设的实践中，应始终坚持主体一致性的原则，确保两者在目标设定、内容安排、方法运用等方面相互衔接、相互促进。

青少年心理健康教育的深化推进与校园文化建设的持续优化，在目标层面上呈现出显著的统一性，这一共识为两者的有机融合与协同发展奠定了坚实的基础。具体而言，青少年心理健康教育致力于培养青少年具备良好的心理素质、健康的情感状态以及较强的人际交往能力；而校园文化建设的核心则在于营造一个能促进青少年的全面发展的校园环境。尽管两者在实施路径与具体举措上各有侧重，但在促进青少年健康成长、提升综合素养这一根本目标上却高度一致。

从更深层次来看，青少年心理健康教育与校园文化建设的目标都是为了青少年健康成长。心理健康教育通过一系列科学、系统的干预措施，旨在为青少年的健康成长奠定坚实的心理基础。而校园文化建设则通过精心设计的校园环境、丰富多彩的校园活动以及积极向上的校园氛围，为青少年提供一个充满正能量、有利于身心发展的成长空间。两者在促进青少年心理健康、提升综合素质方面相辅相成，共同致力于实现青少年的全面发展。

因此，在青少年心理健康教育与校园文化建设的实践中，应充分认识到两者目标的统一性，确保两者在实施过程中相互支撑、相互促进。

在探索青少年心理健康教育与校园文化建设的有效路径时，两者在方法层面所展现出的同一性，为两者的深度融合与协同发展提供了坚实的支撑。具体而言，青少年心理健康教育倾向于采用一系列科学、系统的干预策略，如认知行为疗法、情绪调节训练以及社交

技能培训等，帮助青少年建立积极的心理防御机制、提升情绪管理能力以及增强人际交往技巧。而校园文化建设则侧重于通过环境营造、活动组织以及价值引领等手段，构建积极向上、和谐包容的校园环境，为青少年提供丰富的精神滋养与成长平台。尽管两者在方法的具体运用上各有侧重，但在促进青少年心理健康、提升综合素质这一共同目标上，却呈现出高度的一致性。

进一步而言，青少年心理健康教育与校园文化建设在方法上的同一性，体现在两者都强调以青少年为中心，注重其主体性的发挥。心理健康教育通过个性化的干预措施，尊重青少年的个体差异，激发其内在潜能，引导其积极面对生活中的挑战与压力。而校园文化建设则通过多样化的活动，鼓励青少年积极参与，培养其团队合作精神、创新思维以及社会责任感。两者在方法上的这种同一性，不仅有助于提升青少年的心理健康水平，还能促进其全面发展，为其未来的人生道路奠定坚实的基础。

因此，在青少年心理健康教育与校园文化建设的实践中，应充分把握两者在方法上的同一性，确保两者在实施过程中相互协调、相互促进。

（二）青少年心理健康教育与校园文化建设内容的互补性

校园文化建设是一项涵盖多个维度的综合性工程，其核心内容主要聚焦于校园物质文化、精神文化以及制度文化三个层面。其中，校园物质文化主要体现为校园环境的布局与美化、教学设施的配置与优化等方面；精神文化是校园文化建设的灵魂所在，它涵盖了教风、校风以及学风等多个方面的建设。具体而言，教风建设侧重于教师职业素养与教学风格的塑造，旨在培养一支具有专业素养与人文关怀以及高度责任感的教师队伍；校风建设致力于营造一种积极向上、和谐包容的校园氛围，让每一位师生都能产生归属感与荣誉感；学风建设则强调学生学习态度、学习方法以及学术诚信等方面的培养，旨在激发学生的求知欲与创新精神。

在制度文化建设方面，它作为校园文化建设的保障与支撑，其内容主要包括各项德育管理制度的制定与实施。这些制度不仅规范了师生的行为准则，还为校园文化的传承与发展提供了有力的制度保障。具体而言，德育管理制度涵盖了学生行为规范、奖惩机制、心理健康教育与辅导等多个方面，旨在通过制度化的手段，引导师生树立正确的价值观与道德观，培养其良好的行为习惯与道德品质。同时，这些制度还为校园文化的创新与发展提供了广阔的空间与极大的可能，鼓励师生在遵守基本规范的前提下，积极探索、勇于创新，共同推动校园文化的繁荣发展。

校园文化建设的内容丰富多彩，涵盖物质文化、精神文化以及制度文化等层面。在实践中，应充分把握这些内容的内在联系与逻辑关系，确保校园文化建设各项工作的有序开展与深入推进。通过不断优化校园环境、提升师生精神风貌、完善德育管理制度等措施，为青少年提供一个更加健康、和谐、富有活力的成长环境，助力其全面发展与健康成长。

心理健康教育的范畴广泛而深远，其内涵不应仅局限于心理健康知识的普及、心理健康意识的树立、简单心理调节方法的了解以及心理异常现象的识别等认知层面的教育，更应涵盖个性完善教育的多个维度，包括正确认知的引导、情绪情感的培育、意志力的强化等方面。

在认知教育方面，心理健康教育致力于通过系统的知识传授，使个体能够全面、科学地认识到心理健康的重要性，掌握基本的心理调节技巧，并能够对心理异常现象保持正确的认知。这不仅有助于提升个体的心理素质，还能为其在面对生活压力与挑战时提供有效的心理支持。

在个性完善教育层面，心理健康教育更加注重个体内在品质的塑造与提升。正确认知的引导，旨在帮助个体建立积极、理性的自我认知，提升自我觉察与反思的能力，从而在面对复杂多变的社会环境时能够作出明智的决策。情绪情感的培育，则强调个体应学会合理表达与管理自己的情绪，培养健康、稳定的情感状态，这对于维护个体的心理健康与人际关系和谐至关重要。而意志力的强化，则是通过一系列的训练与实践，提升个体的自我控制能力、坚持力与毅力，使其在面对困难与挑战时能够保持坚韧不拔的精神状态。

心理健康教育既涵盖了认知层面的教育，又注重个性完善教育。在实践中，应充分把握这些内容的内在联系与逻辑关系，确保心理健康教育的实施能够全面、深入地促进个体的心理健康与全面发展。

（三）青少年心理健康教育与校园文化建设的相互作用

心理健康教育在校园文化的构建与发展中扮演着举足轻重的角色，其对校园文化建设的推动作用不容忽视。具体而言，心理健康教育通过一系列科学、系统的干预措施，不仅有助于提升师生的心理健康水平，还能在潜移默化中促进校园文化的繁荣发展。

一方面，心理健康教育通过普及心理健康知识、树立心理健康意识以及提供心理咨询服务等方式，帮助师生建立正确的自我认知、情绪管理以及人际交往能力。这些能力的提升，不仅有助于个体在面对生活压力与挑战时保持积极、乐观的心态，还能促进师生之间的和谐关系，为校园文化的建设营造一个积极向上的氛围。

另一方面，心理健康教育还通过引导师生参与校园文化活动、培养团队合作精神以及激发创新思维等手段，推动校园文化的多元化与创新性发展。在这些活动中，师生能够共同探索、学习并传承校园文化的精髓，同时将其与个人成长相结合，形成具有特色的校园文化品牌。

校园文化在青少年心理健康的塑造与培育过程中，发挥着至关重要的作用。具体而言，一个积极向上、和谐包容的校园文化环境，能够为青少年提供健康成长的土壤，对其心理健康产生积极的影响。

校园文化通过营造积极向上的氛围，激发青少年的学习热情与生活动力。丰富多彩的校园活动、积极向上的校训校风以及和谐融洽的师生关系，共同构成一个充满正能量的校园文化环境。在这样的环境中，青少年能够感受到来自学校与社会的关爱与支持，从而增强自信心与归属感，有助于其形成积极、乐观的心理品质。

校园文化还通过提供多样化的成长平台，促进青少年的全面发展与心理健康。学校可以组织各类社团活动、志愿服务以及心理健康教育讲座等，为青少年提供展示自我、锻炼能力的机会。这些活动不仅能够丰富青少年的课余生活，还能帮助他们在实践中学会合作、沟通与解决问题，从而提升其社会适应能力与心理韧性。

校园文化中的价值引领与行为规范，也对青少年的心理健康产生着深远的影响。学校通过制定明确的校规校纪、倡导积极向上的价值观，引导青少年树立正确的世界观、人生观与价值观。这些价值观念的塑造，有助于青少年在面对生活挑战时保持冷静、理性的态度，从而维护其心理健康的稳定与平衡。

校园文化建设在推动教育心理学领域的发展中，扮演着举足轻重的角色。具体而言，一个充满活力、和谐包容的校园文化环境，不仅能为教育心理学的研究提供丰富的实践土壤，还能为其理论的深化与创新提供不竭的动力源泉。

校园文化建设通过营造积极向上的氛围，激发了师生对教育心理学研究的兴趣与热情。学校可以组织各类心理健康教育活动、学术研讨会以及实践项目，为师生提供一个交流思想、分享经验的平台。这些活动不仅丰富了师生的课余生活，还促进了教育心理学理论与实践的紧密结合，为学科的发展注入了新的活力。

校园文化建设中的价值引领与行为规范，对教育心理学的研究方向与内容产生了深远影响。学校通过倡导积极向上的价值观、制定明确的校规校纪，引导师生关注青少年的心理健康与成长需求。这些价值观念的塑造与行为规范的制定，为教育心理学的研究提供了明确的目标与导向，推动了学科在青少年心理健康、教育干预与评估等方面研究的深入。

校园文化建设还通过提供多样化的教育资源与支持，促进了教育心理学研究的深化与创新。学校可以建立心理健康教育中心、心理咨询室等专业机构，为师生提供专业的心理支持与咨询服务。同时，学校还可以与高校、科研机构等建立合作关系，共同开展教育心理学的研究与实践项目，推动学科在理论与实践层面的协同发展。

二、校园文化对青少年心理健康教育的积极作用

（一）促进青少年正确自我意识的形成

青少年心理健康的一个重要标志在于其能够形成正确的自我意识，这一意识涵盖了自

我观念与自我评价两大核心方面。健全且积极的自我意识，对于推动青少年个性品质的塑造与发展具有至关重要的作用。

在教育实践中发现，优质的教育教学环境是培育青少年正确自我意识的温床。由于青少年的心理发展尚处于不成熟阶段，他们往往对他人的评价表现出高度的敏感性，并且十分在意自己在同伴群体中的位置与角色。同时，在学习过程中的成功与失败，对于他们的情感体验而言，也是极为深刻且影响深远的。

青少年在成长过程中，会不断地从周围环境中汲取信息，以此来构建和完善自我观念。这些信息可能来自家庭、学校、同伴以及社会等多个渠道，而教育教学环境则是其中最为关键的一环。一个充满关爱、尊重与理解的教育环境，能够引导青少年形成积极的自我认知，帮助他们正确评价自己的能力与价值，从而培养自尊、自信的心理品质。

正确的自我评价也是青少年自我意识成熟的重要标志。青少年在学习与生活中所经历的每一次成功与失败，都会成为他们自我评价的重要依据。一个能够正确看待自己成功与失败的青少年，往往能够保持一种平和的心态，积极面对生活中的挑战与困难。

良好的教育教学环境对于培养青少年正确的自我意识具有至关重要的作用。在教育实践中，应高度重视教育教学环境的营造与优化，为青少年提供一个充满关爱、尊重与理解的成长空间，帮助他们形成积极的自我认知与正确的自我评价，从而推动其个性品质的健康发展。

（二）帮助青少年构建和谐的人际关系

在人际交往的广阔舞台上，青少年能否构筑起和谐的人际联系，成为衡量其心理健康发展水平的一把关键标尺。一个和谐融洽的人际环境，无疑为青少年的心理健康铺设了一条通往彼岸的阳光大道。众多研究成果均指出，青少年所遭遇的种种心理困扰，往往与扭曲的师生关系、紧张的同伴关系存在着千丝万缕的联系。因此，助力青少年搭建起稳固而积极的人际桥梁，成为推动其心理健康持续进步的先决条件。

在校园这一方小小的天地里，校风与班风如同无形的指挥棒，深刻影响着青少年人际关系的走向。一个积极向上、温馨和谐的校园文化氛围，宛如一股清新的风，悄无声息地浸润着青少年的心灵。通过不断加强校园文化建设，可以让青少年在潜移默化中受到熏陶，从而逐步扭转不良的人际互动模式，为良好人际关系的生根发芽创造有利条件。

学校可以积极组织各类团队活动、心理健康教育课程以及角色扮演等活动，为青少年提供多样化的交流平台与机会。这些活动不仅能够增进青少年之间的了解与信任，还能帮助他们学会倾听、尊重与包容，从而在实践中逐步构建起健康、稳定的人际关系网络。

青少年人际关系的和谐与否，直接影响其心理健康。而校风与班风作为校园文化的重要组成部分，对于青少年人际关系的塑造具有不可小觑的影响。因此，加强校园文化建设，为青少年营造一个积极、健康的人际交往环境，成为促进其心理健康发展的重要途径与手段。

（三）帮助青少年保持积极健康的情绪

在个体进行心理活动的全过程中，情绪体验总是如影随形，成为衡量心理健康状态的一面镜子。校园文化的诸多构成元素宛如双刃剑，既能对青少年的情绪施加积极正面的影响，也可能带来消极负面的效应。校园文化所营造出的心理氛围与环境，对青少年的心态塑造起着至关重要的作用——它既能催化出青少年积极乐观的心境，也可能诱发焦虑与压抑的情绪反应。

鉴于此，教育工作者需深刻意识到加强校园文化建设的重要性，致力于打造一个有利于青少年积极情绪发展的环境氛围。这样才能为青少年构建一个能够滋养积极健康情绪生活的乐园，进而为其茁壮成长筑就坚实的基础。

教师可以通过策划与开展丰富多彩的文化活动、构建和谐的师生关系以及营造积极向上的班级氛围等手段，来优化校园文化环境。这些举措不仅能够激发青少年的正面情绪，还能有效提升他们的情绪管理能力，帮助他们学会在面对挑战与压力时保持冷静与乐观。

教师还应密切关注青少年的情绪变化，及时识别并干预他们可能存在的负面情绪倾向。通过提供个性化的心理支持与辅导，教师可以帮助青少年建立正确的情绪认知，学会运用积极有效的情绪调节策略，从而确保他们的情绪始终保持健康、积极。

加强校园文化建设，为青少年营造一个促进积极情绪发展的氛围与环境，是教育工作者在推动青少年心理健康发展道路上不可或缺的一环。通过精心设计与实施一系列文化教育活动，教师可以为青少年的情绪健康与心理健康提供强有力的支持与保障。

（四）推动青少年个性化发展

在校园生活的广阔舞台上，丰富多彩的校园文化活动不仅满足了青少年日益增长的精神文化需求，还为他们提供了个性化发展的广阔空间。通过参与这些精彩纷呈的活动，青少年得以拓宽自己的社交领域，原本可能内向、孤僻的个体也能在这一过程中学会与他人建立联系，逐步融入集体之中。

在校园文化活动的参与过程中，青少年不仅扩大了自己的社交圈，更重要的是，他们在与同伴的紧密合作中深刻体会到了团结的力量，学会了如何在团队中发挥自己的作用，共同为达成目标而努力。这种团结协作的经历，不仅增强了他们之间的凝聚力，还营造了一种团结友爱的良好氛围，为青少年的健康成长提供了有力的支持。

多样化的课外活动犹如一道亮丽的风景线，为青少年在紧张的学习之余提供了心灵的慰藉与放松。这些活动不仅能够帮助他们缓解学习压力，释放内心的负面情绪，还能够拓宽他们的视野，让他们接触到更广阔的世界。在参与活动的过程中，青少年的兴趣得到了培养与激发，他们的个性也在不断的探索与尝试中得到了良好的发展。

丰富多彩的校园文化活动在校园生活中扮演着举足轻重的角色。它们不仅满足了青少年的精神文化需求，促进了其个性发展，还为青少年提供了锻炼社交能力、增强团结协作意识、拓宽视野与培养兴趣的重要平台。因此，学校应高度重视校园文化活动的建设与发展，为青少年的健康成长提供更加丰富多样的资源与支持。

三、校园文化建设中实现心育功能的路径探析

校园文化建设是一项涵盖多个维度的系统性工程，其丰富性通过多样化的表现形式得以彰显。具体而言，校园文化建设包括校园环境美化、人文气息营造以及文化生活丰富这三个相辅相成的方面。通过精心规划与巧妙布局，多种形式的校园文化能够共同编织出一个全方位的浸润式成长环境，对青少年的心理发展施加全面而深远的影响。

在校园环境美化方面，学校应注重绿化景观的打造、设施设备的完善以及整体布局的和谐，为青少年提供一个既美观又实用的学习生活环境。这样的环境不仅能够提升青少年的审美品位，还能在潜移默化中培养他们的环保意识与责任感。

在人文气息营造方面，学校应通过组织各类文化活动、举办学术讲座以及推广优秀传统文化等手段，营造一种积极向上、充满人文关怀的校园文化氛围。这种氛围能够激发青少年的学习热情与探索精神，促进他们全面发展与健康成长。

文化生活的丰富性也是校园文化建设不可或缺的一环。学校可以鼓励青少年积极参与各类社团组织、志愿服务以及艺术表演等活动，让他们在实践中锻炼能力、展示才华。这些活动不仅能够丰富青少年的课余生活，还能增强他们的团队协作能力与社会适应能力。

第二节　学校美育对青少年心理健康的影响

一、美育与心理健康的概述

美育，作为一种培育青少年审美素养与创造力的教育形式，其核心在于引导青少年学会认知美、欣赏美乃至创造美，本质上是一种深刻的情感教育过程。美育不仅着眼于提升青少年的艺术鉴赏力与审美水平，更致力于激发他们的情感共鸣与审美体验，从而塑造其完整而丰富的人格。

美育通过一系列精心设计的课程与活动，如美术创作、音乐欣赏、文学阅读及戏剧表演等，使青少年在亲身实践中逐步建立起对美的感知与理解。在这一过程中，青少年不仅能够学会识别与欣赏各种艺术形式的美学价值，还能在创作实践中探索与表达自己的审美

理念与情感世界。

美育作为一种情感教育，还强调在审美活动中培养青少年的同理心与情感共鸣能力。通过参与各类艺术体验与创作，青少年能够更加敏锐地感知他人的情感状态，学会在情感层面与他人建立联系与共鸣，这对于其社会适应能力与人际交往能力的提升具有不可忽视的作用。

二、美育中情感教育的作用

强化情感教育对于提升青少年社会意识与集体归属感具有重要作用，尤其是能够激发并培育一系列崇高的社会情感，诸如爱国情怀、责任意识、公益精神以及奉献精神等，这些情感促使青少年在集体生活中积极寻求并实现个人的社会价值。当青少年树立起更高层次的价值观追求后，他们对自身情感的调控与管理能力也将得到显著提升，进而增强个人的情感智慧，即通常所说的情商。

在这一过程中，情感教育不仅引导青少年认识到自己在社会与集体中的重要角色，还鼓励他们以实际行动践行高尚的社会情感。通过参与集体活动、社会服务以及公益事业，青少年能够在实践中深化对爱国情怀、责任担当以及无私奉献等价值观的理解，同时学会如何在复杂多变的社会环境中调控自己的情绪，保持积极的心态。

情感教育的深化还有助于青少年建立更加稳固的自我认知与情感管理能力。在认识到个人情感对于社会互动与集体和谐的重要性后，青少年会更加注重培养自己的情感智慧，学会在情绪高涨时保持冷静，在遭遇挫折时保持乐观，以及在人际交往中展现出同理心与包容性。

三、美育对青少年心理健康的影响

（一）美育对青少年心理健康的积极影响

美育在青少年心理健康的培育中，不仅能够极大地丰富青少年的精神生活，拓宽他们的视野与想象力，还能够为青少年构建一套积极向上、健康向上的人生观与价值观体系，为他们的全面发展提供强有力的支撑。

美育通过引导青少年接触并欣赏各种形式的艺术作品，如音乐、绘画、文学等，使他们的内心世界得到滋养。这些艺术作品所蕴含的美好情感与深刻哲理，能够激发青少年对生活的热爱与对美好事物的向往，从而在他们心中播下积极向上的种子。

同时，美育还注重培养青少年的审美能力与创造力，鼓励他们以独特的视角观察世界，用丰富的想象力与创造力去表达自己对生活的理解与感悟。这一过程不仅有助于提升青少年的自信心与自我效能感，还能够让他们在面对挫折与困难时保持积极乐观的心态，形成坚韧不拔的意志品质。

更为重要的是，美育通过引导青少年思考人生的意义与价值，帮助他们逐步建立起一套符合社会主流价值观与道德规范的人生观与价值观。这些观念将指引青少年在成长道路上作出正确的选择与判断，为他们的全面发展奠定坚实的基础。

（二）美育对青少年心理健康的消极影响

在当今教育体系的宏观布局中，美育被置于一个举足轻重的地位，其核心目标聚焦于培育青少年的审美鉴赏力与艺术修养。然而，尽管美育教育在促进青少年艺术造诣提升方面具有显著的正面效应，但亦需审慎地审视其对青少年心理健康可能产生的复杂影响，其中不乏潜在的消极影响。下文将深入剖析美育实践可能给青少年心理健康带来的不利影响。

美育的初衷在于通过艺术的熏陶，丰富青少年的精神世界，提升其审美品位。然而，在实践层面，美育的推进方式若过于单一或功利化，可能会导致青少年在追求艺术成就的过程中产生过度的压力与焦虑。这种压力不仅来自对艺术技能的高标准要求，还可能来自对艺术成果社会认可度的过度追求，进而对青少年的心理健康构成潜在的威胁。

此外，美育教育若未能充分考虑青少年的个体差异与兴趣多样性，也可能引发一系列心理问题。部分青少年可能因对特定艺术形式缺乏兴趣或天赋而感到挫败与失落，这种情感上的挫败感若得不到及时有效的疏导，可能会进一步加剧其心理负担，甚至引发自卑、逃避等消极心理反应。

再者，美育教育中的竞争氛围若过于浓厚，也可能对青少年的心理健康产生不利影响。在过度强调竞争与比较的环境中，青少年可能会陷入对自我价值的过度怀疑与否定，进而产生焦虑、抑郁等负面情绪。这种竞争压力不仅不利于青少年艺术潜能的发挥，还可能对其整体心理健康造成长远的损害。

综上所述，美育教育在提升青少年艺术修养方面固然发挥着积极作用，但亦需警惕其可能对青少年心理健康带来的潜在消极影响。因此，在美育教育的实践中，应更加注重青少年的个体差异与心理健康需求，以更加科学、合理的方式推进美育教育，确保其真正成为青少年健康成长的有力支撑。

四、基于青少年心理健康开展美育活动的具体措施

音乐与美术均属于艺术表现形式的范畴，它们各自采用独特的艺术手法与媒介，为人类带来身心的愉悦与享受。在艺术创作的过程中，音乐与美术不仅是技艺的展现，更是创作者内心情感与思维活动的表达。通过这些外在的艺术作品，能够深入感知创作者的内心世界，体会其细腻的情感波动与思维轨迹，进而实现一种超越言语的心灵交流。

音乐以其独特的旋律、节奏与和声，构建出一个充满情感与意境的听觉世界。创作者

通过音乐的编排与演绎，将自己的情感、思绪乃至人生哲学融入其中，使听众在聆听的过程中能够感受到一种强烈的情感共鸣与心灵触动。而美术则以其丰富的色彩、线条与构图，塑造出一个直观而富有感染力的视觉空间。艺术家通过线条与颜色的巧妙运用，将自己的审美观念、情感体验乃至对社会现实的思考融入画作之中，使观者在欣赏的过程中能够领略到一种深刻的视觉盛宴与心灵启迪。

在欣赏这些艺术作品时，不仅能够领略到创作者精湛的技艺与独特的艺术风格，更能够透过作品的外在形式，深入体会到创作者内心的情感波动与思维活动。这种体验不仅丰富了个体的精神世界，也提供了一条与创作者进行心灵交流的有效途径。通过艺术作品的欣赏与解读，我们能够跨越时空的界限，与创作者进行一种超越言语的心灵对话，共同探寻艺术的真谛与人生的哲理。

第三节　学校体育运动对青少年心理健康的影响

2020 年，基于体教融合在国内教育事业中发展的全新动向，国家体育总局与教育部联合推出了《关于深化体教融合 促进青少年健康发展的意见》。这一文件中强调要树立健康第一的教育理念，推动青少年文化学习和体育锻炼协调发展，加强学校体育工作，完善青少年体育赛事体系，促进体育后备人才培养，深化体校改革，规范社会体育组织，加强组织实施和政策保障。

一、学校体育对青少年健康发展的影响

（一）体育促进青少年身体发展

1. 体态方面

青少年正处于成长发育的黄金阶段，此时期他们身体的各项机能均展现出极高的可塑性与发展潜力。长期且恰当地参与体育活动，不仅能够显著推动青少年身体的全面发育，而且对于塑造优雅的体态具有积极的影响。

通过精心设计的体育活动，青少年的肌肉组织能够得到充分的锻炼，从而实现肌肉体积的适度增长与韧带的有效增粗。同时，这些活动还能促进肌肉的强力收缩，提升肌肉的力量与耐力。在骨骼系统方面，体育活动能够使骨密质与软骨增厚，进而增强骨骼的坚固性与稳定性，使青少年的骨骼更加结实与粗壮。这一系列生理变化不仅使青少年增强了体魄，也使其能保持健康的状态。

学校体育在青少年成长与发展中扮演着举足轻重的角色。它不仅通过体育活动塑造青少年强健的体魄与优雅的体态，更为他们的全面发展提供了强有力的支持与保障。它不仅

是青少年身心健康的重要保障，更是其未来成长道路上不可或缺的重要助力。

2. 身体机能方面

投身于体育活动之中，对于青少年的中枢神经系统而言，具有显著的激活与调节作用。它不仅能够促进中枢神经系统的兴奋状态与抑制功能的均衡发展，还能够刺激神经系统灵敏性，进而提升大脑的分析、综合与处理能力，使青少年的思维更加敏捷与灵活。

体育活动对青少年的消化系统同样产生着积极的影响。通过刺激血液循环与肠道的蠕动功能，体育活动有助于增强消化系统的整体效能，促进食物的消化与吸收。这不仅有助于青少年获取充足的营养，还能够为其生长发育奠定坚实的物质基础。

长期且科学地参与体育活动，对于青少年的生理机能而言，无疑是一种全面的改善与提升。通过持续的体育锻炼，青少年身体的各项机能得以优化，不仅中枢神经系统与消化系统功能得到显著增强，其整体健康状况与生活质量也得以显著提升。可以说，科学且适宜的体育运动是青少年健康成长的重要条件。

3. 体能方面

青少年体能的全面协调发展，离不开运动中不断地实践与练习。这一过程是基于对各种运动动作的深入实践与体验而逐步形成的，旨在促进青少年体能各方面的和谐与均衡发展。在这一进程中，不同类型的体能发展之间存在着密切的互动关系，它们相互影响、相互促进，共同推动着青少年体能的全面提升。

为了确保体能发展的全面性与高效性，在选择训练内容与方法时，必须注重多样性、针对性与全面性。这就需要根据青少年的个体差异与体能发展需求，精心设计多种多样的训练方案，以确保每个青少年都能在运动中找到适合自己的发展方向与提升路径。

为了进一步提升青少年的运动自主性与积极性，应当积极采用多种生动、有趣的训练手段与方法。这些手段与方法不仅能够激发青少年的运动兴趣，还能够使他们在享受运动乐趣的同时，不断提升自己的体能水平。通过这种方式，可以为青少年的身体健康与运动能力的提高奠定坚实的基础，为他们的全面发展创造更加有利的条件。

（二）体育促进青少年心理发展

1. 提高智力水平

首先，体育活动在促进人脑长期学习与工作效率提升方面扮演着至关重要的角色。经常参与体育活动的人群，相较于普通人不仅拥有更为出众的肺活量与更为强健的心血管系统，还拥有更为发达的肌肉群。这些肌肉群为心脏提供了强有力的支持，确保了他们在学习与工作中长期所需的能量物质与氧气的稳定供给。这一生理优势使得个体能够长时间保持精神饱满状态，头脑清晰，能高效地投入到学习活动中。

青少年在参加体育活动的过程中，会接受到来自视觉、听觉、触觉等多方面的刺激。

面对这些复杂的刺激，他们不仅需要迅速且准确地进行分析与判断，还要根据身体练习的实际需求作出相应的反应。与此同时，青少年还需要深入理解并记忆动作的结构原理，以便在运动中能够灵活运用。这一系列过程不仅锻炼了青少年的观察力、注意力与记忆力，还促进了他们想象力、反应能力以及思维能力的发展。

体育活动不仅为青少年提供了强健的体魄与充沛的精力，还对其认知与智力发展具有重要影响。通过参与体育活动，青少年的各项认知能力得到了显著提升，为他们未来的学习与成长奠定了坚实的基础。

2. 调节情绪状态

青少年在体育活动中获得的成功经验，能够极大地激发他们的自信心、自尊感以及荣誉感，使他们获得强烈的主动成就感。这些正面的情感体验，对于青少年的心理成长具有不可估量的价值。

体育活动在预防学生心理问题方面同样发挥着举足轻重的作用。在参与体育活动的过程中，青少年的大脑处于高度活跃的状态，身体则承受着强烈的运动刺激。这种身心并动的状态，为青少年提供了一个释放与转移不愉快意识、情绪及行为的绝佳平台。通过运动，他们可以暂时忘却烦恼，将注意力集中在体育活动本身，从而达到释放压力、转移注意力的效果。

更为重要的是，体育活动还能够有效地缓解青少年的焦虑情绪，消除忧郁心理，进而达到减轻精神压力的目的。在挥洒汗水的过程中，青少年体内的负面情绪得以宣泄，心理压力得到释放，从而有助于他们保持积极向上的心态，更好地应对学习与生活中的挑战。

体育活动不仅为青少年提供了展现自我、获取成功的舞台，还在预防心理问题、缓解精神压力方面发挥着不可替代的作用。因此，应鼓励青少年积极参加体育活动，让他们在运动中成长进步，享受运动带来的快乐与益处。

3. 培养良好意志品质

学校体育活动有利于培养学生吃苦耐劳、坚韧不拔及勇敢顽强的意志品质，体育教师需充分把握并利用这一得天独厚的优势，精心策划教学活动，并着重强化对学生意志品质的培育。

通过参加充满挑战性、易引发疲劳感、富含对抗性及竞技色彩的体育运动，学生在实践中逐步锤炼出克服艰难险阻的意志，逐渐养成难能可贵的自觉性、独立性与果断性。这些优秀的意志品质，如同宝贵的财富，深深地烙印在他们的心灵深处。

更为重要的是，学生们能够将这些在体育运动中锤炼出的优良品质融入日常的学习与生活之中，使之成为推动自己不断前行的强大动力。这种融合不仅增强了他们在面对学业挑战时的进取心，更使他们在生活的各个方面都展现出更加坚韧不拔、勇敢顽强的精神风貌。

下面就几种常见体育运动对青少年心理素质的影响进行详细阐述。

二、跆拳道运动对青少年心理素质的影响及应对策略

跆拳道运动深受众多青少年的青睐与追捧，对于青少年而言，通过持之以恒地练习跆拳道，不仅能够有效提升自身的身体素质，增强机体的免疫力，拥有更为强健的体魄，还能为日后的学习与生活奠定坚实的健康基础。而且，跆拳道运动中所蕴含的丰富而深刻的“武道精神”，更是具有不可忽视的教育意义与重要价值。

跆拳道所倡导的“礼仪、廉耻、忍耐、克己、百折不屈”的精神内涵，为青少年提供了宝贵的精神财富与道德指引。这些精神要素不仅是实施德育教育的有力抓手，更是提升青少年心理素质、塑造健全人格的重要途径。通过跆拳道运动的练习，青少年能够在实践中深刻领悟并践行这些精神，从而培养出更加坚韧不拔、自律自强、勇于面对挑战的优秀品质。

跆拳道运动在青少年群体中的广泛传播与深入实践，不仅有助于提升青少年的身体素质与免疫力，更为其心理素质的塑造与道德品质的培养提供了重要的支撑与保障。因此，应进一步加大对跆拳道运动的推广力度，让更多的青少年从中受益，为其健康成长与全面发展注入新的活力。

（一）心理素质的构成

1. 自信

自信作为人格特质的一种倾向性表现，深刻体现了个体对自我价值与自我效能的认知。这种特质根植于个体的自我评价之中，并以其为基石，进一步对个人的行为模式产生深远的影响。值得注意的是，自信的概念在不同的学科领域与理论框架下，往往具有不同的内涵与外延。

在心理学的视野中，自信被视为一个多维度、多层次的复杂心理系统，它构成了人格特征中相对稳定且核心的那一部分。具体而言，自信是个体对自我价值与能力的积极肯定与确认，它体现了个体在认知层面对自身价值的正向评估与接纳。这种自我肯定不仅关乎个体对自身能力的认知，更涉及个体对自我价值、意义及存在感的深刻体悟。

自信心的培养与提升，不仅有助于个体在面对挑战时保持坚韧不拔的毅力与勇气，更能够促进个体在社交、学习及工作等领域的全面发展。通过积极的自我评价与肯定，个体能够更加清晰地认识到自身的优势与潜力，从而在追求目标的过程中，更加自信，能实现自我价值的最大化。

2. 情绪调节

情绪作为个体心理状态的一种直观反映，是外界刺激作用于内心后所引发的一种反馈机制，体现了个体对所受刺激的主观感受、内心体验及所持态度。在青少年的心理发展历

程中，情绪调节扮演着举足轻重的角色，尤其是在他们面对积极或消极生活事件所带来的心理影响时，其重要性更是凸显无遗。

当青少年走上人际交往的广阔舞台时，他们采用的不同情绪调节策略会导致截然不同的人际交往效果与收益。这一现象不仅揭示了情绪调节在人际交往中的关键作用，也进一步强调了青少年提升情绪调节能力的紧迫性与重要性。

从更深层次来看，青少年的情绪调节能力不仅关乎其人际交往的成败，更对其整体的身心发展产生着深远的影响。一个能够灵活且有效调节自身情绪的青少年，往往能够更好地应对生活中的各种挑战与压力，保持积极向上的心态，从而为其全面发展奠定坚实的基础。因此，有必要高度重视青少年的情绪调节能力的培养，为其健康成长保驾护航。

3. 个性心理

个性构成了个体心理与行为模式的基石，而心理素质的优劣则直接关系着青少年能否展现出积极的行为倾向与动机。在不同年龄阶段，青少年对于外界事物的认知与态度呈现出显著的差异性，这种差异往往是在与周围人及环境的互动中逐渐形成的，进而塑造了他们独特的个性心理特征。

个性心理在青少年的心理素质结构中占据着举足轻重的地位，它不仅是青少年心理发展的一个关键方面，也是影响其未来行为模式与人生轨迹的重要因素。鉴于青少年阶段是个性形成与发展的关键时期，因此，深入探讨与研究青少年的心理特征及其发展规律，对于理解并引导他们健康成长具有至关重要的意义。

在此过程中，不仅要关注青少年个性心理的外在表现，更要深入挖掘其背后的心理机制与影响因素，以期为青少年心理素质的全面提升提供科学依据与实践指导。

综上所述，青少年心理研究是一个复杂而深刻的课题，它要求研究者以严谨的态度、科学的方法，不断探索青少年心理世界的奥秘。

4. 应对机制

应对机制是指个体在面对应激情境时，为处理应激情绪、维持心理稳态所采用的一系列策略与方法。这些策略既包括积极的应对策略，也涵盖消极的反应模式。一个健康且理性的应对机制，对于促进个体的身心健康发展具有不可忽视的积极作用，它能够帮助个体有效缓解压力，保持内心的平和与稳定。相反地，若个体选择的是不健康或非理性的应对方式，则可能会对身心健康造成一定的损害，导致心理失衡，甚至引发一系列身心问题。

由此可见，应对方式的选择与运用，对于个体的身心健康状态具有深远的影响。一个明智且有效的应对机制，不仅能够提升个体在面对挑战时的适应能力，还能增强其心理韧性，为其在面对生活中的各种应激事件时提供有力的支持。因此，应重视并引导个体发展出健康、理性的应对机制，以更好地维护其身心健康，促进其全面发展。

（二）跆拳道对青少年心理素质的影响

1. 有助于增强青少年的自信心

跆拳道运动除了要求练习者掌握技术动作之外，还会对其技术动作的掌握程度给予相应的评定，跆拳道练习者的段位越高，说明其技术水平越高。青少年长期练习跆拳道，在不断挑战自身潜能的过程中，逐渐被教练认可、被对手尊重，从而树立起自信心。而参加考级不仅是对学员技术水平的测试，更是对其心理素质的锻炼，青少年在战胜对手、克服困难之后，能够较好地建立自信心。

2. 有助于培养青少年良好的意志品质

通常情况下，跆拳道战术的练习与运用能够较好地促进青少年意志品质的形成与发展。例如，在训练的过程中，教练需要把握好青少年的个性与特点，巧妙地运用合理的手段与方法对青少年进行训练与培养。青少年在遇到比自身强大的对手时，需沉着、冷静，学会在相持中寻找对手的弱点，以战胜对手。在这个反复受挫的过程中，青少年能够很好地磨炼自身的意志品质，养成顽强拼搏的精神。同时，在赛场上，战术运用的时机以及战术组合运用也是对青少年机智果敢的心理品质的锻炼。此外，持续性地参加比赛能够很好地增强青少年的心理素质，使其学会面对压力、适应压力以及缓解压力。

3. 有助于青少年自我意识的形成

长期参与跆拳道运动的练习和比赛能够促进青少年人格的健全发展。众所周知，跆拳道注重练习者礼仪的规范与培养，同时，跆拳道本身也具有相当严格且明确的技术等级晋升要求与标准。在严格的技术等级晋升制度下，青少年练习者能够明白自身的技术能力水平处在哪一等级，从而不断努力，克服困难，突破自己。除此之外，青少年在参加跆拳道实战交流和比赛的过程中，能发现自身的不足，并及时进行改正与完善。

4. 有助于提高青少年的社会适应能力

青少年的社会适应能力不仅仅指青少年与他人交际的能力，也包括青少年面对生活的压力或者是走上社会之后遇到问题的解决能力。练习跆拳道时，练习者要与教师、同伴进行交流与互动，共同讨论问题并解决问题，这一方面能够很好地提高青少年的人际交往水平，另一方面也使青少年学会调节压力。

5. 有助于培养青少年的兴趣爱好

跆拳道具有独特的文化内涵，不仅要求练习者穿统一的道服，还要求练习者根据不同技术水平等级，腰间系上相应颜色的道带，以使练习者获得良好的情感体验。此外，跆拳道与柔道、太极拳等其他武术有所不同，跆拳道要求练习者在练习过程中，伴随着动作发出呐喊声。跆拳道精美的服装、独特的训练方式以及其特有的跆拳道文化能够更大程度上满足青少年的锻炼需求，激发其学习动力，培养其兴趣爱好。长期坚持练习跆拳道，有助于增强青少年的体质，同时，也有助于培育青少年的体育参与意识，形成终身体育理念。

三、篮球运动对青少年心理健康的影响及应对策略

（一）篮球运动与心理健康

作为一种广受欢迎的运动项目，篮球运动不仅能够促进个体身体素质的提升，更对于个体心理健康有着积极的影响。通过参与篮球运动，个体能够在激烈的对抗与团队协作中，体会到成功与失败的滋味，从而增强心理韧性，提升应对挫折的能力。此外，篮球运动还能够促进互动，增强人际交往能力。因此，可以说篮球运动在维护个体心理健康方面的作用不容小觑。

（二）篮球运动对青少年心理素质的影响

增强青少年神经系统的敏捷性，是提升其迅速响应能力的重要途径。通过系统的锻炼，青少年的神经系统能够得到有效的刺激与训练，进而在面对外界刺激时能提升反应速度与灵活性。这种提升不仅有助于青少年在日常生活中更加敏锐地捕捉信息、作出判断，还能在竞技运动、学习考试等需要高度集中注意力与快速反应的场合，有更加出色的表现。因此，注重青少年神经系统的灵活性锻炼，对于促进其全面发展、提高整体竞争力具有重要意义。

培养青少年的思维能力，是提升其智力水平的关键所在。通过多样化的锻炼方式，可以有效激发青少年的思维潜能，增强他们分析问题、解决问题的能力。这种能力的提升，不仅能够使青少年在面对复杂情境时更加从容不迫，迅速找到问题的症结所在，并能提出切实可行的解决方案；同时，还能够促进他们的大脑发育，进一步提高智力水平。因此，加强对青少年思维能力的培养，对于促进其全面发展、提升综合素质具有重要意义。

在青少年的成长道路上，塑造他们勇于面对挑战、保持乐观向上态度、积极参与竞争以及全力以赴争取胜利的精神风貌，是至关重要的。这种精神的培养，旨在激发青少年内在的潜能，使他们在面对困难和挫折时，能够具有坚韧不拔的毅力，以积极乐观的心态去迎接每一个挑战。同时，通过参与竞争，青少年能够学会在竞争中寻找机遇，不断提升自己，以拼搏进取的精神去追求卓越，最终取得胜利。因此，加强青少年这种精神的培养，不仅有助于他们个人的全面发展，更能为社会注入一股积极向上的正能量。

在青少年的成长与发展过程中，塑造并优化其性格特征是一项至关重要的任务。通过一系列有针对性的锻炼活动，可以促进青少年性格的全面发展，使其逐渐趋向于更加完善与成熟。这种性格的完善不仅体现在青少年在面对挑战时的坚韧与毅力上，还体现在他们处理人际关系时的宽容与理解上，以及在面对成功与失败时的冷静与自省上。因此，通过系统的锻炼，期望能够帮助青少年培养出一种积极向上、坚韧不拔、理性成熟的性格特

质，为他们未来的成长与发展奠定坚实的基础。

在青少年的成长阶段，提升其情绪管理技能，以培养稳定且积极的心境状态，是一项至关重要的教育任务。通过系统的训练与实践，可以帮助青少年学会有效识别、表达及调节自己的情绪，从而能够在面对不同生活情境时，保持一种平和、冷静的心态。这种情绪管理能力的提升，不仅能够促进青少年心理健康的发展，增强他们的心理韧性，还能够使其在人际交往中更加游刃有余，建立更加和谐的人际关系。因此，加强对青少年情绪管理能力的培养，对于促进其全面发展、构建积极健康的人生观具有深远的意义。

在青少年的成长与发展过程中，强化其团队精神的培养，以提升他们与同伴间相互协作、配合的能力，是一项至关重要的教育目标。通过组织多样化的团队活动与实践项目，可以帮助青少年深刻理解团队合作的重要性，学会在集体中发挥自己的优势，同时尊重并借鉴他人的长处。这种团队精神的培育，不仅能够促进青少年在团队中更加高效地完成任务，提升整体的工作效能，还能够增强他们的人际交往能力，培养一种积极向上、和谐共处的团队氛围。因此，加强对青少年团队精神的培养，对于促进其全面发展、构建和谐的人际关系具有深远的意义。

（三）青少年体育教育中引入篮球运动的策略

在青少年体育教育中融入篮球运动元素具体可以采取以下几种策略。

首先，可以将篮球运动作为体育教育课程的一部分，通过系统的课程设计，让青少年在体育课堂上接触到篮球的基本技能与规则，从而培养他们的篮球兴趣与基础能力。

其次，可以组织篮球俱乐部或兴趣小组，为对篮球有浓厚兴趣的青少年提供一个更加专业、系统的训练平台。在这个平台上，青少年可以接受更加专业的指导，提升自己的篮球水平，同时这也有助于培养他们的团队合作精神与竞争意识。

最后，可以举办篮球比赛或联赛，为青少年提供一个展示自己篮球技能与风采的舞台。通过比赛，青少年可以更加深入地理解篮球运动的魅力，同时也能够在实践中提升自己的心理素质与应变能力。

综上所述，将篮球运动融入青少年体育教育，不仅可以丰富体育教育的内涵，提升青少年的身体素质与运动技能，更有助于培养他们的团队精神、竞争意识以及积极向上的生活态度。

四、足球运动对青少年健康及心理健康的影响

（一）足球运动有助于促进青少年健康成长

1. 促进骨骼的发育

青少年正处于身体发育尚未完全成熟的阶段，采取科学的助长策略，通过强化身体锻

炼来提升机体能力，进而促进身心的全面发展，尤为关键。骨骼，作为构成人体框架的关键要素，其性能的优化既受到先天遗传因素的制约，也受到后天身体锻炼的显著影响。因此，为了有效提升青少年骨骼的性能，可以巧妙地利用锻炼手段，对青少年的骨骼施加适度的负荷刺激，以此激发骨细胞的增殖潜能，并提升其活跃度，从而帮助青少年塑造一个强健的体魄。

在众多运动项目中，足球运动以其独特的魅力脱颖而出，它融合了多种动作技巧与战术策略，为青少年提供了一个全面锻炼身体的平台。长期坚持参与足球运动，不仅能够显著促进青少年的骨骼生长发育，提升骨骼密度与强度，还能够通过运动过程中的团队协作与竞技对抗，培养青少年的意志品质与社交能力，进而对其身心的健康发展产生积极影响。

2. 加速肌肉的生成

肌肉，作为人体结构中不可或缺的组成部分，其重要性不言而喻。一个人的力量大小与耐力强弱，在很大程度上取决于其肌肉的发育状况。对于正处于生长发育关键期的青少年而言，加强肌肉训练无疑将对其未来的成长与发展产生深远的影响。鉴于此，为了有效提升青少年的身体力量与体能水平，需要探寻一种高效且适宜的运动项目，以在促进青少年体能增进的同时，也能让他们在学习与锻炼的过程中获益良多。

足球运动，作为一种广受青睐的体育项目，其全身性的运动特点尤为突出。它不仅能够锻炼人体的敏捷性与协调性，还能在转身、加速、奔跑等多个方面提升个体的体能与力量。经过长期系统的足球训练，青少年的肌肉将得到全面而均衡的锻炼，这不仅能增强他们的体质，也能使他们焕发出更加蓬勃的青春活力。因此，将足球运动纳入青少年的日常锻炼计划之中，无疑是一个明智且有效的选择。

3. 提高神经系统能力

那些频繁参与足球运动的人群，其神经系统往往比较发达。对于正处在成长发育关键阶段的青少年而言，强化神经系统的功能，对于全面增进他们的身体素质以及促进身体能力的发展至关重要。通过实施科学且合理的足球运动训练计划，可以为青少年的身心健康发展提供更加坚实的保障。

具体而言，足球运动以其独特的运动形式和丰富的训练内容，能够有效刺激青少年的神经系统，提升其反应速度、协调性以及专注力。这些能力的提升，不仅有助于青少年在日常生活中更加高效地应对各种挑战，还能为他们在学业、竞技等多个领域取得优异成绩奠定坚实的基础。因此，将足球运动作为青少年日常锻炼的重要组成部分，对于促进其身心全面发展具有深远的意义。

（二）有助于提升青少年心理素质

1. 培养青少年的意志力

唯有具备坚实的心理素质与勇于直面挑战的坚韧意志，个体的足球技艺方能获得提升。因此，着眼于身心素质的全面提升，青少年应持之以恒地练习各项足球技能，严格执行教练部署的战术方针，以期在足球运动领域内实现持续的进步与突破。若青少年缺乏必要的意志力，那么他们很难在足球技艺上实现自我超越，更难以在激烈的竞技对抗中崭露头角。

为了最大限度地克服心理障碍并锤炼出卓越的意志力，青少年不仅需要深入学习足球运动的理论知识，更需在实践中不断摸索与锤炼。通过反复的实践锻炼，青少年可以逐步适应高强度的竞技环境，学会在压力之下保持冷静与专注，从而在面对困难与挑战时能够展现出更加坚韧不拔的精神风貌。因此，将理论与实践紧密结合，是青少年在足球领域内实现自我突破与成长的关键。

2. 提升青少年的专注力

在足球这项运动中，运动员需保持清醒的头脑，严格遵循团队的战略规划，精确无误地执行运球与传球动作，这是确保进攻端占据主动权的必要条件。青少年在成长道路上，往往容易被外界事物分散注意力，难以长时间聚焦于某一特定任务。因此，强化足球运动训练成为一种有效的训练专注力的手段，它不仅提升青少年的专注力，还能引导他们领略到体育运动的无穷乐趣。

通过亲身参与足球运动实践，青少年能够在这一运动中逐步培养出良好的专注力与思维能力。这些能力的提升，不仅有助于他们在赛场上更加敏锐地捕捉战机，作出正确的决策，更为他们未来的学习与成长奠定了坚实的基础。在足球运动的熏陶下，青少年学会了如何在复杂多变的环境中保持冷静与专注。这种品质的塑造，从根本上影响了他们的性格形成与价值观念的确立，为他们的全面发展注入了强大的动力。

3. 提高青少年应急能力

相较于其他体育项目，足球赛场上局势的瞬息万变堪称独树一帜。即便是微不足道的失误，也可能成为左右整场比赛走向的关键因素。在实际竞技过程中，运动员需凭借自身卓越的身体素质、坚韧的心理素质与对手展开激烈对抗。通过长期且系统的足球专业训练，青少年不仅能在体能方面取得显著进步，心理素质也能得到明显提升，这使他们在应对各种挑战时能够更加从容不迫、游刃有余。

在足球运动的严格磨砺下，青少年学会了如何在高压环境下保持冷静与专注，如何在瞬息万变的赛场上迅速作出正确判断。这种能力的提升，不仅有助于他们在足球领域取得佳绩，更为他们未来的学习与生活奠定了坚实的基础。因此，足球运动不仅是一项体育竞技项目，更是青少年身心成长与能力提升的重要途径。

（三）运用特定的教学方法培养青少年心理品质

1. 胜利法

所谓胜利策略，是指通过一系列方法与途径，助力个体赢得比赛，进而使其体验成功的喜悦，收获外界的赞誉与认可，从而激发他们的自信心、热情与勇气，使他们能够更加积极地面对生活中的种种挑战与困难。

通过精心设计的足球训练与比赛活动，可以引导青少年在竞技过程中不断挑战自我、超越自我，从而使其逐步摆脱自卑心理。在足球场上，每一次成功的传球、射门乃至最终的胜利，都将成为他们自信心与自尊心的有力支撑。同时，通过与队友的紧密配合与相互鼓励，他们还能学会如何在团队中发挥自己的作用，如何在面对失败时保持乐观与坚韧。这些宝贵的经历与品质，将伴随他们走过成长的每一步，成为他们未来人生道路上不可或缺的财富。

2. 挫折法

在当今社会，多数青少年为独生子女，享受着衣食无忧、备受呵护的生活，这往往使他们不自觉地将自己视为世界的焦点，期望周围所有人都以其为中心运转。这种由此产生的自私自利、自我满足乃至过分自负的性格倾向，正是需要在体育教学活动中亟待引导与纠正的。

针对此类学生群体，适度的批评与引导显得尤为重要。通过合理的批评教育，可以帮助他们建立正确的自我认知，使他们意识到并非所有人都会无条件地以自己为中心，从而促使他们学会尊重他人、理解他人。同时，还应引导他们学会以开放的心态虚心接受他人的批评与建议，鼓励他们向那些品学兼优、积极向上的同学学习，从他们身上汲取正能量与优秀品质。

通过这样的教育方式，旨在培养青少年形成更加健康、成熟的心理品质与人际交往能力，为他们的全面发展奠定坚实的基础。

3. 沟通法

众所周知，完成任何一项任务，都离不开有效的沟通。沟通不仅是连接人与人的桥梁，更是青少年身心健康发展的关键因素。在青少年的成长过程中，适时地引导他们正视自我，清晰认知自身的优势与不足，是至关重要的。

在足球运动这一特定情境中，一个极为直接且有效的方式便是分享个人的收获与经验。青少年可以将自己在足球场上所经历的成功与失败，以及这些经历背后的内外部因素，与他人进行交流与探讨。在这一过程中，通过恰当的引导，他们能够更为客观地审视自己的长处与短处，进而不断成长，实现身心的全面发展。

通过这样的方式不仅能够促进青少年在足球技能上的提升，更能够为他们心理层面的成熟提供宝贵的机会，助力他们成为更加成熟、自信的人。

4. 模拟训练法

模拟训练法作为现代科技进步的产物，为足球运动训练提供了有力支撑。作为众多运动训练方法中的一种，模拟训练法通过让运动员反复进行模拟实战的练习，使他们能够更快地习惯比赛环境，并在脑海中构建出合理的动力定型结构，从而在比赛中能够稳定地发挥出自己的技术和战术水平。

事实上，模拟训练法的应用历史相当悠久。其中，实景模拟与语言图像模拟是最为常见的两种形式。实景模拟通过模拟真实的比赛场景，让运动员在接近实战的环境中进行训练，以提高他们的应对能力；而语言图像模拟则通过语言描述和图像展示等方式，帮助运动员在脑海中形成对比赛情景的清晰认知，进而提升他们的反应速度和决策能力。

在青少年足球运动训练中，模拟训练法不仅能够有效提升他们在真实运动情景下的竞技水平，还能够对他们的心理健康产生积极的影响。通过模拟训练，青少年可以学会如何在压力下保持冷静、如何在失败中汲取经验，这些都将对他们的成长产生深远的影响。

5. 表象训练法

在足球训练与竞赛过程中，青少年可以借助表象训练法这一有效手段来提升自己的技术动作质量与比赛成绩，并最大限度发挥其对于青少年心理发展的积极影响。

具体而言，表象训练法通过引导青少年在脑海中清晰地重现技术动作与比赛场景，帮助他们加深对动作要领的理解与记忆，从而使其在实际训练中能更加精准地执行动作，提升训练效果。同时，在比赛前进行表象训练，还有助于青少年调整心态，增强自信心，以更加饱满的状态投入到比赛中，取得更好的成绩。

（四）青少年体育教育中引入足球运动的策略

在青少年体育教育的范畴内引入足球运动，需采取一系列周密且系统的策略。这些策略不仅要提升足球运动在青少年中的普及性，还要保障其教育价值的最大化。

具体而言，学校教师需要设计科学的课程计划，确保足球运动能够融入青少年的日常体育活动中；同时，也要注重师资力量的培养，让专业的足球教练能够指导青少年进行规范的训练。此外，还要通过举办足球比赛、设立足球社团等形式，激发青少年对足球运动的兴趣与热情，进而推动其在青少年群体中的普及。

通过上述策略的综合运用，期望能够为青少年提供一个充满活力与挑战的足球运动环境，让他们在享受这项运动带来的乐趣的同时，身心各方面都能够得到全面发展。

五、冰雪运动对青少年心理健康的影响及应对策略

（一）冰雪运动对青少年心理健康的影响

冰雪运动在我国北方地区极为盛行，并且随着我国经济的蓬勃发展，这项运动也逐渐

在南方地区落地生根。随着国内冰雪旅游的兴起以及冬奥会的召开，青少年对冰雪运动的热情越发高涨。

冰雪运动是一项集耐力、速度与灵敏性于一体的综合性运动项目。冰雪运动对于青少年而言，不仅是一种锻炼身体的绝佳方式，更是培养他们坚韧不拔、冷静沉稳等优秀品质的重要途径。

冰雪运动在我国青少年群体中的普及与推广，不仅有助于增强他们的身体素质，更为塑造他们健全的心理与性格方面提供了助力。

冰雪运动为青少年提供了一条独特且积极的情绪体验途径。通过参与冰雪运动，青少年能够在寒冷的环境中挑战自我，感受运动带来的刺激与快乐，从而有助于他们形成积极向上的心态。这种情绪体验不仅有助于青少年在心理上获得满足感与成就感，还能促进他们身心健康全面发展。

冰雪运动对青少年心理健康产生的积极作用不容忽视。通过参与冰雪运动，青少年能够在寒冷的环境中锻炼自己的意志力，培养坚韧不拔的精神品质，这对于他们的心理健康发展具有深远的影响。冰雪运动不仅能够提供独特的身体锻炼机会，还能够促进青少年在心理层面上的成长与进步，使他们能够更加自信、乐观地面对生活中的困难与挑战。

冰雪运动在塑造青少年优秀意志品质方面发挥着关键作用。通过参与冰雪运动，青少年能够在严寒环境中挑战自我极限，从而锻炼出坚韧不拔、持之以恒的精神风貌。这一过程不仅有助于青少年形成积极向上的心态，还能培养他们在面对困难时勇于克服、不轻言放弃的宝贵品质。因此，冰雪运动对于青少年良好意志品质的塑造具有不可忽视的积极影响。

冰雪运动在青少年智力发展层面产生了深远影响。参与冰雪运动不仅要求青少年具备出色的身体协调性和运动技能，还要求他们在寒冷的环境中能迅速且准确地作出判断，这对于锻炼青少年的思维能力、提升智力水平具有积极作用。通过参加冰雪运动训练与比赛，青少年能够在实践中学习如何分析问题、制定策略，并在瞬息万变的环境中灵活应对，从而培养出敏锐的观察力和出色的应变能力。因此，冰雪运动不仅是青少年体育锻炼的重要方式，还是促进他们智力全面发展的有效途径。

（二）青少年体育教育中引入冰雪运动的策略

1. 优化教学内容

在确定冰雪体育教学内容时，应当充分考虑冰雪运动的独特性，将理论与实践紧密结合，让青少年全面而深入地了解冰雪运动的文化底蕴、动作基础及内在魅力。通过系统的教学安排，青少年不仅能够掌握冰雪运动的基本技能，还能在实践中不断体悟冰雪运动所带来的独特乐趣。

教学内容设计需以青少年为中心，秉持个性化的教育理念，充分尊重并考虑青少年的年龄特征、个性差异及主观意愿。在教学实施过程中，教师应注重因材施教，根据青少年的不同兴趣与需求，灵活调整教学策略，以激发他们的学习热情，提升教学效果。

2. 更新观念，提高重视

冰雪运动的蓬勃发展离不开学校的积极支持与推动。要确保其持续健康地发展，必须给予其足够的重视与资源倾斜。因此，各学校应将开设冰雪课程纳入教育体系之中，使之成为青少年体育教育的有机组成部分。

为提升冰雪运动的知名度与吸引力，学校应充分利用多种宣传渠道，如校园广播、宣传海报以及官方公众号等，加大宣传力度，激发青少年的兴趣与热情。通过这些多样化的宣传手段，不仅能够提高青少年对冰雪运动的认知度与参与度，还能有效拓宽他们的视野，让他们更加深入地了解冰雪运动的魅力与价值。

各学校应积极响应冰雪运动的发展需求，通过开设课程、加强宣传等措施，为青少年提供更多接触与参与冰雪运动的机会，从而推动冰雪运动在青少年群体中的普及与提升。

3. 重视网络教学资源开发

为了促进青少年在冰雪运动领域自主学习，有效弥补传统课堂教学的不足，冰雪体育教师应积极采用诸如翻转课堂等先进的教学理念，并大力推进网络教学的实施。这一过程中，教师需不断提升自身的信息技术应用能力，熟练掌握视频录制、课件编辑与上传等关键技能，以确保课程教学视频的高效制作与优质呈现。

冰雪体育教师应致力于优化网络教学资源配置，通过精心设计与制作高质量的教学视频，为青少年提供丰富的学习素材。同时，教师还须注重提升网络教学的互动性，利用在线平台及时解答学生的疑问，增强学生学习参与感与满意度。通过这些努力，不仅能够显著提升课堂教学的效果，还能有效拓宽青少年的学习渠道，促进他们在冰雪体育领域的全面发展。

4. 注重师资力量建设

首要任务是加强对冰雪运动教师的专业培训，在培育出一批既具备专业素养又具备实践能力的冰雪体育教学人才。在此基础上，应进一步加大人才引进力度，积极吸纳优秀的冰雪运动人才加入教师队伍，通过他们的引领与示范作用，带动整个教师团队水平的提升。只有这样，才能全面提高青少年冰雪体育教师的整体素质，确保冰雪体育教学的质量与效果。

第四章　网络文化对青少年心理健康的影响

第一节　新媒体下网络文化对青少年心理成长的影响

随着社会经济的高质量发展与科技的飞速进步，新媒体产业迎来了前所未有的机遇期，一种富含时代烙印的网络文化也应运而生了。这一文化对青少年群体的影响尤为深远，在丰富他们获取知识、信息的渠道与方式的同时，也对他们的心理健康构成了挑战。

在此背景下，心理教育工作者面临着一项艰巨而复杂的任务：如何在有效减少新媒体对青少年可能产生的消极影响的同时，充分挖掘并发挥其积极作用。这要求心理教育工作者不仅要深入了解新媒体文化的特点及其对青少年的影响机制，还要积极探索科学有效的教育引导策略，从而帮助青少年建立正确的媒体使用观念，培养良好的信息筛选与处理能力，以在享受新媒体带来的便利与乐趣的同时，有效抵御其潜在的负面影响。

一、新媒体的概念及特征

（一）新媒体概述

现阶段，我国已经步入了新媒体时代。新媒体是 21 世纪以来发展最为迅速的信息传播媒体形式。“新”，是与传统媒体相比较而言的。传统媒体形式主要指报纸、广播、电视等，这种传播方式虽然具有传播快速、受众广泛的优势，但是缺乏互动性和针对性，在网络技术不断发展的今天，这种没有反馈的单向信息传播方式已经无法满足广大受众对信息的参与需求，受众没有参与感，就无法使信息传播的过程完整，因而具有一定弊端。新媒体的出现，不仅提高了受众的参与感，也可以更具针对性地将信息传达给特定人群，从而使信息传达更为高效和准确。

新媒体简单来讲是指以数字化形式为主要表现方式的媒体形式，其包括所有数字化的传统媒体、网络媒体、移动端媒体、数字电视、数字报刊等。对于新媒体的界定，无法明确一个准确的定义，因为这个“新”，并不是抛掉传统媒体的新形式，而是与传统媒体相融合的，将传统报纸等纸质媒介数字化，并通过网络技术传播出去，就是新媒体的一种形式。新传媒产业联盟秘书长王斌认为，新媒体是以数字信息技术为基础，以互动传播为特点、具有创新形态的媒体；清华大学熊澄宇认为，新媒体是一个不断变化的概念，它的概念在今天网络基础上又有延伸。不论是无线移动的媒体，还是其他新媒体形态，可以说跟计算机相关的都是新媒体，从这个角度上来讲，新媒体与传统媒体相比最大的特点是其互动性和计算机科技。网络技术的发展推动了新媒体技术的进步，从而进一步影响了平面设计领域的风格转变，单一静态的图形文字已经无法满足受众的审美需求，需要借助新兴的设计软件提高设计的参与感和互动性。从这个意义上讲，新媒体技术就是将所要传达的信息进行互动式和数字化处理的技术。

（二）新媒体的特征

从新媒体技术的发展历程可以看出，新媒体技术既延续了传统互联网时代的开放性、全球性、海量性、共享性、虚拟性，又呈现出移动互联时代的一些新特征。总体上，新媒体技术的基本特征可以归纳为以下几个方面。

第一，移动性。新媒体技术最主要、最显著的特征就是移动性。由于移动通信技术、终端技术与互联网技术的聚合，用户可以通过手机、平板电脑等可随身携带的移动终端，超越时空地随时随地与互联网实现连接，在移动状态下接入和使用各类应用和服务，这就使得人们不用再被限制于禁闭的室内和固定的屏幕之前，而是可以随时随地获取资讯和与他人沟通，实现把世界“装”在口袋中的目标。移动性带来携带方便、接入便捷、无所不在的连接以及精确的位置信息，而位置信息与其他信息的结合蕴藏了巨大的业务潜力。

第二，开放性。突破地域，没有疆界；打破时空，没有阻碍，任何技术都可以加入，任何用户都可以参与，任何信息都可以交流，而且由于使用门槛低、操作简单、成本低廉，以及终端设备便携性、随时随地可以接入互联网等特性，新媒体技术建构了一个非封闭的、共享的虚拟空间，任何国家和地区的任何人都可以凭借新媒体技术随时随地接收、发布、传递、共享任何信息。但这种开放性导致新媒体技术的用户人数多、分布广、结构复杂，用户性格、教育、信仰、背景等差异巨大，再加上技术的复杂性和空间的匿名性，使得一些安全、侵权、谣言、恐慌、犯罪等社会问题加剧，网络空间治理难度加大，开放性成为失范行为的催化剂。

第三，即时性。在移动通信技术、数字技术和网络技术的聚合下，使用光纤技术线路传播数字信号的速度为每秒 30 万公里，瞬间可到世界上任何地方，使用智能手机等随身携带的移动通信设备即可随时随地接收，所以新媒体技术实现的信息传递与交流是即时性的。这种即时性不仅表现为任何人在任何地点、任何时间都可以与其他任何人进行任何形态信息的传递与交流，还表现为永远在线、永不关机、随时随地“面对面”地交流等。

第四，交互性。新媒体技术实现的不再是传统媒体技术那样的“你传我收”的单向线性模式，而是双向甚至多向的实时交流。这种交互性包含两个层面的意义：一是信息发布者和接收者之间的信息交流是双向的；二是参与的个体在信息交流过程中都拥有控制权。①新媒体技术重视的是用户的需求和体验，在各种新技术的聚合下，用户不仅拥有丰富的交互点，便于理解和使用的多样化参与方式和交互空间，而且还可以将交互图片、资料信息等元素整合为一个整体，所以，在新媒体技术中，用户不仅可以获得原本的信息和数据，而且还可以在交互模块中获得更多的信息及体验。

第五，融合性。新媒体技术不但集合声音、图像、动画、视频、文字等各种各样的信息表现形式与传播方式于一体，也能将电信网、计算机互联网和有线电视网等传输、交换和分配的信息转化为相同形式的符号，通过电脑、手机、平板电脑等多样化的设备终端进行信息资源的共享互联。这种整合了多种内容表现技术、多种终端设备、多种传播渠道，实现了信息交流与应用服务等多种功能的融合性，蕴含了巨大的效用和市场潜力。

第六，人性化。新媒体技术有效满足了广大用户对于信息的个性化需求，是一种人性化的技术。首先，在操作原则、视觉体验及移动终端等环节，注重按照用户的需求、心理和习惯来设计和改进。其次，在信息的交流与共享中，用户既可以根据自己的喜好和需求主动选择信息接收的渠道、时间、地点、内容、风格和表现形式，又可以充分表达自己的个性、观点、信息、需求、服务等，真正让信息为“我”所用，个性化需求得到释放。最后，在服务上，新媒体技术不仅可以实现点对点的“精准推送”，还可以为用户的政治、经济、文化、生活需求提供全方位的精准服务。

二、新媒体下网络文化对青少年心理成长的影响

（一）网络文化对青少年心理成长的积极影响

1. 促进自主自立意识的觉醒

青少年正处于青春期，这个年龄阶段孩子的智力发展特点是追求卓越，突出自我。网络文化为青少年独立自主精神的发展创造了良好的条件。目前，青少年对新媒体的思考以及计划还是比较多的，说明新媒体的使用使得青少年更加自主地去思考自己的行为。青少年对自己的言行有思考和计划，也有自主行为的意识，他们通过摄影和写作等，记录周围发生的事情，抒发情绪并将自己的创造成果展现于新媒体平台上，与大家共享，可以是幽默笑话，可以是生活，也可以是随手一拍。在新媒体平台上，青少年发布富有创意的视频、分享生活和学习的感悟等，得到同学、家人、网友的点赞和评价，收获了越来越多的关注，他们的自我价值也得到了充分的发掘。与此同时，青少年的独立人格也开始逐渐苏醒，他们会认为自己是一个独立的人，不再一味地听从父母或者长辈的意见，“网购”就

① 胡洁萍，等．新媒体的特征及其发展趋势探析［J］．北京印刷学院学报，2014（10）：22-24.

是一个很好的例子。网上购物在年轻人中盛行，外在表现为青少年对时尚的迷恋，内在表现则是青少年自我意识的觉醒。因为他们拥有独立的心态，所以，他们更倾向于选择一种与自己相适应的、可以自己处理问题的生活方式。

2. 促进青少年社会化的完善

从文化观上讲，“社会化”意味着某种文化的传播和继承，从而使得某种社会文化得到继承和延续。“社会化”是个人人格的塑造和发展，而“生物体”正是通过这种“社会化”来逐渐塑造其人格的。在个体成长，尤其是社会化的进程中，青少年是在与他人的交往和交流中获取基本的人生知识、技能、行为规范和伦理规范的。网络文化内容丰富，表现形式多样，在引导青少年形成正确的价值观和促进青少年社会化方面发挥着重要作用。通过抖音、微博等新媒介，青少年能认识到不同地区的民风民俗，学习到不同的职业技能，还能学习到一些生活小妙招、厨艺等。丰富多彩的网络文化能够让青少年了解到许多由于地域等客观因素，或是由于他们的知识水平、独立能力等主观因素，不可能接触到的事物，从而开拓他们的眼界。

社交媒体改变了青少年的交往方式，产生了一种人际交往新模式，即青少年借助社交媒体平台，通过 QQ 群、抖音私信功能、游戏实时语音等方式，构建了自己以网络社会为中心的社交网络。通过与他人的沟通，青少年对自己有了更深刻的认识，从而建立正确的自我认知，这是青少年个体成长和个性形成的重要因素。同时也可以让他们知道自己的不足，从而慢慢提升自己。随着对社会认识的深入，青少年对自己在社会中的作用和责任有了更深刻的认识，进而促进了自己的社会化进程。

3. 激发青少年求知欲

青少年的发展，就是不断地接收新的信息、不断地认识这个世界、认识自己、发掘自己潜能的过程。大部分学生会通过上网查找资料学习自己感兴趣的内容，这说明新媒体已经成为青少年求知的快速途径，网络文化以其丰富的内容吸引了青少年的目光，满足了他们这个年龄阶段爆棚的好奇心，也激发了他们的求知欲。青少年对知识的渴望是其学习过程中重要的动力源泉，网络传播也为他们提供了一种新的学习方式——通过网络进行信息交流与共享。

相较传统媒体和传统学校教育，新媒体背景下的网络文化极大地拓宽了青少年的视野。例如，青少年可以通过一些网络远程教育，足不出户便可享受到名师的教育，这在很大程度上符合现代教育发展特征，体现了教育的广泛性和公平性。通过新媒体平台，青少年有机会接触全国各地的名师，能够享受到优质的教学资源，他们可谓受益良多。新媒体平台中还有很多普及科普知识、提供心理和法律援助的博主等，通过这些博主的科普，青少年足不出户便能了解各地风土人情、历史事件等。如若青少年在学习、生活中倍感压力，也可以寻求心理类博主的帮助，他们不仅讲解心理健康类知识，还免费提供在线心理辅导。

4. 提供学业、就业多元选择

网络文化以其多元化的信息渠道和海量的信息资源重塑了青少年的发展路径。相较于传统的单一教育模式，网络时代的信息获取突破了课堂界限，呈现出前所未有的开放性和多样性。这种信息环境的变革使得青少年在学业选择和职业规划方面展现出显著的个体差异。

随着信息资源的持续增长，青少年接触的知识维度不断拓宽，此时信息筛选的质量和系统性成为影响其未来规划的关键因素。网络文化赋予青少年更强的规划自主权——他们通过新媒体平台主动检索信息源，在持续甄别和优化信息质量的过程中，逐步形成清晰的职业认知。这种自主探索机制体现在两个方面：其一是对教育资源的比较分析；其二是对就业市场的动态研判。基于这些网络实践，青少年能够结合自身特质，确立个性化的学业职业目标，并付诸实践。

值得注意的是，网络文化的发展趋势还催生了新型职业范式。具备专业能力和创新意识的年轻群体，正依托“兴趣驱动、自由创作”的理念，开创了蓬勃发展的自媒体时代。这种职业形态既是对传统就业模式的补充，也体现了网络文化对职业选择的深远影响。

由此可见，网络文化不仅为青少年提供各种学习、就业的信息资源，还为青少年开启了新型就业模式，它为青少年的人生发展提供了无数可能性。

（二）网络文化对青少年心理成长的负面影响

1. 易使青少年形成孤僻心理

网络文化本身所具有的虚拟性特点，给青少年造成了一种脱离现实的错觉，进而使他们对日常生活中熟知的事物产生疏离感。“虚拟与现实，形成了一种鲜明的对比。”网络与真实社会之间存在着一种对应关系，将这两种形式融合在一起，社会生活犹如一部复杂而变化无常的剧本。在很多情况下，青少年很难从交流中得到满足感。格林菲尔德指出：网络之所以有如此大的吸引力，是因为它能让用户体验到亲密感、超越时空的感受以及无压抑的自由，这种力量是其他任何形式都无法比拟的。在虚拟网络中，青少年可以根据自己的喜好塑造自我形象，通过展示最佳的一面来释放学习和生活中的压力，以及缓解焦虑不安的情绪，同时也能找到难以在现实生活中获得的知己。

在实际生活中，高中生的冲突维度高于初中生。他们较初中生年龄稍大，自主意识更强，但自控能力不足，脱离家长的监督后，不能适当限制自己使用社交媒体的行为，这就导致他们会减少与家人、朋友相处和进行社会互动的时间，从而造成社会关系的冲突和矛盾。借助社交媒体的确可以使青少年认识更多三观相符的网友，促进其社会化的发展，但是由于其本身的虚拟性，青少年并不了解屏幕后面的到底“是人是鬼”。

很多青少年轻信网友的一面之词结果被骗，此时，他们就会认为人际情感都是虚假的，当他们把这种情感体验代入到现实生活中时，就会怀疑人与人之间的信任，进而导致情感冷淡，甚至社交恐惧，在现实生活中会更加孤僻。当青少年仅以新媒体作为人际交往的媒介而不进行实质性的人际互动时，很容易沉迷于虚拟世界，割裂与现实生活的纽带，当不得不面对现实生活中的“一地鸡毛”时，巨大的心理落差感会使其患上“网络疏离症”。它是指个体在现实生活中缺乏归属感、信任感，对网络信息产生了强烈而持久的向往心理，从而逃避现实。具体表现为思维缓慢、行为怪异，面对亲戚朋友时表现很冷漠，实际上是以外在的冷漠掩饰内心的无措和恐惧。不难看出，网络文化在不知不觉中可能会使青少年形成孤僻心理。

2. 降低青少年的自控能力

学者闻心玥提出：自我控制与调整情感是社会网络使用的最主要的动力，同时自我控制也是青少年对社会媒体的需要产生影响的内因。青少年自我情绪调节能力因年龄不同而存在差异，在个体的自控力不强的时候，他们往往需要依靠外部环境来进行情感控制，而社交媒体因其拥有的大量社会信息以及发达的技术，正逐步变成他们对自己情感一种有效的调控方式。在个体的自控力不强的情况下，他们对网络文化的偏爱就是在社交媒体上完成的，即具有较高自控能力的青少年会更好地调整和控制自己的多种动机，他们会对社交媒体的使用进行压制，而自控能力较低的青少年往往会更有使用社交媒体的冲动，这些青少年利用社交媒体来减少内疚、焦虑、烦躁、无助的情绪，对于社交媒体使用的增加将会导致更高水平的成瘾，而对于社交媒体的成瘾将会反作用于青少年对社交媒体的使用，二者之间构成一个恶性循环。笔者通过与青少年的谈话可知，大部分青少年尤其是高中生，他们由于过多使用社交媒体导致未完成该完成的事情时，会感觉内疚、烦躁，想要停止使用社交媒体，但是他们的坏情绪又需要找到一个宣泄口，于是他们重新利用社交媒体来宣泄，造成的后果就是更加频繁使用社交媒体宣泄情绪、发泄郁闷，形成程度更高的新媒体依赖。最终，这样的恶性循环会逐渐降低青少年的自控能力。

3. “物欲横流”推动下的错误择业观

在新媒体飞速发展的同时，“网红”应运而生了。这些经过资本包装的网络主播，宣称成为“网红”投资小，设备操作简便，只需要外表光鲜亮丽，即可带来丰厚的回报。这种回报与投资的巨大落差，削弱了努力的意义，也削弱了“读书有用”的观念。这使得部分青少年对这个职业充满了向往，在利益的驱使下，他们一头扎入了这个行业，想要成为一个“网红”，妄想不努力工作就赚到更多的钱。与此同时，一些网络主播通过夸张的方式来解释和展示金钱和物质的万能，宣传资本主义就是神，从而将功利主义的思想引入到青少年的生活中。前段时间爆火的“万柳书院少爷”就很明显揭示了这种资本至上的观念，不少人以调侃的口吻自嘲“天空一声巨响，老奴闪亮登场”，不排除许多网友是为了跟风玩梗，但还是透露出资本、金钱至上的观念已然深入人心。不仅如此，部分网络主播凭借自己的特殊打扮、怪异的行为、无所谓的生活态度，获得了巨大的流量与人气，吸引了青少年对猎奇主播的注意力。这种直播特点与青少年的猎奇心理相吻合，在某种意义上也会引发青少年的效仿。但是，这种主播使青少年混淆了“与众不同”和“恢诡谲怪”，从而影响了他们对社会的看法。

三、新媒体下网络文化对青少年心理产生负面影响的原因

综合来看，网络文化一方面为给予青少年足够的自由，方便了他们的学习和生活，另一方面也对他们产生了极大的消极影响。有些青少年由于沉溺于网络，丧失了为美好生活奋斗的意志，面对学业与工作持“摆烂、躺平”的消极态度，甚至出现更为恶劣的后果。要有效缓解和减少网络文化对青少年的负面影响，首先应找出问题的根源，究其原因主要有以下几个方面。

（一）家庭方面的原因

青少年过度使用新媒体的一个重要原因是家庭。范方等人的研究发现，生活在溺爱型管教方式家庭的中学生，互联网过度使用倾向检出率更高。而亲子间的高质量沟通、家长降低预期都有助于减轻青少年网络依赖。① 如在发生重大公共卫生事件、出现极端天气的情况下，为了青少年的安全考虑，学校大部分时间是网络授课，需要长时间接触新媒体。家长为了孩子的视力着想，会购买屏幕更大的 iPad 或者电脑，让他们用于学习。家长的出发点是为了孩子着想，但大部分青少年的自制力没有那么强，在网课期间，部分青少年都是电脑上“挂网课”，私下拿着手机悄悄打游戏。这种事例不是个案。一些青少年也表示，对于新媒体，大部分家长视为洪水猛兽，上完网课立马收走电子设备，只有少部分家长支持孩子自由支配新媒体。家长并不能以全面的视角面对青少年使用新媒体的问题。事实上，有些时候，孩子只是想用新媒体查找一些知识，或者是学累了放松一下，父母与孩子的矛盾冲突就是这么来的。很明显可以看出，青少年与父母之间的沟通是有问题的。

家长的正确引导对青少年合理使用新媒体非常重要。除了一部分父母没时间教育孩子导致青少年误入歧途外，还有很多父母对于前沿的新媒体技术不甚了解，且他们并不具有正确引导教育青少年的相关知识储备，而且他们对于青少年发展每个阶段的特点也不了解，不能采用合适的手段方法进行教育，因此，在引导青少年正确使用新媒体方面陷入心

① 范方，苏林雁，曹枫林，等．中学生互联网过度使用倾向与学业成绩、心理困扰及家庭功能［J］．中国心理卫生杂志，2006（10）：635-638.

有余而力不足的尴尬境地。有时候，家长应该好好审视一下自己的言行，是否给孩子树立了良好的榜样，是否能正确引导孩子使用网络，所谓的管教是否真的有利于孩子的成长。

（二）学校方面的原因

随着互联网技术和信息技术的不断应用，网络文化已然成为影响教育事业发展的重要因素之一，学校作为学生教育的主阵地要正视这个问题，把培养学生正确的新媒体使用观提上教育日程。崔博宇、李董平等人的研究揭示了校园氛围感知与青少年网络成瘾的密切关系。具体来说，校园氛围感知正向预测学校联结，进而正向预测网络成瘾。[①] 青少年在使用新媒体过程中出现信息偏失，一定程度上是学校在加强青少年新媒体使用引导教育方面存在不足，面对此种情况，学校应辩证地摒弃应试教育理念，引导青少年在新媒体使用方面树立积极向上的态度和观念。现在的青少年自主意识非常强烈，传统的教育模式并不完全适用于当下的“00 后”青少年行为发展教育，不利于激发他们的创造性和主体性。

首先，传统教育中的“填鸭式”“灌输式”教学使青少年变成被动的接受者，导致他们内心的真实诉求和想法被掩埋。教师往往只顾传授知识，对学生的了解并不充分，忽略了学生心理的变化，忽视了培养人格和发展方向的指导，以至于学生在作出一些不适当的新媒体使用行为后，学校也无法采取较为妥当的纠正和处理方式。

其次，学校在网络道德教育方面不能完全跟上，甚至落后于网络文化的发展速度，教育观念落后，面对青少年滥用新媒体的情况没有有效的预防、纠正措施。随着近年来青少年滥用新媒体的问题日益严重，学校也意识到需要加强新媒体和网络文化道德教育，但在实操过程中效果不尽如人意。例如：学校在信息技术教育方面仅仅是注重教授学生知识性和技术性的内容，对于如何提高信息素养，加强网络文化道德建设则很少提及。尽管有部分学校开设了有关网络道德教育的课程，但课程中心思想依旧是围绕思想政治方面，理论性极强且对于实际生活的帮助并不那么有效，所采用的教育方式对于现在的青少年吸引力也远远不够，所以收效甚微。

最后，当前的青少年对网络文化的了解和接触远超大部分的教师，面对青少年所需要的网络文化个性化，许多老师显得无所适从，当青少年因滥用新媒体而出现网络失德行为时，学校很难提出有效的解决、处理方式。

总之，由于青少年的识别能力与控制能力较差，学校对青少年网络道德教育的形式比较单一，青少年很容易出现网络失德行为。而且从学校展开网络教育的现状来看，由于缺乏安全预防教育，疏忽了网络引导与管理，青少年出现问题以后很难找到有效的解决措施，因此，学校对于青少年网络文化引导工作任重道远。

---

① 翟博宇，李董平．校园氛围感知与青少年网络成瘾：学校联结与抑郁症状的中介作用［C］//中国心理学会．第二十二届全国心理学学术会议摘要集，2019：1478-1479.

（三）青少年自身的原因

教育学中有一个理论叫作多因素相互作用理论，即一个人的发展是个体通过环境相互作用最终产生的结果，其中决定个体发展最重要的因素就是个体主观能动性。也就是说，网络文化对青少年心理发展产生负面影响有社会、学校、家庭等方面的原因，但它们不是主要原因，依然要从青少年自身找原因。

青少年正处于一个生理与心理的动荡期，他们的思维跳跃，通常比较冲动，想做的事情就要立即去做，至于后果日后再议；他们喜欢追逐新鲜潮流的事物，面对未知总是充满了好奇，想要一探究竟。网络文化之所以如此受到青少年的追捧和喜爱，是因为网络文化的内容、形式正好迎合了他们的思想观念，二者相互影响是必然的结果。但是由于青少年年龄不大，阅历比较浅，对事物的认知也并不深刻，缺乏理性的思考，比较随心所欲，这种心态在新媒体使用中极容易受到不良网络信息的诱惑，产生行为偏失。

青少年大多属于未成年，他们对信息的分辨能力和面对不良网络文化诱惑的抵制能力有所欠缺，如果没有成年人的指导和监督，仅由他们随心而为，想浏览什么内容就浏览什么内容，想在网上发表什么观点就发表什么观点，完全依照个人的兴趣，就不可避免地会使得青少年网络行为失范。在时间使用方面，程建伟的研究发现，青少年使用网络时间存在性别和年级差异，男生使用时间显著多于女生，而随着年龄增长，女生使用时间呈上升趋势；内容偏好方面，随着年龄增长，信息交流功能使用呈增加趋势。①

近年来部分人利用网络漏洞和青少年心智弱点大肆宣扬糟粕内容，传扬不利于国家稳定团结的思想，网友将这种行为定义为“行走的50W”。同时青少年由于年龄小，很难把握控制自己的行为，上网目的大多不纯粹。

（四）网络自身局限性和社会方面原因

1. 网络自身局限性

随着计算机技术的不断进步，新媒体的应用也越来越广泛。新媒体的公开性、民主性等特点，给一些为了追求最大利润，利用大众好奇心，大肆宣传名人隐私、大肆宣扬色情暴力的人提供了可乘之机。他们以新媒体为平台，对不实消息捕风捉影，大肆渲染。造成这种情况的最大的原因就是在这个开放的互联网时代，缺少了相应的法制和伦理方面的制约，导致了网络秩序的混乱，网络主流文化被压制，亚文化盛行。

网络文化自身的特点和错综复杂的社会环境致使青少年的思想观念多样化，行为方式多元化。它所具有的资源丰富、超越时空、方便快捷等特征，不可否认，带给青少年极大的便利，在一定程度上发挥着积极效应，但是网络文化的隐匿性特点注定为不良信息传播

---

① 程建伟．青少年的互联网使用偏好、信息技能及其对学业成绩的影响［D］．武汉：华中师范大学，2008.

埋下了伏笔。例如，百度是我国使用最多的搜索引擎，使用者有时查找信息，会强制性弹出攻击性的网页，且无法关闭，非常影响学习效率和学习体验感。这些不良网络文化信息隐藏很深，可以越过网络“防火墙”，且很难被找到。尽管国家开展“净网行动”对其进行严厉打击，垃圾信息仍层出不穷。并且，能利用网络犯罪的人大多都是高端知识分子，他们拥有比常人更多的计算机知识，同时他们也非常了解青少年的心理发展特点，一定程度上他们代表了心理学、网络知识的前沿，这就使得部分青少年在“温水煮青蛙”的舒适环境中迷失了自我，即使发觉也为时已晚。

对于在现实中心怀失意的青少年来说，不良网络文化完全迎合了青少年的心境，他们很难不深陷其中。目前我国还没有强制性、根本性的法律，无法跟上网络文化信息不断迭代的“脚步”，国家和社会也还没有建立起一个完善的互联网监督体系，这就导致不能对青少年提供有效的法律保障。

2. 社会方面的原因

社会环境必然影响青少年的心理发展和思想观念。近几年直播行业快速发展，资本通过包装，让大家看到主播这个行业工作轻松、收益高。青少年面对如此诱惑，很难不心动，辍学追求“网红梦”的青少年不在少数。

如何避免这些现象，并为青少年创造一个更好的网上文化消费氛围，帮助他们建立一个正向的新媒体使用观，这个问题值得社会反思，值得思考研究。

四、新媒体下减少网络文化对青少年心理负面影响的对策

（一）重视家庭氛围的营造

首先，家长要不断提高自身的修养，树立理性、科学、健康的“新媒体使用观”，在使用新媒体的过程中要有深度、有短度，即家长在日常生活中使用新媒体浏览信息时，观看的内容要积极向上且时间上有所节制。如果家长整日无所事事地坐在沙发上观看没有营养的短视频或者大喊大叫地打游戏，那么孩子在这样的环境下怎么能“出淤泥而不染”呢？所以家长需要给孩子树立良好的榜样，使其耳濡目染，形成良好、健康的“新媒体使用观”。其次，在孩子成长的过程中，父母除了给孩子树立榜样之外，还要加强亲子互动。例如，周末，家长可以带着孩子去动物园、科技馆等地方参观，或者去野炊、滑雪等。陪同孩子做一些有意义的活动，这样既能增加亲子间的亲密感，又能让孩子在快乐中远离网络，享受生活本身。最后，有必要开设家庭心理教育课程，让家长和青少年一起接受培训。所谓“孩子有病家长吃药”，在引导青少年正确使用新媒体的过程中，家长必须首先改变这一现象。

实际生活中，当一些孩子沉迷网络后，多数家长都表现出神经质一样的焦虑情绪，常

常指责孩子，言语中往往刺伤孩子的自尊心，有的家长甚至粗暴地打骂孩子。这些家长平时一味地关注孩子物质方面的保障，甚至简单地用物质刺激来达到教育孩子的目的，实际上，孩子更需要的是尊重、理解、沟通，他们更需要精神层面上的启迪与指导。所以，帮助青少年克服沉迷网络，父母的“良性改变”是决定性因素之一。同时，要贯彻“终身学习”理念和积极参与“家校协同教育”。青少年需要不断学习才能进步，家长亦是如此。网络文化的发展瞬息万变，家长要通过不断学习网络前沿的新事物、新文化，寻找彼此间的共同话题，消除与孩子之间的代沟，同时给予孩子正确的引导。除了父母，和孩子接触最多的人就是老师，因此需要加强家校联动，共同培养孩子正确的“网络使用观、价值观”。

综上所述，随着新媒体的广泛流行，并且发展速度越来越快，父母需要从根本上入手，在孩子第一次接触新媒体的那一刻，就对其进行指导和管理，让孩子从接触新媒体伊始就能建立正确使用新媒体的观念和行为方式。

（二）加强校园文化的建设

在教育教学中，学校应认真全面贯彻实施“以人为本”的基本方针，培养和提高学生的综合能力。但是目前，学校的注意力仍主要集中于学生的考试成绩和提高升学率等方面，对青少年的心智培养、品德培养等方面缺乏重视，造成青少年的学业压力越来越大，出现消极的情感。而且，因为种种原因和制约，他们的情感常常得不到充分的宣泄，因此，新媒体很容易就成为青少年逃离自己重负与重压的“栖息地”，导致他们的沉迷于网络而无法自拔。

针对以上情况，学校亟须转变发展思路，优化相关工作，对青少年开展多种形式与内容的教育活动，包括书法、美术、手工、体育运动以及社团活动等，由此在文化课学习之外，丰富学生的校园生活，更好地发挥学生特长，为学生提供良好的成长空间，提升学生的综合发展能力。① 同时，学校要及时纠正错误的教育观，为青少年提供良好的网络文化教育环境，并充分利用校内资源，尽可能为青少年创造良好的校园文化环境，以此最大限度地减少不良网络信息对青少年的侵蚀，使青少年能够正确应对新媒体的影响。例如，加大对图书馆、体育活动的投入，组织促进身心发展的户外活动等，提升校园文化氛围。

近年来，数字化媒体的发展使得青少年很少阅读纸质版书籍，学校应该限制青少年使用新媒体的时间，加大对校内图书馆的投入，可以举办“热榜书籍”投票活动，采购更多学生喜爱且有益的图书。这样既充实了青少年的生活，又使他们获得了更多的知识，在一定程度上帮助了青少年摆脱“网络成瘾”“网络依存”的恶习。同时教师要根据网络文化

---

① 王挺，肖三蓉，徐光兴．新时代青少年坚毅心理品质发展的家庭教育路径探新［J］．科技视界，2019，9（24）：81-84.

的发展变革教育方式，采用青少年乐于接受的方法，传统的讲授法结合网络热点，运用现代化教具，教学效果会更好。教育青少年的基础首先是了解他们，熟知他们使用新媒体的心理和需求到底是什么。这就需要教师加强信息技术文化修养，在完成教学工作的前提下，通过进修培训提升计算机专业素养，尽量掌握现代科技发展的前沿知识和针对青少年心理特点的教育教学知识。只有比青少年更了解新媒体以及青少年自身，才能更好地为青少年指路。

除了加强教师的信息技术素养，学校要开设心理辅导室以及心理健康网站来配合心理健康教育工作。可专门组建一批青少年网络心理咨询的师资团队，这些教师要时刻关注青少年的心理动态，加强沟通和联系，对学生普及多层面的心理健康教育知识，引导青少年及时疏解并排解心理压力与情绪，从而引导青少年形成良好的心理状态，并且鼓励青少年形成正确的网络使用习惯，促进青少年身心健康发展。① 除此之外还要组织青少年参与丰富多彩的心理活动，例如，定期开办心理讲座、举办心理剧大赛等，通过生动的实践课进行网络道德教育的文化输出，使青少年意识到不良网络文化的危害，培养他们自律、自控意识，自觉抵制不良网络文化的侵蚀，遵守网络规范，展现新时代青年人的高素质、好风采。

综上所述，在学校中，要将素质教育进行更好的实施，要致力于构建一套完整的校园文化系统，提高教师的信息素养，既要关注于学生的学业，又要关注于他们的心灵发展，从而推动他们的整体发展。

（三）对青少年进行积极的引导

青少年自制力相对薄弱，因此，需要控制青少年使用新媒体的时间。当他们完成学业任务时，允许他们适当使用新媒体放松心情，接着通过教育和实践，提高他们的信息素养。首先，要构建并健全青少年的信息素养教育制度，制订青少年信息素养的培育准则，根据他们的特点，设定清晰的信息素养培育目标，并提供相应的教学科目，以强化青少年信息知识、信息意识、信息能力、信息道德培育与训练。在进行青少年的信息素养培育时，要重视对青少年信息道德的培育。总之，对青少年信息道德的培育要以社会主义核心价值观为理论支撑，结合信息素养课程与心理健康教育以及在日常教学中渗透社会主义核心价值观教育，将价值观教育潜移默化于青少年生活中的各个方面，以有效提升青少年道德意识，从而达到提高信息素养的目的。

其次，除了转变青少年的思想观念，还要为青年学生提供多种实践的平台。例如，开展各类与互联网、信息科技有关的校内教育，加强对青年学生的信息素养的训练，并使他

① 鲁春燕．新媒体时代网络对青少年心理健康教育的影响探析［J］．湖北开放职业学院学报，2022，35（11）：108-110.

们形成良好的信息观念、信息伦理。同时，由于各年龄层的学生对网络的认知能力有很大差别，因此，要根据学生的实际情况，制订相应的教育计划。

最后，为促进青少年网络素养的提升，需采取科学的管理措施——在适度开放网络资源的同时，设定合理的使用时限，从而系统性地培养其自我调控能力与良好的用网习惯。青少年要主动地参与一些有意义的社会实践，要能够独立、坦然地去处理人际关系中所面临的种种困难。要为青少年提供与他人交往的空间，通过与朋友的交往，使其充分感受到真实世界的快乐。在运用新媒体的时候，青少年应该多浏览一些具有正面意义的、积极向上的网络内容，让新媒体真正成为一种可以推动自己身体和心理成长的有效手段，而不是只会沉浸在互联网的海洋之中，无法自拔。这样不仅对青少年的学业不利，而且对青少年的身体和心理的发展以及道德意识培育都不利。

要想提高青少年的信息素养，不仅要靠学校和教育工作者的指导，还要靠他们自己。因此，一定要让青少年认识到，未来世界是由信息技术主导的，而在这个世界上，信息素养也是一个新的需求。通过加强青少年的自我教育，进一步增强他们的自律性，让他们认识到，网络文化是一把双刃剑，新媒体只是一种手段，而不是整个人生，生活的美好在于走出网络的束缚，拥抱自然。

（四）社会加大监管力度，优化新媒体环境

在当今的信息化时代，对网络实施法律监管是新媒体发展的基本保障。针对不良网络文化内容屡禁不止的状况，应当加大对新媒体的监管。主管部门要加强在新媒体的内容和运作机构方面的监督和管理，要贯彻执行新媒体的经营条款和规则，并制定出详细的管理办法。要实施一系列的安全措施，包括实名制注册、健全新媒体合法运营的许可制度等，构建一套完整的处罚机制，对那些利用新媒体来进行恶意宣传、蓄意散播错误消息和流言、引起公众恐慌的人，要给予严厉的处罚；对于可能出现的网络犯罪要从根源上抑制，要对新媒体经营者账号的申请进行严格控制，对申报系统进行规范，并实施实名制登记。

青少年自控力薄弱，因此对于青少年要强制开启“青少年模式”。“青少年模式”推送内容要健康向上，涵盖科学文化、历史、地理、道德等知识，使青少年在使用新媒体的过程中学会知礼明史；“青少年模式”还须严格控制使用时间，超过时间强制下线。游戏公司也应如此，青少年上线需人脸识别，防止他们使用家长手机无节制地打游戏，游戏内禁止青少年充钱和打赏主播，目前国内很多公司在青少年防沉迷这方面做得比较到位。

除了加大新媒体的监管力度，政府还应完善网络管理立法，依法管理网络。就立法内容而言，应侧重于这四个方面：国家安全，重视青少年保护，对网络文化的传播内容实施强制管理，严格审核、制定网络安全战略。习近平总书记在党的二十大报告中明确指出：国家安全是民族复兴的根基，社会稳定是国家强盛的前提。青少年是民族的希望，他们能

否健康积极地成长关乎国家未来，而青少年又是使用新媒体的最大群体，因此保障网络文化内容积极、纯净是非常必要的，对于恶俗的网络文化内容一定要剔除。针对以上情况，必须尽快完善法规，这样不仅可以惩治网络犯罪，还可以对民众起到有效的震慑作用。此外，政府也应积极开展网络法律法规的宣传，可以利用AI动画形式，吸引青少年的注意力，让他们有兴趣观看宣传内容，从而达到强化青少年思想观念的目的，引导他们自觉规范上网，保持一个好的心理状态，提高网络法治观念，使他们在使用网络时，既能遵守网络法则又能在遇到“网络暴力”或者网络诈骗时，可以使用合法的手段来保护自己的利益。

综合而言，目前政府对新媒体监管、打击网络犯罪以及引导青少年健康上网的举措取得了良好成效。民众也要站在客观的角度全面看待新媒体的发展，在坚决制止某些不良现象的同时，还要注意发挥新媒体的优势，给青少年营造一个健康有序的新媒体氛围，引导他们正确使用新媒体，树立积极向上的“新媒体使用观”，从而促进其身心健康成长。

第二节　网络游戏对青少年心理健康的影响

互联网的出现是人类发展史上的一个里程碑。网络游戏作为互联网的产物，它所汇集的各种不同的信息，真实和虚拟之间的角色构建，正义和暴力之间的矛盾斗争，都在不知不觉中对青少年的价值认知、价值情感、价值信念、价值判断和价值行为产生了深远的影响。

一、网络游戏的概念与特征

（一）网络游戏的概念界定

网络游戏是主体参与、情境综合、多元互动、体验丰富的实践活动，通常是指多个玩家在同一个虚拟的环境中，利用互联网对角色和场景进行特定的控制，以实现娱乐和交互的目标，其具有较强的社会学、文化学和教育学甚至政治学意义。网络游戏意味着玩家需要经由互联网进行多人对战互动，而大多数的单人游戏都是以人机互动为主，由于不能联网，所以和游戏中的其他真人玩家之间的交流并不多。互联网的出现使人们的生活变得更加充实，进而推动了整个世界的发展。网络游戏以互联网为载体，同时互联网也是网络游戏的传播渠道。

（二）网络游戏形式与类型

1. 网络游戏形式

浏览器形式无须下载客户端，简称页游，只需打开网页，最重要的是关闭或者切换极其方便。

客户端模式是由游戏公司搭建的服务器来进行游戏，现在被称为网络游戏的大部分都是这种模式。此类游戏大部分来自欧美以及亚洲地区。

手机游戏指的是以游戏移动客户端作为信息互动窗口，具有持续性的个性多人在线游戏。随着时代发展，具有方便快捷高效特点的手机游戏成为新兴的游戏模式，甚至许多端游都开发了手游版本。如今的手机游戏大多画风精美、设定新奇，区别于以往的单机 2D 手机游戏。

这里提出的网络游戏不仅包括联网游戏，也包括单机游戏，其载体不仅指计算机，也可以是手机等现代通信媒体。

2. 网络游戏类型

现阶段网络游戏大致可分为以下几种：动作冒险、益智游戏、恋爱养成、音乐游戏、体育游戏、战略游戏、射击游戏、角色扮演、模拟经营等，种类丰富多样。

（三）网络游戏的特征

1. 游戏空间：自由化和虚拟化

相较传统游戏而言，虚拟性是网络游戏代表性的特征之一。在网络游戏中玩家可以自由选择角色、着装、职业、属性、任务、未来的发展方向等，每个游戏角色都有自己独特的魅力，每个玩家在游戏中都有自己的运营方式，这对普通人来说是一种致命的吸引力，玩家可以在这里拼命练级做一个强者；也可以组建一个帮会，成为一方霸主；甚至可以成为一个成功的商人。众所周知，这一切是虚幻的，但虚拟世界带来的体验感却是真实的。一方面，网络游戏中的各种虚拟要素都具有象征性；另一方面，现实生活中交友、谈恋爱、结婚、经商等很常见的事情都可以在网络游戏中体验，尤其是青少年，在游戏中所经历的喜怒哀乐、爱恨情仇，都是真实存在的。网络游戏就像是一面镜子，可以折射出现实生活中的很多东西。

2. 游戏消费：泛娱乐化与多元化

从政治经济学角度来说，价值是凝结在商品中的无差别的一般人类劳动。因为网络游戏是对现实世界的虚拟描述，所以网络游戏也具有商品和经济属性。当前网络游戏最基本的特征就是它的营利性。在对网游进行研发、运营、管理等方面，都要投入大量的资本，因此，游戏势必要对用户收费，具体表现为道具收费、账号收费、计时收费等。

道具收费形式中虚拟道具包括但不仅限于游戏中人物的衣着、武器、坐骑、房屋等，甚至剧情也需要花钱才能通关。虚拟道具的作用是为了强化角色、便于与他人沟通，更有效地提升玩家的游戏体验。

账号收费又称客户端付费游戏，通常需要购买账号才能进入游戏，这种方式在国产游戏中不常见，但比较风靡的如 Steam 和任天堂这两个游戏平台中的大部分游戏都是账号收费模式。

计时收费需要充值游戏时间才能开始游戏。早期的计时收费比较昂贵，但随着互联网的普及和行业相互竞争，现在的价格日益下降。

3. 游戏设计：仿真化与交互化

每一款网络游戏虚拟世界的设定，其实都是以真实世界为参照的。当你踏入这个虚拟世界的那一刻，你会有一种说不出的亲切感，所谓亲切感，就是因为这个虚拟的环境与现实有所对照但又更加新奇刺激。如果想在游戏中取得成绩，必然也需要一个主动学习的过程，因此，所有的网络游戏都是以学习和探索为核心的，在登录网络游戏的那一刻，就已经进入了一个十分复杂的学习环境。比如，在某些网游里，玩家需要仔细地观察和试探，才能继续进行任务，获得更广阔的娱乐空间；或者“随心所欲”地游荡，与游戏场景中的其他角色“交往”，熟悉游戏的其他特点。

4. 游戏叙事：故事化和多维化

网络游戏作为新时代比较流行的内容承载和传播形式，必然要包含一些特别元素才能够吸引玩家注意。闫荟在《面向民族文化传播的游戏设计方案研究》中将游戏元素分为五大类，分别是游戏故事、音乐、场景、角色、道具。①在参考上述游戏元素划分的基础上，根据游戏中不同元素的定义，同时考虑了叙事元素和网络游戏相互结合的可行性，将网络游戏的故事叙述元素分为三个部分：第一部分是游戏情节叙事，是指游戏开发者构建的一些贯穿游戏的背景故事，这些故事情节往往是关于家国情怀、拯救世界，或是感人的亲情友情爱情等，令玩家的代入感增强；第二部分是游戏人物叙事，游戏中的角色被赋予生物特征和生物形象，推动游戏发展，与玩家建立情感纽带；第三部分是游戏场景叙事，这一部分包括游戏音乐、游戏风格、游戏建筑，往往以现实世界为参照。

二、网络游戏对青少年心理健康及价值观形成的影响

（一）积极影响

1. 网络游戏群体性丰富了青少年社会交往

社会交往是人的基本需求和存在方式，网络游戏拓宽了社会交往的方式。从科学（Science）、技术（Technology）、社会（Society）构成的“STS”的视角来看，网络绝不是中立的、无价值负荷的科技发明，而是新型交往空间与诗意栖居的社会技术供给。① 青少年玩网游通常会和学校里的同学一起，甚至五个人组队，逐渐交到更多的朋友，使他们的社交范围不断扩大。同时，因为在网络游戏中，团队之间的交流是必不可少的，所以在进行网络游戏的时候，为了获得队友的配合，他们也会考虑自己的态度，用更适合队友的方

① 闫荟．面向民族文化传播的游戏设计方案研究［D］．南京：南京师范大学，2011.

式来表达自己的观点。从某种意义上说，这也培养了青少年有效社交能力。

网络游戏丰富了社交活动的内容，提高了青少年社交活动的积极性。青少年是网络社交的主力军，也是网络游戏最活跃的受众群体。在游戏中他们可以结识到更多的网友，拓宽社交圈，增进人际交往。网络社交以网络游戏为载体，青少年可以暂时抛开现实的枷锁，在进行竞技的同时，还能寻找到志同道合的朋友，让现实生活中的压力得到释放，避免形成冷漠疏离的人格。这样一个虚拟、放松的社交平台，能够最大限度地帮助青少年，让他们从不同维度对社会有更深入的了解。网络社交是对传统社交方式的一种回应，它使青少年认识自我，承担起社会责任，参与到社会交往中来。但与此同时，对于网络上的一些不法分子，需要时刻保持警惕，因为网络毕竟是虚拟的，你不知道和你聊天的是人还是“猴”。

2. 网络游戏职业赛事改变了青少年职业价值观

随着众多网络游戏走向成熟，电子竞技这项体育运动也逐渐走进大众视野，衍生出来的职业电竞选手和电竞运营师成为国家人社局批准的新兴职业。目前，中国最高水平的赛事是“英雄联盟职业联赛”，2020 年英雄联盟职业联赛（简称 LPL）现役的电子竞技运动员的平均年龄为 20. 8 岁，23 岁以下的运动员有 107 名。电子竞技要求专业电子竞技运动员具备出色的天赋、反应能力、判断力和强大的抗压能力。长时间的比赛和高强度的训练对运动员的智力和体力有很高的要求，年轻、强壮是必然要求。电子竞技产业的主要收入来源包括三部分：俱乐部的基本工资、竞赛奖金和赞助广告收入。其中，著名游戏主播和具有强劲实力的电竞职业选手身价可超千万。

2018 年雅加达亚运会上，电子竞技第一次作为表演赛项目参加，我国职业选手一举夺得金牌；同年，IG 电子竞技俱乐部代表中国英雄联盟职业联赛首次获得英雄联盟全球总决赛冠军。自此，我国的电竞行业走向新的高潮，电子竞技的快速发展带来了巨大的人才需求。热爱、梦想、市场需求、年龄和身体素质符合，还有高收入薪酬，这些都是青少年愿意加入电子竞技行业的最重要的理由。同时，这也让青少年的未来职业规划得到了拓展，让他们在选择工作时拥有更多的自主意识，拓宽了他们实现人生价值的渠道，让他们的思维不再局限于传统的职业模式之中。现阶段，随着我国在职业游戏赛场获得优秀成绩，我国网游玩家对网络游戏的热情、对电子竞技职业的憧憬达到了新的高度。很多青少年将职业选手视为偶像，他们永不言弃的职业态度、极强的业务水平和为国争光的荣誉感都深深吸引着青少年，使许多青少年改变了原有的择业观。这些都表明当今青少年能将对职业的认知向社会化的方向靠拢，这也符合我国当前素质教育的导向和新时代的教育目的。

3. 网络游戏的规则锻炼了青少年创造力和思维逻辑

网络游戏能激发青少年的创造力。创造性是指在一定的目标下，运用现有知识，创造出一种独特的、新颖的、有社会价值和个人价值的综合素质，网络游戏对个人创造性的各个维度都有显著影响。在游戏中，一些性格特征，如好奇心、发散思维等，都能在游戏中得到奖励，而这些性格特征，正是由个体的创造力决定的。

网络游戏的出现，是现代理性精神在网络技术的推动下得以实现的。一方面，网络游戏吸纳了现代理性的“平等、自由”等精神核心，形成了一种新的网络话语系统与网络活动模式；另一方面，网络游戏以其独特的传播手段，以更快、更广的现代理性精神，渗透到青少年的日常生活中，并逐步植根于他们的生活之中。

4. 网络游戏的观赏性提高了青少年审美价值

网络游戏的美学价值源于其自身的艺术性。美学范畴的愉悦和娱乐的乐趣在内容和形式上存在着显著差异，这种差异源于美学是一种欣赏性活动，而娱乐则是“找乐子”。网络游戏的实践性，表现为某种美学实践，它在设计和参与中融入了更多的艺术因素，它自身也有美学价值，它的实施过程也是一种美学示范。网络游戏的美学价值是追求精神上的自由和美感，是与美学相关的实践过程。从这一点来看，网游作为一个新兴的艺术，仍有着巨大的发展空间。特别是大型网络游戏，既有电影、电视等视觉、听觉等表现形式，又有摄影、绘画、雕塑等艺术，融合 3D、VR 等视觉效果，给玩家带来或真实或奇异的视觉感受。而网络游戏又具有叙事艺术的特点：网游通常会有一个主题，有故事梗概，有文化背景，有优秀的剧本，而且在叙事手法和剧情编排方面，可以与小说、戏剧等叙事类作品相提并论。在游戏中沉浸式感知三维立体的美学价值，可以增长见识，提高自身审美价值。

网络游戏与青少年玩家的交互也不同于电影、电视、小说等艺术形式，玩家在欣赏游戏的逼真的画面和震撼的音乐时，自身也参与其中，伴随自身行为选择改变游戏走向，成为游戏中不可取代的角色形象，而电影、小说的代入感却不像网络游戏那样沉浸。游戏的这种行为化，使游戏具有了艺术的性质，而参与的过程也逐步趋向艺术化。

5. 网络游戏的民族性促进青少年形成正确历史价值观和爱国情怀

一个国家的民族文化不仅在于它的底蕴与内涵，也在于它的传播方法。网络游戏已经成为一种重要的新兴传播媒介，它不仅是一种娱乐休闲方式，更是一种文化传播手段。①

目前在网络游戏中，较为受欢迎的是它的故事叙述与民族文化的融合。在网络游戏中，往往会在设计的角色、场景和故事内容中，加入许多的民族文化符号和民族元素，这些都是在游戏中呈现民族文化特征的主要形式。

手游《匠木》传承和发扬中国非物质文化遗产——榫卯；手游《尼山萨满》的游戏场景人物都沿用了中国传统的剪纸技术，旁白和曲目也出自北方萨满音乐，体现了中国传统文化中不畏艰难、勇敢善良的献身精神。宣传民族文化的游戏还有很多，如宣传宋锦技艺的

① 韩阳．网络游戏叙事与民族文化传播［D］．恩施：湖北民族大学，2021.

《新天龙八部》、重构非遗项目南京夫子庙的《诛仙》等，都从不同角度弘扬了中国传统文化，这些民族元素也吸引了很多青少年玩家。心理学曾经对人类的感觉经验和认知水平的关系进行了调查，发现视觉和听觉相结合，人类能感觉到更多更深刻的东西。如果只靠耳朵只能看到十分之一的东西，而光凭眼睛只能看到五分之一的东西，两者相结合，就是六成以上的视觉和听觉。网游在开发人类的感官体验上有着独特的优势，它可以让人在感受到传统文化的同时，也可以通过 VR 技术、手柄等多种新的体验手段，来达到一种全新的体验。

网络游戏的民族性也激发了青少年的爱国情怀。在游戏《辐射 4》中有这样一个任务：解救 NPC 赵船长，但得到解救的赵船长唯一的信念是开着潜艇回到家乡——中国。这款游戏中赵船长强烈的爱国情怀使无数玩家产生了共鸣。不仅游戏情节传递了爱国情怀，许多玩家也会在游戏中积极表达爱国情怀，2020 年 10 月 1 日，游戏《部落冲突》中全球顶级部落排行榜前十名的名字是整齐划一的“庆祝共和国 71 华诞”；《光·遇》国际服多名中国玩家在游戏中齐声奏响《我的祖国》，这些行为吸引着全球玩家的目光。无数玩家的爱国情怀通过游戏来表达，也为青少年作出了榜样，许多青少年参与其中，对爱国情怀的理解更加真实深刻。

（二）网络游戏对青少年心理健康及价值观形成的消极影响

1. 暴力因素使青少年背离了传统价值准则

一些含有暴力元素的电视剧、电影，可以让人的情绪得到宣泄，而网游的暴力程度和真实感，远超暴力影片和电视。在网络游戏中，游戏参与者积极主动地使用暴力，从而使网络游戏中的暴力行为更具真实感。成年人的心理已经趋于成熟，从某种意义上来说，网游只是为了发泄自己的压力。但青少年在价值认知上还不够成熟，因此，他们在游戏中可能会学习到一些暴力手段，甚至会导致他们的价值观发生偏差。

青少年在进行娱乐的同时，网络游戏渗透的价值观势必也会对他们的心理及行为产生影响。在游戏当中，青少年可以通过提升人物等级、充人民币等方式在虚拟世界中得到自己想要的，网络游戏在带给青少年玩家自由与放纵的游戏体验的同时，也使一些青少年逐渐失去自我，导致他们价值观和道德观发生偏差。具体来说，青少年由于缺乏自控能力和判断能力，所以当他们与其他人意见不一致时，他们可能会像游戏中设定的那样，在现实世界中使用暴力来捍卫自己的观点，用拳头解决问题，从而造成不可挽回的局面。

2. 虚拟竞技使青少年模糊了虚拟与现实的界限

网络游戏可以在虚拟世界中满足青少年的各种心理需求，让他们感受到关爱、感受到自己的成就，同时也可以通过杀戮来宣泄他们心中的负面情绪，这也是网络游戏兴起的原因之一。

网络游戏对青少年的现实生活影响很大，比如，有些青少年在现实生活中可能沉默寡言，但在一些武侠游戏中他们可能是拯救世界的侠客或英雄，而且在一些枪战游戏中他们可以体验现实生活中无法触碰的枪械武器，甚至在游戏中受伤死亡还能满血复活。角色转换带来的成就和喜悦会让一些青少年充满积极的能量，但有些青少年可能会因为这种成就感而沉迷其中，脱离现实生活，从而引发各种矛盾。例如，网络游戏可能会导致他们的思想和情感与现实脱节，在心理上表现出个性发展的障碍。青少年本来较成年人来说自制力就差一些，沉迷游戏只会导致他们自制力更差，于是影响学业，辜负青春，为未来埋下祸根。

3. 错误营销使青少年陷入了消费主义陷阱

现阶段网络游戏比较流行的收费模式是道具收费。在网络游戏中，虚拟道具根据其稀有度和获取的难易程度有不同的价格，这种商品用游戏中的虚拟钱币来支付，但虚拟钱币的来源依然是用等值的现实货币进行充值。这种在网络游戏中进行充值的行为在当下被青少年称为“氪金”。部分网络游戏为了刺激玩家消费，“氪金”数额越多游戏体验度越高，甚至根据充值的数额，成为不同等级的 VIP 用户，享受不同程度的“特权”。

现实生活中，大多数青少年或多或少进行过游戏充值。青少年的这种无节制的“氪金”行为，很容易被模糊了消费观念，导致无节制消费，给家庭带来负担。还有一些青少年擅自利用父母长辈的身份信息注册游戏并肆意充钱，且数目不菲，尽管事后父母可以通过法院审理或联系游戏公司协商追回部分金额，但其对青少年价值观已造成了较大的恶劣影响。

三、网络游戏对青少年心理健康及价值观产生负面影响的原因

（一）游戏商家缺乏社会责任感，监管审查不严格

网络游戏虽然从付费游戏发展到免费游戏，但这并不妨碍各大网游公司盈利，反而推动了网游行业的快速发展。随着互联网游戏公司的迅速发展、纷纷上市，它们在全球资本市场上得到了广泛的认同，这些都是中国网游行业的一大亮点。网络游戏产业已经成为中国的一大新兴产业，十大互联网公司中除阿里巴巴外都在做网络游戏。网络游戏行业之所以能取得这样的成绩和高速增长的盈利，一方面是因为中国拥有大量的网游用户，另一方面是因为游戏商在互联网游戏产业链上进行了深入的挖掘。

这种掘金策略以商家自身经济效益为主导，忽略了网络游戏传递的价值观是否正确。一方面，我国的网络游戏开发商存在着功利主义，不舍得投入研发经费，研发系统不健全，研发人才匮乏，缺乏自主创新能力，难以研发出具有自主知识产权和具有中国特色的游戏产品。另一方面，网游厂商的利润太高，对社会道德责任不够重视。一些网游公司为了赚取巨额的利益，会在网络游戏中采用一些血腥的打斗画面、刺激性的音乐以及一些不健康的画面。并且许多游戏为了获得更多利润，从游戏场景、人物服饰、道具甚至游戏音

效等都需要“氪金”，导致青少年不能形成正确的消费观。网络游戏中暴力低俗等不良的价值观，不但会对青少年从小养成的正确价值观产生冲击，而且会侵蚀中华民族数千年来的优良传统，从而引发道德危机。

（二）学校和家庭缺乏德育，忽视价值观引导

人才培养、科学研究、社会服务和文化传承创新是教育的根本功能，培养人才是最主要的一项中心任务，把受教育者培养成德、智、体、美全面发展的合格建设者和接班人，是党和国家对学校工作者的最根本的要求。[①] 目前学校各个部门依然沿用以往的“命令式”教育模式，缺少正确的教育方法引导。网络游戏是以信息为媒介，其价值取向是多种多样的，这对学校的管理造成了很大的困难。面对网络游戏，校方采取了“一刀切”的方式，禁止青少年玩任何形式的网络游戏，甚至禁止讨论。很多教育工作者没有切身体会到青少年在生活和学业上的压力，只关心学生成绩好坏，而忽略了他们的心理状况。认知态度决定着行为做法，学校管理部门对网络游戏缺乏客观的关于教育功能的思考，导致他们在工作方法上也是一味“围堵”，而非合理疏导。[②]

家庭教育是每个青少年从出生到现在所处的环境，它是青少年世界观、人生观、价值观的基石，因此，家庭教育对青少年能否拥有正确的道德判断和价值取向非常重要。

虽然防沉迷系统的实施限制了未成年人在线游戏时间，但是许多家长对孩子的溺爱和管教不力，导致许多青少年仍然“钻空子”冒用家长身份信息玩游戏。上海市消保委2022年发布的数据显示，2022年春节长假期间，上海市各级消保委共受理网络游戏相关投诉185件。其中，部分青少年为了规避游戏的防沉迷系统，以爷爷奶奶的身份证登录。这引起了社会各界的广泛关注，同时也引起了人们对于防沉迷系统是否有效的担心。许多家长过分关注孩子的学习成绩而忽视了价值观教育，只要成绩好，其他一切都可以容忍，对孩子道德品格的底线一降再降。青少年是独立的个体，他们应当能够直面挫折，迎接挑战。此外，一些单亲家庭、留守家庭对孩子教育的不够重视，导致青少年与父母沟通不畅，为他们价值取向缺失、社会责任感淡薄等问题埋下了隐患。

（三）青少年受从众心理影响，价值观容易被裹挟

从众心理指的是个体的想法和行为、价值判断和评价标准，因为受到外界环境的影响与压力，选择了与周围人一致的社会现象。[③] 青少年在学校往往是集体生活，他们需要获得他人的认可，以获得内在的归属感。他们会被周围的人（与他们的年龄和社会地位都差不多的人）影响，作出和周围青少年相似的判断和抉择。青少年渴望来自同龄人的支持，

---

① 黄燕，吴刚．文化视野下的中美高校学生事务管理比较研究［J］．高等教育研究，2015，36（5）：47.

② 杨萍．电子竞技影响下的大学生价值观教育研究［D］．郑州：河南大学，2018.

③ 魏静．从众心理对大学生思想政治教育的影响研究［D］．西安：西安工业大学，2017.

并不只是在学习和生活上的交流，而是要建立起一条维护这种关系的纽带，让每个人都能有更好的归属感。

事实上，相当一部分的青少年在尝试了网络游戏的乐趣后，会和自己的同伴进行交流和分享。假如自己每天看着周围的同学都在玩网络游戏，每天都在讨论角色任务和通关方法，而他对此一窍不通，根本插不上嘴，久而久之，他就会有一种被孤立的感觉。所以为了使自己能够获得他人的认同不至于被孤立排挤，他就会跟风去玩网络游戏，甚至为了迎合周围同学与环境，会在游戏里消费来满足虚荣心。青少年玩网游，其主要目的在于休闲、享受虚拟世界带来的快乐生活，因此，玩网络游戏被认为是一种“享乐性从众”，而这容易让青少年丧失一定的理想信仰和价值观，从而造成思想腐化，理想抱负消失殆尽。

四、网络游戏影响青少年心理健康的应对策略

（一）重视行为引导

教育者应该借鉴发达国家的经验，通过媒体教育来提高青少年认识和使用媒体的能力。通过媒体教育，青少年有能力在与媒体互动的过程中掌握主动权，能清醒判断哪些信息是有价值的，最重要的是，能明确自己的需要即想从媒体中得到什么，并能高效、安全地获得有价值的信息。

家庭生活中，家长要注意孩子的心理和生活方式的变化，如果发现孩子有不良行为，要及时有效地以正确的方式进行干预。此外，要多与孩子进行平等的沟通，以了解孩子的心理发展的最新动态，并给孩子送去心灵的温暖，提高青少年的生活幸福感。同时，家长应及时与学校沟通，以全方位地了解孩子的生活作息，构建一个可靠的监管机制，营造一个良好的外部环境。如果发现孩子网络成瘾（发达国家将长期每天上网 4 小时以上者称为染上网瘾者），要及时找心理医生进行咨询和治疗。

（二）对网络游戏加强监管

网络游戏产业，已经成为我国规模巨大的新兴产业。为使其朝着有利于我国社会主义精神文明和经济建设的发展，应对其加强行政监管。对包含暴力、色情、反动色彩等消极内容的网络游戏，要把好审查关，绝不允许其在市场环境中传播。此外，对于地方政府来说，要对网吧等场所定期进行严格的检查，上网人员必须持有效身份证明上机，未成年人禁止入内。如果发现有未成年人，要按照相关规定对网吧进行整顿或罚款，为青少年创造文明的社会生活环境。

（三）加强有效沟通和心理健康教育

青少年的心理发展尚未成熟，自我控制力和意志水平较低，容易沉迷于网络游戏而无法自拔。因此，加强与青少年的有效沟通是首要任务。家长和教师应成为青少年的倾听者

与理解者，通过日常的点滴互动，建立起信任的桥梁。要避免过多的批评与指责，以鼓励和支持为主，让青少年在家庭、学校等温馨氛围中感受到被接纳与尊重。倾听青少年的想法与感受，即使对他们的观点持有异议，也要给予充分的理解，通过开放式的问题引导青少年敞开心扉。保持平等对话，尊重他们的意见，允许他们发表不同的看法，这样不仅能增进亲子间、师生间的理解，还能逐步消除代沟带来的隔阂。同时，家长和教师应给予青少年积极的反馈与支持，对他们的进步和努力给予及时的认可与赞扬，这种正面强化将激发孩子的自信心与上进心。

此外，心理健康教育同样不可或缺。青少年正处于身心发展的关键时期，帮助他们建立积极的自我认知至关重要。鼓励青少年探索自己的兴趣、优势和需求，培养自信与乐观的心态。教会他们适应变化与压力，通过积极的思考方式和解决问题的技能来面对生活的挑战。促进青少年的社交互动，培养沟通技能与合作精神，让他们在团队活动中学会与同龄人和成年人和谐相处。同时，引导他们树立明确的目标并采取行动，为实现梦想而努力奋斗。同时，还应教会青少年应对压力的方法，如深呼吸、冥想、运动等，帮助他们在面对压力时保持冷静与理智。

总之，家庭、学校和社会应携手合作，共同为青少年营造一个健康、快乐的成长环境。通过综合运用这些方法，可以帮助青少年树立正确的价值观与人生观，培养他们的责任感与担当精神，让他们成为新时代的佼佼者。

第三节　“饭圈文化”对青少年心理健康的影响

借助网络时代独特的传播优势，“饭圈文化”在青少年群体中流行开来，并不断扩大影响的深度和广度。青少年作为网络空间的重要参与者，尚未形成成熟的价值观念，且具有娱乐心理的阶段性特征，为了获得精神满足与心理排解，极易沉迷网络虚拟世界。

一、“饭圈文化”相关概念与特点

（一）“饭圈文化”相关概念

要研究和把握饭圈、“饭圈文化”的相关概念，首先有必要了解粉丝、粉丝文化的内涵、特征以及相关内容。

1. 粉丝与粉丝文化

（1）粉丝

粉丝一词，来自英文“fans”，是“fan”的复数，即由“喜欢”演变而来。其真正进入大众视野，是随着2005年综艺节目《超级女声》的播出。关于粉丝的具体定义，学界并没有一致的标准，国内学者岳晓东在《我是你的粉丝：透视青少年偶像崇拜》[①] 中强调：粉丝是对自己偶像不计成本地付出与喜爱；张嫱在《粉丝力量大》[②] 中则认为粉丝是对某个目标拥有精神信仰与服从并乐意奉献。总体来说，粉丝就是对自己偶像的崇拜者。粉丝将自己所崇拜与喜爱的偶像想象成完美的化身，并在日常生活中以偶像为榜样和目标，投入感情、付诸行动，借此表达对自己偶像的喜爱和崇拜。

在当今社会条件下，经济社会的快速发展、互联网的普及助推文化产业高歌猛进，粉丝已经成为一种随处可见的现象，粉丝群体也呈现出了消费性、参与性、组织化、区隔化等特点。粉丝群体社群情感凝聚力较强，尤其是青少年群体在粉丝中占据绝大多数。青少年三观尚未成熟与完善，再加上现在的偶像出道年龄越来越小，这给社会带来了不小的隐患。

（2）粉丝文化

针对粉丝文化，学者也有不同的见解。约翰·费斯克认为在文化工业生产过程中，粉丝作为积极的受众，可以充分发挥自己的主观能动性，对文化产品进行选择，并在自己的文化社区进行宣传，在这种整体性的行为方式中，粉丝创造了流通于粉丝群体体系内的文化，即粉丝文化。陶东风认为，粉丝不仅是大众文化的崇拜者、偶像的精神崇拜者，而且是偶像文化产业中的消费者，是“过度的消费者”，在对粉丝文化进行研究的同时，也是在对消费行为进行研究。

总体来讲，粉丝文化的产生与兴起和社会发展密不可分，是在社会大众与偶像之间，粉丝追星过程中产生的综合性的社会文化现象。在这个过程中，粉丝群体将自己的内心诉求诉诸自己所喜欢的偶像，并无偿付出自己的时间、精力以及金钱。粉丝文化与群众通过普通的娱乐活动获得满足与愉悦的大众文化不同，具有自己独有的特征。与大众文化相比，其更像是游离于人们之间的青年群体亚文化，具有边缘性和对社会主流文化的疏离性、抵抗性。

粉丝文化首先具有娱乐性，能够给粉丝和大众带来感官和心理刺激、情感娱乐；具有时代性，不同时代的人们创造了完全不同的文化氛围，并成为鲜明的时代符号；具有导向性，粉丝文化一旦形成，就会在潜移默化中影响受众的心理和行为，使粉丝不知不觉模仿、学习，带来的结果也有积极和消极之分；具有流行性，一旦某个元素或者某个偶像成为流行，在某段时间内，具有这种元素的文化产品便会大批量生产，受到粉丝追捧，到处可见流行文化的元素；具有创造性，如前文所说，粉丝对于偶像并不是被动接受的关系，而是具有自己的主观能动性和选择性，在接受偶像对自己的感染与作用时，也会通过自己

① 岳晓东．我是你的粉丝：透视青少年偶像崇拜［M］．上海：上海人民出版社，2007.

② 张嫱．粉丝力量大［M］．北京：中国人民大学出版社，2010.

的理解与各种渠道，对各种元素进行解构与再生，尤其是近年来，微博、抖音、微信还有B站成为社交主要平台，粉丝具备极大的便利条件将自己感兴趣的内容进行再造与传播，从而生产出全新的内容①。借助互联网独特的传播优势，再造的文化产品会以极快的速度传播到各个平台和用户手中，并不断反复、一直循环。

2. 饭圈与“饭圈文化”

在传统追星行为的基础上，伴随新媒体与网络技术的发展，粉丝与粉丝文化逐渐演变为全新的形态：饭圈与“饭圈文化”；粉丝和偶像的关系也逐渐由单纯的崇拜、喜爱上升为“养成”“干涉”甚至“控制”。

（1）饭圈

在粉丝与粉丝文化阶段，粉丝的追星活动单一、封闭、缺乏组织性，横向连接不明显，而饭圈，顾名思义，是一个圈，具有明显区隔性和封闭性。吕鹏等认为，饭圈是粉丝组成的共同体、情感共同体、利益共同体、动态的实践共同体①。龚杰克、赵福江认为，饭圈是粉丝在追逐偶像过程中形成的团体，有明确的成员关系、社群规范，认同专一性强、组织纪律性强，而且商业运作性强，内部运作制度化程度较高。在我国的社会背景下，现在饭圈主要是由十几岁至二十几岁的青少年组成的圈子。互联网络、社交媒体以其便利、及时的互动方式提升了粉丝之间、粉丝与偶像之间交流的效率，同时也拉近了他们在情感、时间和空间上的距离，拥有相同偶像或者喜爱对象的团体极易通过各种方式抱团、聚集，并产生一系列行为。新闻传播方式的迭变，使得“生产”偶像的速度越来越快。

饭圈时代下的粉丝群体，拥有极大的话语权，他们可以参与甚至干涉偶像的行为活动，系统组织性极强；在饭圈内拥有较高地位的粉丝，还可以拥有决策权，成为具有强大号召力的领导者，致力于为自己偶像塑造积极、正面的形象。有的粉丝在偶像的人设包装被撕开后，难以接受事件的真相，更有甚者，即使知道自己喜爱的偶像污点重重，还会通过各种方式费力帮助偶像“洗白”。

（2）“饭圈文化”

“饭圈文化”是粉丝文化的衍生，是大众文化和社交媒体相融合形成的产物，其内涵相对狭隘，主体相较粉丝来说，也比较单一。在社交网络的推动下，互联网选秀节目掀起了广大青少年通过各种方式追星的热潮，“饭圈”以其独特的圈层、结构、组织优势掌握了社交平台的流量密码，每天都在创新生产各种各样的文化产品、文化符号和文化内容。

区别于粉丝文化，“饭圈文化”更具话题性、狂欢性、交互性、圈层性。在这种方式下，集体得以以虚拟的形式狂欢、粉丝情感得到归属。饭圈之间界限清晰，其内部通常具有完备的组织行动、狂热的情感崇拜、强烈的心理满足以及稳定的发展过程，同时，“饭

① 吕鹏，张原．青少年“饭圈文化”的社会学视角解读［J］．中国青年研究，2019（05）：64-72.

圈文化”在发展过程中会产生消费主义盛行、群体的非理性行为以及流量数据造假等一系列问题。

3. 粉丝文化与“饭圈文化”的关系

基于上文所述，“饭圈文化”在某种意义上是粉丝文化的变体，粉丝文化与“饭圈文化”既有区别又有联系。如果粉丝文化是1.0模式，那么“饭圈文化”就是粉丝文化基础上的2.0版本。在粉丝文化模式下，粉丝对于偶像的喜爱、追星行为大多具有个人性、私人性、独立性，大多表现为观看节目、购买专辑等，表现出来更多的是偶像与粉丝之间的联系，而粉丝与粉丝之间的联系并没有很紧密，粉丝之间也很难产生社群、相对封闭的圈子等。而“饭圈文化”则不同，在表达自己对偶像喜爱的同时，通过各种社交平台很容易掌握其他粉丝的信息，尤其是在网络平台、资本的助推下，粉丝为了给自己的偶像应援，往往自发自觉地结成组织、形成后援会等，并不断加强彼此之间的联系，以此增加自己偶像的流量和话题热度。这是两者主要的不同之处。

另外，在“饭圈文化”发展得如火如荼的今天，如果想为自己的偶像应援，或者想成为某人的粉丝，必须通过花费金钱进入粉丝群。花费的数额不同，成为粉丝的等级也不同，相应地拥有的话语权也不同，否则，很难被承认自己是某人的粉丝。而在粉丝文化中，并没有这种规定，粉丝大都是自觉追星。

还有，由粉丝文化发展到“饭圈文化”，粉丝的话语权逐渐提升，逐渐干涉、“控制”偶像的私人生活。在市场的要求下，偶像有必要通过包装使自己符合粉丝所预想的完美形象，而不是展示真实的个人性格。从粉丝文化发展到“饭圈文化”，经历了由传统模式到流量模式的转变，在分析二者关系时，并不能完全将二者割裂开来，在新时代，由粉丝文化所演变的“饭圈文化”也呈现出了新的特点，展示了新内容。

（二）“饭圈文化”的特点

作为在市场经济、互联网媒体融合、助推下产生、发展起来的一种全新文化形态，“饭圈文化”既有粉丝文化的固有属性，也有自己的独特的属性。

1. 体现粉丝个体意识的参与性文化

“饭圈文化”由粉丝文化衍生而来，拥有与粉丝文化内在特征一致的特点，即体现了粉丝群体的个体意识和主观能动性。由国内外学者的研究可知，粉丝在崇拜自己的偶像时，并不是消极、被动地接受，而是选择自主、自觉的方式。在网络媒体不发达的时代，这种参与性没有表现得很明显，大多数粉丝表达对自己偶像喜爱的方式仅仅是通过原始的投票、购买专辑、看演唱会等，粉丝之间的融合度并不强，他们与偶像之间也存在距离。

随着社交媒体的普及，拉近了粉丝之间、粉丝与偶像之间的距离，网络媒体的存在颠覆了粉丝参与的方式和程度，“饭圈文化”因此表现出了更明显的参与性。粉丝与粉丝之间、粉丝与偶像之间的参与方式层出不穷，比如在偶像的某部电视剧、电影上映期间，或者某个节目播出期间，为了表示自己的喜爱，他们往往通过多种方式为偶像打榜，平时也会在微博超话等平台更新偶像动态、上传偶像的行程安排，还有剪辑偶像的视频片段等。

另外，饭圈内部圈层具有封闭性和稳定性，粉丝与粉丝之间因为都喜欢某一偶像而达成了某种情感上的共鸣和统一，这更助推了粉丝发挥自己的主观能动性参与饭圈行动，好像在各种社交平台和网络媒体的互动就是真正地靠近了偶像。更有甚者，粉丝对偶像出现了“养成”、迷恋关系，“妈妈粉”干涉偶像的一举一动。偶像要出道必须通过粉丝投票助力，这大大加强了粉丝追星的体验感和成就感。

2. 粉丝经济影响下的消费性文化

“饭圈文化”的背后是消费性文化，由偶像明星带来的消费市场是庞大且极致的。

在经纪公司、社交平台，资本的共同推动下，偶像本身的“使用价值”发生了改变，偶像的象征意义变得多元。粉丝为了崇拜偶像，往往会对偶像周边进行消费和投资，偶像背后的经纪公司往往通过各种方式打造偶像的特殊人设，比如“吃货”“钢铁直男”“注孤生”等，通过卖人设让粉丝为自己喜爱的偶像买单；有一部分明星更是打造了自己商业版图，在全国各大城市经营火锅店、酒店，但是食品价格经常贵到离谱，尽管如此，也有消费者和粉丝趋之若鹜地买单。

粉丝群体的消费不仅仅局限于购买偶像的专辑等，而且会一步步陷入消费主义的陷阱。粉丝必须花费金钱才有可能近距离接触偶像，而且金钱花费数额的不同，变成粉丝的等级也不同，拥有的权利便不同；还有给偶像送礼物，在机场、住所、活动现场以及拍摄现场蹲点，比较典型的是偶像生日，粉丝团结起来在国内国外著名标志性建筑等地应援；为让前辈照顾自己的偶像，各大名牌商品都会被当作礼物；偶像使用过的物品、代言的商品、支持的商品，会以超出市场价多倍的价格在短时间内销售一空。为了支持自己的偶像，对原本价值不高的商品进行过度投资，从而形成了饭圈内部粉丝和偶像之间的消费性文化。

3. 依托情感守护的社群性文化

在“饭圈文化”的情境下，某个明星、偶像的粉丝群体对偶像具有精神需求，依靠情感为纽带建立连接，从而形成粉丝内部的群体组织。饭圈在最大限度上体现了各个粉丝的心理需求，这意味着粉丝拥有相同或相似的强烈的情感认同。

新媒体条件下，粉丝群体的组织者或经纪公司会在微博超话、QQ 群、豆瓣等平台建立粉丝群，推动粉丝群体拥有更便捷的交流平台，方便和喜欢自己偶像的其他人进行信息交流，从而逐渐变得组织化、结构化。有些偶像在宣传自己的作品或需要粉丝群体带来流量收益时，就必须小心翼翼地维护好与粉丝之间的关系，尤其是拥有较高地位的铁粉，因此偶像还会不定时空降粉丝群，通过聊天、发红包等方式缩短与粉丝之间心理上的距离，来提升粉丝对自己的忠诚度。

4. 游离于社会主流意识形态的亚文化

与粉丝文化一致，饭圈主要是由十几岁至二十几岁的青少年组成的。饭圈文化是一种全新的社会文化现象，从属于社会主义主流文化边缘，反映了青少年群体的价值观念和群体社会心态。当前的青少年群体主要为“00后”甚至“10后”，这一代青少年往往是独生子女，个人主义强烈，拥有极强的个人主义意识，精力充沛、崇尚自我，生长在和平、安逸的环境中，为排遣学习压力与寻求自我放松，倾向于采用追星方式把内心诉求外化、转移，当他们把自己的心理需求投射到偶像身上时，群体性、大规模的活动便促成了亚文化的产生。

这种文化形态游离于社会主流文化之外，是粉丝群体狂欢、追逐的产物，对社会主义主流文化具有抵抗性、颠覆性。伴随着青少年群体年龄的增长和世界观、人生观、价值观的完善与成熟，一部分粉丝会逐步厘清“饭圈文化”的实质，并摆脱消极“饭圈文化”的影响，能够运用积极的生活态度去正确对待“饭圈文化”，使其成为自己生活的推动力，指引人生的发展。

二、“饭圈文化”的主要危害

（一）过度占用公共资源，破坏网络生态环境

在经济高速发展的浪潮下，娱乐产业也在不断发展壮大，特别是以互联网为载体发展起来的“饭圈文化”更是发展迅猛。“饭圈”的娱乐性使其可以快速抓住大众的眼球，夺取大众注意力，一旦大众沉浸在这种娱乐之中，就会无暇分心去关注主流媒体，更遑论接受主流媒体传播的主流价值观了，网络公共空间只会被追逐流量的媒体和资本逐渐挤占和侵害。在“清朗”行动之前，微博热搜榜单作为可以体现我国时下热点的榜单，大部分都是娱乐新闻，社会新闻是只是偶尔穿插其中，甚至还会根据明星上热搜的次数和频率来证明其商业价值。而微博还被曝出可以出售热搜位，也就是说只要给钱就可以获得大众的注意力。在这种流量反哺“饭圈”的恶性循环下，“饭圈文化”占用了太多的公共资源。当资本发现了娱乐行业的暴利之后，利用占用的公共资源抢占市场，“诱导未成年人应援集资、高额消费、投票打榜、互撕谩骂、拉踩引战、刷量控评”。这种不良的“饭圈文化”正在逐渐从娱乐圈拓展至知识圈、艺术圈等，如果继续放任，网络生态环境将更加恶劣。

（二）影响青少年健康成长

不良“饭圈文化”给青少年审美和价值观带来了消极影响。青少年时期，本来就处在“立人”和成人的时期，“饭圈文化”的恶趣味、病态化、走极端，必然会造成青少年价

值观的畸形扭曲，不利于青少年辨别力和判断力的增强，不利于他们建立积极正面的审美和价值观。在不良“饭圈文化”下成长起来的青少年，其特殊身份与所处环境导致其心理发展呈现出一定特殊性。在不良“饭圈文化”熏陶下的少年，热衷以养成的方式追逐流量明星，以获取属于自己的存在感，对明星顶礼膜拜，而不再追逐科学家、医生、教师、警察和其他社会责任感强的人群，更是不屑普通人通过诚实劳动得来的美好生活。不良“饭圈文化”不仅使青少年的思想变得偏激狭隘，还对其人生观产生了严重负面影响。长此以往，“饭圈文化”会沾染整个社会风气，破坏全社会肌体，败坏民族精神，被摧毁的会是一代人。“饭圈文化”带来的负面影响，不利于整个社会对社会主义核心价值观的弘扬，不利于青少年形成主流价值观念所提倡的国家观、历史观、民族观和文化观。

（三）冲击主流文化，拉低文娱行业发展质量

“饭圈文化”对影视行业的健康发展构成了严重影响。在这种文化中，粉丝对自己所崇拜的偶像保持着过度的热爱，将偶像视为至高无上的存在。这种偏颇的审美倾向导致他们无法以客观公正的态度去审视和评价偶像明星的演技以及作品的质量，往往会忽视作品本身的内涵与艺术价值。

粉丝群体作为一个规模庞大的社会存在，拥有着强烈的归属感和凝聚力，他们是影视产业不可或缺的重要资源。然而，粉丝的群体行动和高度认同感，往往会在网络上形成一股强大的舆论力量，这股力量在很大程度上会干扰影视作品社会评价的客观性与理性。具体来说，粉丝的过度追捧和盲目崇拜，可能会掩盖作品的真实质量，使得其社会评价偏离了艺术评判的轨道，进而对影视行业的健康发展产生不利影响。

三、“饭圈文化”对青少年心理健康及价值观的积极影响

适度的“饭圈文化”对青少年成长具有积极效应。通过适度的娱乐活动，青少年能够得以有效缓解成长过程中的各种压力，这不仅有助于他们的心理健康，还能够促进他们自我认同感的形成。在此过程中，青少年能够更加自觉地接受社会主义核心价值观以及主流意识形态的引领，从而在思想上与国家和民族的发展方向保持高度一致。

进一步而言，适度的“饭圈文化”能够激励青少年积极投身于个人成长与社会发展之中，使他们逐渐成长为具有高度责任感与使命感的社会主义接班人。在未来的岁月里，这些青少年将能够肩负起推动国家进步的重任，为在全球化背景下祖国的繁荣发展贡献自己的力量，成为国家建设的中坚力量。

（一）具备休闲娱乐性缓解成长压力

对青少年而言，“饭圈文化”首要且基础的作用在于其蕴含的休闲与娱乐特性，能够为青少年在学习之余提供宝贵的精神慰藉。在当前这个竞争激烈的时代背景下，青少年普

遍成长在一个充满压力的环境中，尤其是学业压力成为他们日常生活中难以忽略的一部分。

这种压力不仅来源于学校对学习成绩的高要求，还来自家庭、社会等多方面的期望。在这样的情境下，“饭圈文化”以其独特的魅力，为青少年提供了一个释放压力、放松心情的空间。通过参与“饭圈文化”相关的活动，青少年能够暂时忘却学习的烦恼，享受追星带来的乐趣，从而得到精神上的放松与愉悦。

因此，“饭圈文化”在青少年成长过程中的作用不容忽视，它不仅能够为青少年提供精神支持，还能够在一定程度上帮助他们缓解学业压力，促进其身心健康的发展。

在承受着沉重学习负担的青少年群体中，有一部分人选择将部分精力投入偶像崇拜及适度的“饭圈”活动中。这些“饭圈”往往展现出积极向上的氛围，拥有良好的秩序与规范，其中的偶像以其鲜明的个性特征吸引着大量粉丝。在这些社群中，粉丝们往往有着相似的兴趣爱好和相近的年龄层次，他们可能因共同喜爱某位足球明星、游戏博主等而聚集在一起，共同分享乐趣、交流心得。

值得注意的是，这些“饭圈”中的讨论话题有时可能超出成年人的认知范畴和思考深度，这不仅为青少年提供了一个展示自我、探索未知的舞台，更在无形中拓宽了他们的视野，激发了他们的思维能力和创造力。对于青少年的健康成长而言，这种积极的“粉丝社群”文化无疑具有极大的裨益，它不仅能够为青少年带来欢乐与放松，更能够在一定程度上促进其全面发展，帮助他们更好地应对生活中的挑战与压力。

（二）积极榜样力量提供心理支撑和行动目标

青少年成为某个人的粉丝，有意识地融入饭圈，往往有两种常见的情况。

首先，偶像本身就有足够的人格魅力，比如在某一领域成绩很突出的体育运动员、创业领袖、UP 主等，还有站在人民背后一生为人民服务的抗战先驱、当代共和国荣誉勋章获得者、科技工作者等。这类偶像因其自身实力在自己所擅长的领域发光发热，攻关了一个又一个世界难题，吸引着青少年的目光。例如作出突出贡献的钟南山院士，疫情时始终坚持斗争在第一线，成为亿万人民群众生命健康的守卫者。真正的偶像不是生活在造假的数据当中，之所以成为偶像，其自身的人格魅力、奋斗历程都在大众的眼中，历经几载不会褪色。

其次，明星、偶像塑造的角色起着主导作用，比如演员王宝强所塑造的经典形象许三多曾激励了一代又一代年轻人。在追逐偶像的过程中，青少年往往不是盲目地、不分青红皂白地被吸引，很大程度上是因为偶像的优秀品质赢得了青少年发自内心的认同。他们以偶像为榜样，在追随偶像的过程中，偶像提供心理支持和行动目标，引导他们前进。①

（三）向善的情感利于自我发展和个人价值实现

首先，青少年在追星中的行为表现，所展现的远非仅仅是对偶像的盲目崇拜与追随，更深层次上，这是他们对偶像的一种支持与鼓励，是将偶像所散发的积极榜样力量内化于自我认同之中。他们不仅关注偶像的辉煌成就，更重视其背后的奋斗历程，这实际上也是对自身的一种鞭策与激励。在青少年的心中，偶像往往代表着未来那个完美的自己，而他们自己，则正是在这条不断接近理想的道路上砥砺前行。

通过偶像，青少年能够更为清晰地认识到自身的优势与不足，从偶像那里汲取心理支持，设定行为目标，进而树立起个人的远大理想，并为之不懈奋斗。在追逐梦想的过程中，他们不断地自我完善，变得更加理智与成熟，能够更加客观地看待现实世界；面对生活中的压力与挫折，他们能够以一种积极的心态去应对，将消极情绪转化为前进的动力，展现出奋发向上的精神风貌。

在这一过程中，青少年不仅建立了自我认同，更在不断地积累自信，学会了如何在逆境中坚持自我，如何在挑战中寻找机遇。他们通过追星这一行为，不仅收获了精神上的慰藉与力量，更在成长的道路上留下了坚实的足迹。

其次，青少年所崇拜的众多偶像，无论是在面对日常生活中的细微琐事，还是在国家面临重大灾难的关键时刻，都纷纷以实际行动投身公益慈善事业中。尽管娱乐圈中的高薪收入广为人知，且在某些灾难面前，确实存在部分明星可能只是因外界压力或出于提升个人知名度的目的而参与慈善活动的情况，但不可否认的是，越来越多的明星正以自己的名义，积极建立慈善基金会，定期资助贫困地区的儿童接受教育，并持之以恒地投身于慈善事业之中。

这样的偶像在当下社会比比皆是，他们以自己的实际行动诠释着公益与慈善的真谛。例如，著名歌手韩红所创立的“韩红爱心慈善基金会”，不仅切实地发挥了慈善救助的作用，帮助了无数需要帮助的人群，更以其高尚的品德和无私的奉献精神，成为广大青少年心中的楷模与榜样。这些偶像的善举，不仅传递了正能量，更在潜移默化中引导着青少年的价值观与行为方向，激励着他们积极投身于公益事业，为实现社会的和谐与进步贡献自己的力量。

最后，网络媒体的多元化发展趋势为青少年开辟了更为宽广的学习与成长路径。在这一过程中，榜样类型越来越多元，有人将“杂交水稻之父”袁隆平视为自己的楷模，有人则将中国短跑名将苏炳添作为心中的偶像。这些来自不同领域的偶像，如同一颗颗璀璨的

---

① 周盼盼．榜样教育视域下中学生影视明星崇拜及其引导研究［D］．长沙：湖南大学，2018.

星辰，照亮了青少年前行的道路，满足了他们个性化、多元化的成长需求，为他们的全面发展提供了丰富的养分。

在追星的过程中，青少年不仅从偶像身上汲取了正能量与奋斗精神，还在“饭圈”的交流互动中，不断提升着自己的人际交往能力。他们学会了如何更好地表达自己、倾听他人，如何在团队中发挥自己的作用，如何在冲突中寻找共识。这些宝贵的经验，不仅有助于他们成长为更加优秀的个体，更为他们将来步入社会、成为各行各业的人才打下了坚实的基础。在这个过程中，青少年不断地完善自我，努力成为更好的自己，为社会的进步与发展贡献着自己的力量。

（四）增强对主流意识形态的价值认同和爱国情怀

“饭圈文化”对青少年产生的积极影响，最终体现为其深化了青少年对社会主义核心价值观及社会主义主流意识形态的认同，并进而将这种认同升华至热爱社会主义国家的层面。在这一过程中，“饭圈文化”以其独特的魅力，成为连接青少年与社会主义核心价值观的桥梁，促使青少年在追星与社群互动中，潜移默化地接受并内化这些价值观念与意识形态。

具体而言，青少年在参与“饭圈”活动时，往往会围绕偶像的正面形象与事迹展开讨论，这些讨论不仅仅限于偶像的个人魅力，更常常涉及偶像所传递的积极价值观与社会责任感。通过这种讨论，青少年能够更直观地感受到社会主义核心价值观的实际体现，从而增强对其的认同感。同时，“饭圈”内部的互动与交流，也为青少年提供了一个表达自我、分享观点的平台，有助于他们在相互学习中深化对社会主义主流意识形态的理解与认同。

最终，随着这种认同感的不断深化，青少年会逐渐将个人的情感与国家的命运紧密相连，从而更加热爱自己的国家。这种热爱不仅体现在对国家的忠诚与拥护上，更体现在青少年愿意为实现国家的繁荣富强贡献自己的力量上。因此，“饭圈文化”在青少年中的积极影响，不仅仅局限于娱乐与放松，更在于其对于青少年价值观塑造与国家认同感的提升起到了关键作用。

四、“饭圈文化”对青少年心理健康及价值观的消极影响

近年来，我国娱乐产业经历了持续的转型与升级，实现了迅猛的发展，其中，由庞大粉丝群体构成的“饭圈”已成为国内追星现象的主要载体。然而，在这一进程中，“饭圈”在追星活动中所孕育出的“饭圈文化”，却逐渐暴露出诸多乱象，日益偏离了正确价值观的引领方向。

“饭圈文化”在发展过程中，部分粉丝群体的行为表现出过度的狂热与非理性，这不仅影响了娱乐产业的健康发展，更在一定程度上冲击了社会的主流价值观。例如网络暴

力、恶意炒作、盲目消费等不良现象，不仅损害了公众利益，也扭曲了青少年的价值观，引发了广泛的社会关注与担忧。

面对“饭圈文化”发展过程中的这些乱象，需要加强监管与引导，推动其回归正确的轨道，以促进娱乐产业的持续健康发展，维护社会的和谐稳定。

（一）“饭圈文化”的不良风气导致青少年价值偏差

1. “饭圈文化”对外缺失友善价值观

在“饭圈”内部，成员的言行举止均以实现集体目标为核心，通过模仿他人的行为以获取群体内部的认可，进而证明自己已成功融入这一社群。这种现象被形象地称为“同温层效应”。在此环境下，诸如相互贬低、恶意谩骂等不良行为在网络平台上屡见不鲜，这不仅严重破坏了网络意识形态的安全防线，还导致了网络平台整体风气的恶化。

这些不良行为违背了社会主义核心价值观中倡导的友善原则，对构建和谐社会氛围构成了极大的挑战。它们不仅侵蚀了网络空间的清朗，还可能导致青少年价值观的扭曲，对社会风气产生深远的负面影响。因此，必须正视“饭圈”中存在的这些问题，采取有效措施加以整治，以维护网络意识形态的安全，促进网络平台风气的净化，进而推动社会主义核心价值观的深入践行。

2. “饭圈文化”混淆粉丝是非观

青少年群体若过度沉溺于“饭圈文化”，往往会将明星置于至高无上的地位，这种极端的追星行为会导致他们的思维方式偏离正常轨道，极易导致认知上的混淆与谬误。“饭圈”内部不良风气的肆意蔓延，不仅模糊了粉丝的是非判断能力，更极端者甚至对国家法律产生质疑，这无疑对思想政治教育的成效构成了严峻挑战。

这种不良风气不仅削弱了青少年对正确价值观的认同与践行，还可能引发一系列社会问题，如道德滑坡、价值观扭曲等。因此，必须高度重视“饭圈文化”对青少年群体的潜在影响，采取有效措施予以引导与纠正，以确保青少年能够树立正确的世界观、人生观和价值观，为国家的长远发展贡献积极力量。

3. “饭圈文化”存在畸形审美观

培养青少年的审美观念构成了青少年教育体系中的关键环节，这一环节以主流价值体系为基准，引导青少年对事物进行价值评判，进而形成对世界及自我具有深远影响的认知。然而，当前社会中过度强调外貌的审美倾向，即所谓“颜值至上”的观念，为商业平台提供了可乘之机。这些平台为了谋取利益，对明星进行过度包装，并向粉丝群体传递了扭曲的价值观，导致追星行为呈现出低俗化的趋势。

“颜值即正义”的错误思潮不仅严重扭曲了青少年的审美观念，更对他们的是非判断能力造成了极大冲击。在资本的驱使下，“饭圈”内部的乱象越发严重，各种非理性的追星行为层出不穷。这些乱象不仅损害了青少年的身心健康，更对社会的和谐稳定构成了潜在威胁。

对此，必须高度重视青少年审美观念的培养问题，应加强对商业平台的监管，防止其利用青少年追星心理传播不良信息。同时，还应引导青少年树立正确的价值观，培养他们的批判性思维和独立判断能力，以抵御“颜值至上”等错误思潮的侵蚀。

4. “饭圈文化”推崇错误的消费观

资本对于“饭圈”无序扩张可能给青少年健康消费观念的培养带来的负面影响，表现出了明显的漠视态度，其唯一动机在于从“饭圈”中攫取利益。在资本的操控之下，“饭圈”的性质发生了根本性改变：偶像不再是美好精神的代表，而是沦为了资本逐利的傀儡；原本作为青少年线上情感交流的社群空间，也异化为资本实现价值增值的手段。

在这一过程中，以爱之名进行的“消费”与“享乐主义”逐渐成为青少年群体所认同并实践的价值取向。这种价值取向的扭曲，不仅削弱了青少年对理性消费的认知，更可能导致他们在追求物质享受的过程中迷失自我，进而对青少年的全面发展产生长远的负面影响。因此，必须深刻认识到资本介入“饭圈”所带来的潜在危害，采取有效措施加以应对，以引导青少年树立正确的消费观念，促进他们的健康成长。

在这些负面风气的影响下，青少年群体对主流价值观的接受与内化将遭受显著削弱，进而使得主流意识形态的主导地位面临被边缘化的严峻挑战。这一现象不仅构成了对当代青少年思想政治教育工作的重大阻碍，更预示着一个更为深远的危机，即从其是网络意识形态安全的潜在威胁，逐步演变为是整个社会意识形态稳定性的风险。

具体而言，这种负面风气的盛行不仅干扰了青少年对主流价值观的认同与践行，还可能导致他们价值观体系的混乱与偏离，进而影响到整个社会的价值共识与道德基础。因此，必须正视这一问题，采取有效措施加以应对，以确保主流意识形态在青少年群体中的主导地位不受动摇，从而维护网络乃至整体意识形态的安全与稳定。

（二）青少年过度沉迷“饭圈文化”动摇了理想信念

对青少年人生规划与目标设定的影响不容忽视。在这一文化现象的渗透下，青少年在确立个人生活与职业发展的长远目标时，往往会受到来自内部价值观与行为模式的深刻影响。这种影响不仅关乎青少年个体的成长轨迹，更在一定程度上映射出当代社会文化环境对年青一代价值取向的塑造作用。

追星行为、偶像崇拜以及与之相关的消费观念等，都可能成为青少年在规划人生蓝图时的重要参考因素。这些因素在一定程度上引导着青少年对成功与幸福的理解，进而影响到他们的人生选择与努力方向。因此，这就需要深入剖析其对青少年人生目标确立的具体影响机制，以便更有效地引导青少年树立正确的价值观与人生观，促进他们的全面发展与健康成长。

泛滥成灾的娱乐信息如潮水般涌来，其对青少年思想品质的培养与提升构成了明显的制约。这些错综复杂、丰富多样的信息不仅大量挤占了青少年的宝贵时间与精力，更可能在无声无息中渗透进他们的思维逻辑与价值认知，从而对他们的思想深度与认知能力的发展形成干扰。

具体而言，青少年正处于身心快速发展、价值观逐步形成的关键阶段，本应将主要精力投入到知识学习、能力提升以及良好品德的塑造上。然而，海量娱乐信息的冲击却往往使他们的注意力发生偏移，导致他们在思想品质锤炼与认知能力拓展方面的投入严重不足。这些娱乐信息虽然在一定程度上能够带来短暂的愉悦与放松，但长期来看，却容易使青少年陷入浅尝辄止、缺乏深度的思维困境，进而影响到他们整体素质的全面提升。

因此，必须深刻认识到娱乐信息泛滥对青少年思想品质培养的潜在危害，采取有效措施加以干预与引导，以确保青少年能够在健康、积极的环境中茁壮成长，成为具备高尚思想品质与卓越认知能力的优秀人才。

（三）青少年道德法律意识薄弱导致言语行为失范

“饭圈文化”凭借互联网的匿名特性，容易使粉丝群体的言行举止频繁跨越法律边界。这一现象背后，一个重要原因是粉丝群体低龄化趋势明显，他们对法律法规的认知尚不全面，法律意识淡薄，以至于在实施违法行为时浑然不觉，甚至错误地将这些违法行为视为“饭圈”内部的常态，从而导致“饭圈”内部的乱象不断加剧。

更为严重的是，由于相关法律法规的缺失以及网络平台监管的不力，为“饭圈文化”中的不良现象提供了滋生的土壤，进而衍生出了诸如黑灰地带和“职业黑子”等黑色产业链条。这些黑色产业不仅严重破坏了网络生态的健康与秩序，更对青少年的健康成长构成了潜在威胁。

因此，必须正视“饭圈文化”中存在的这些问题，加强法律法规的制定与完善，提升青少年的法律意识与法治素养，同时强化网络平台的监管，共同营造一个清朗、健康的网络环境，以促进“饭圈”的健康发展，保护青少年的合法权益。

粉丝在追星过程中往往表现出一种盲目的狂热，这种狂热使得他们忽视了道德的约束与规范。在追星热情的驱使下，粉丝的言行举止可能超越了道德的界限，甚至在某些情况下，他们可能会为了维护偶像的形象或利益，而不惜采取一些违背道德原则的行为。

这种盲目追星所导致的道德失范现象，不仅损害了粉丝群体的整体形象，更可能对青少年的健康成长产生不良影响。青少年正处于价值观形成的关键时期，他们往往会模仿偶像的行为与言论，如果偶像或粉丝群体中存在着道德失范的行为，那么这些行为就可能成为青少年模仿的对象，进而对他们的道德观念产生误导。

因此，必须正视粉丝盲目追星所带来的道德风险，采取有效措施加以引导与规范。一方面，需要加强对青少年的教育引导，帮助他们树立正确的价值观与道德观；另一方面，也应该加强对粉丝群体的监管与管理，确保他们的言行举止符合道德规范与法律法规的要求。

粉丝群体法律知识的匮乏，是导致一系列犯罪行为频发的重要原因。由于缺乏对法律的深入了解与正确认知，部分粉丝在追星过程中，可能会在无意识中触碰到法律的底线，甚至在某些极端情况下，会为了维护偶像利益或满足个人私欲，而实施违法犯罪行为。

这种因法律认知不足而引发的犯罪行为，不仅严重损害了粉丝群体的社会形象，更对社会的和谐稳定构成了潜在威胁。特别是在当前网络高度发达的社会环境下，粉丝的犯罪行为往往能够迅速传播，引发广泛关注，产生较大的负面影响。

因此，必须深刻认识到粉丝群体法律认知不足的问题，采取有效措施加以解决。一方面，需要加强对粉丝群体的法律教育，提升他们的法律素养与法治意识；另一方面，应该建立健全相关法律法规，完善对粉丝行为的监管机制，以切实维护社会的法治秩序与和谐稳定。

五、“饭圈文化”影响青少年心理健康的应对策略

（一）政府应采取的对策

建立由政府引导的“饭圈”协同管理体系，形成多方参与的共同治理局面。在此格局中，政府发挥着主导与协调的作用，引导社会各界力量共同参与“饭圈”的规范与管理。构建这一协同治理框架，旨在实现政府、社会组织、企业及粉丝群体等多方主体之间的有效沟通与协作，以形成合力，共同应对“饭圈”发展中出现的各种问题与挑战，从而推动“饭圈文化”的健康发展，维护良好的网络生态与社会秩序。

为了建立健全“饭圈”管理的法治基础，亟须对现有的治理法律法规进行全面的优化与升级。这一举措旨在通过法律手段，为“饭圈”的规范发展提供坚实的制度保障。具体而言，需要对涉及“饭圈”管理的相关法律法规进行深入的分析与研究，找出其中的漏洞与不足，并在此基础上进行有针对性的修订与完善。同时，还应该积极借鉴国内外先进经验，引入科学的管理理念和手段，以进一步提升法律法规的适用性和有效性，为“饭圈”的监管提供有力的法治支撑。

（二）家庭与学校应采取的对策

在青少年成长的过程中，家庭扮演着至关重要的角色。家庭作为个体成长的首要环境，其对青少年情感需求的关注与满足程度，直接影响着青少年的心理健康与人格发展。因此，家庭成员需要深入了解青少年的情感状态，通过积极的沟通与交流，及时发现并解

决他们在情感上遇到的问题与困扰。

家庭应致力于营造一个温馨、和谐、支持性的氛围，让青少年能够感受到来自家庭的关爱与温暖。同时，家庭成员还应根据青少年的个性特点与成长阶段，采取恰当的方式方法，满足他们在情感交流、心理慰藉、情感支持等方面的需求。通过这些努力，家庭不仅能够帮助青少年建立健康的情感依恋关系，还能够促进他们形成积极向上的人生态度与价值观，为未来的成长与发展奠定坚实的基础。

强化典范引领的培育机制，是提升青少年道德品质与行为规范的有效途径。在青少年的成长过程中，学校通过树立并宣传一系列具有正面示范意义的典范，可以引导他们形成正确的价值观念与行为模式。因此，就需要加强对榜样教育的重视与投入，确保这一教育形式能够充分发挥其应有的作用。

对此，应该精心挑选那些在道德品质、学业成绩、社会实践等方面表现突出的青少年作为榜样，通过举办讲座、展览、交流会等形式，广泛宣传他们的先进事迹与优秀品质。同时，还需要建立榜样教育的长效机制，确保这一教育形式能够持续、深入地影响青少年群体。通过这些努力，有望培养出更多具有高尚品德与卓越才能的青少年，为社会的繁荣与进步贡献自己的力量。

（三）文娱行业从业者要传递正确的价值观

首先，文化娱乐产业的从业者在进行文艺创作时，不应仅仅着眼于商业利益的追求，而应秉持社会责任感，通过文艺作品这一载体，向广大社会民众积极传递正向的社会价值。为了实现这一崇高目标，文艺作品在创作过程中，必须兼顾娱乐性与艺术性，力求打造出既符合时代潮流又具备深刻内涵的优秀作品。唯有如此，文化娱乐产业方能步入一个健康、可持续发展的轨道，从而有效避免“劣币驱逐良币”的不良现象，确保市场的稳定与繁荣。

从业者在创作文艺作品时，应深入挖掘社会热点与民众关切的问题，将积极向上的价值观融入其中，使作品在娱乐大众的同时，也能引发人们对社会问题的深刻思考。同时，作品的艺术表现形式也应紧跟时代步伐，不断创新，以满足人民群众日益增长的精神文化需求。通过这些努力，文化娱乐产业不仅能够实现自身的良性发展，也能为社会的整体进步贡献积极力量。

其次，作为文化娱乐产业前台亮相的偶像群体，必须深刻认识到自身所承载的社会影响。作为备受瞩目的公众人物，他们肩负着向广大受众传递正向价值观的神圣使命。因此，偶像们应当高度重视并珍视这一角色定位，时刻铭记自身言行举止对于粉丝群体乃至整个社会的示范效应。

在具体实践中，偶像们应不断提升自身的道德修养与文化素养，确保在公众场合展现出积极向上的形象与风貌。同时，他们还应积极利用自身的社会影响力，参与公益慈善事业，传递正能量，引领社会风尚。通过这些举措，偶像们不仅能够更好地履行传递正确价值观的责任，还能为文化娱乐产业的健康发展贡献自己的力量，共同营造一个更加和谐、向上的社会环境。

最后，在文化娱乐产业中，那些具备舆论导向能力的媒体工作者，必须恪守职业道德的底线，利用媒体平台弘扬正确的价值观。随着信息技术的飞速发展，传统媒体行业正面临着前所未有的挑战，自媒体逐渐崛起，成为社会公众获取信息的重要渠道。然而，部分媒体从业者为了追求点击率与流量，不惜夸大事实、歪曲真相，甚至发布虚假报道，这些行为不仅严重损害了媒体的公信力，还加剧了“饭圈”内部的矛盾与冲突，导致互撕、控评、滥用举报等现象频发。

面对这一严峻形势，媒体工作者应深刻认识到舆论力量的巨大影响力，并将其用于传播社会正能量、营造积极向上的舆论氛围。为此，他们必须不断提升自身的专业素养与职业道德水平，坚持新闻报道的客观性与真实性，不为短期的经济利益所诱惑。在具体工作中，媒体工作者应深入调查，核实信息来源，确保所发布的报道内容真实，以维护媒体的公信力与权威性。通过这些努力，媒体工作者不仅能够促进文化娱乐产业的健康发展，还能为社会的和谐稳定贡献自己的力量。

（四）青少年要提高独立思辨能力

尽管多方联动协同治理“饭圈文化”取得了一定成效，但治标不治本。针对此，应当着重于引导“饭圈文化”从内部实现健康发展，特别是要聚焦于“饭圈”的主要构成群体——青少年。对于这一群体，关键在于培养他们的独立思考能力，使他们能够不盲目跟风，学会辩证地审视与分析问题。

具体而言，应通过多样化的教育手段，如开设专题讲座、组织实践活动等，引导青少年树立正确的价值观与世界观，使他们能够在面对纷繁复杂的“饭圈文化”时，保持清醒的头脑与独立的判断。同时，还应鼓励青少年积极参与社会实践，拓宽他们的视野，从而增强他们辨别是非、抵制不良诱惑的能力。通过这些举措，有望从根本上提升青少年的整体素质，为“饭圈文化”的健康发展奠定坚实的基础。

首先，青少年需致力于认知层面的提升与拓展。作为“饭圈”的主要参与者，青少年粉丝的认知深受当前“饭圈文化”的深刻影响，并在多种外部因素的交互作用下，塑造着这一文化的演变轨迹。因此，青少年粉丝认知水平的增进，对于“饭圈文化”的未来发展具有举足轻重的意义。

为了树立正确的人生观与价值观，青少年不仅应当专注于知识的学习与积累，更应注重精神世界的丰富与深化。这要求他们积极参与各类心理健康教育活动，如心理讲座与心理辅导课程，以获取科学的心理指导与人生规划。通过这些途径，青少年可以逐步确立起远大的人生目标，培养出勤于思考、明辨是非的思维能力。

在此基础上，青少年应努力突破互联网“信息茧房”的束缚，以更加开阔的视野审视“饭圈文化”。这意味着他们需要培养起批判性思维，学会在纷繁复杂的信息中甄别真伪，减少被错误观念误导的可能性。通过这些努力，青少年不仅能够在“饭圈”中保持独立的判断力，还能为“饭圈文化”的健康发展贡献自己的力量。

其次，青少年应当着力提升在互联网信息的海洋中辨明真伪的能力。面对当前纷繁复杂的“饭圈文化”，他们应当学会从中汲取有益的营养，同时摒那些负面的、有害的内容，以辩证视角审视问题，认识到任何事物都蕴含着矛盾的两面性，是统一与对立的并存体。青少年应以开放包容的心态，虚心接纳来自“饭圈”内部的客观评价。

当自己所支持的明星出现违法失德行为时，青少年不应盲目包庇，而应勇于面对现实，诚恳接受外界的批评，并积极推动其改正。同时，他们应在政府的引领下，对“饭圈文化”形成正确的认知，积极主动地响应政府对“饭圈文化”的规范与引导。这包括监督“饭圈文化”的健康发展，关注其法治化治理的进程，以及配合相关部门对“饭圈文化”进行正面引导，从而有效防范“饭圈”乱象的滋生与蔓延。通过这些举措，青少年不仅能够在“饭圈文化”中保持清醒的头脑，还能为构建一个更加健康、有序的互联网环境贡献自己的力量。

第五章　青少年抑郁情绪调节及干预

第一节　青少年抑郁情绪调节概述

一、青少年的情绪特点及其情绪调节特点

（一）情绪的定义

情绪是指随着时间展开的、涉及个体内在体验、生理反应和行为表现三个方面耦合变化的复杂心理过程。依据情绪产生的模块模型（themodal model of emotion），情绪的产生是情绪随着时间展开和累积的连续的过程，因而可以从时间的维度划分出情境（situation）—注意（attention）—评价（appraisal）—反应（response）四个阶段。具体来说，首先，情绪的产生始于情境。所谓情境既可以是外在客观情境（如看见一张婴儿的笑脸），也可以是内在主观表征（脑海中想象一个婴儿的笑脸）。其次，不论是客观情境还是主观表征，个体都会依据自身当下激活的目标来对此进行注意和评估。最后，这种评估可能会引发个体内在体验、生理反应和行为表现的变化。①

（二）青少年情绪发展的特点

青春期（12~18岁），是个体从儿童期向成人期转变的过渡时期，也被认为是个体情绪发展的“疾风骤雨期”。在此期间，青少年需要面对生理、心理和社会等方面的剧变。具体来说，已有研究发现，在这一时期，一方面，青少年往往需要面对诸多内部情绪刺激（如激素水平的改变）和外部情绪刺激（如身份认同、学业压力和同伴关系等）；另一方面，青少年通常表现出比成人更强烈而多变的情绪体验。因此，相比其他年龄段群体（如成人），针对青少年群体情绪发展的研究具有独特价值。

（三）情绪调节的定义

情绪调节是指个体通过调控自己的内在体验、生理反应和行为表现，进而满足情境需

---

① Gross J J. The extended process model of emotion regulation: Elaborations, applications, and future directions [J]. Psychological Inquiry, 2015, 26 (1): 130-137.

求的过程。情绪调节的方向可以是增强或减弱情绪调节；情绪调节的对象可以是积极情绪，也可以是消极情绪，可以是外显的、有意识的，也可以是内隐的、无意识的；情绪调节的方式可以是自上而下调节，也可以是自下而上调节；情绪调节的维度可以是情绪的强度、频率、持续时间或性质；情绪调节的动机可以是追求短期较多积极情绪或较少消极情绪（享乐动机，hedonic motivation），也可以是追求长期较多积极情绪或较少消极情绪（工具性动机，instrumental motivation）。

（四）青少年情绪调节的特点

青春期是个体情绪调节能力快速发展的机遇期。受益于大脑（尤其是前额叶皮层）结构和功能的快速发育，青少年的认知功能不断增强，并开始掌握更加复杂而多样的情绪调节策略，特别是那些通过改变个体对情绪刺激内容的认知进而调节情绪的策略（如认知重评策略）。然而，由于需要面对更加强烈而多变的内外情绪刺激，青春期同样也是个体情绪调节的挑战期。在这一时期，青少年容易出现各类情绪调节困难，甚至是情绪调节障碍（如抑郁症）。因此，培养良好的情绪调节能力也被认为是青少年的一项关键发展任务。

二、青少年情绪调节困难的典型代表——抑郁

（一）青少年抑郁情绪的概念

情绪是对客观事物所产生的正面或负面的主观体验，同时也伴随着行为特征等外部表现。心理学家孟昭兰认为，情绪是个体生理、心理多水平整合的产物，是多成分的复合过程，包括内在体验、外显表情、生理激活三种成分。[①] 抑郁情绪与抑郁症不同，美国精神障碍诊断与统计手册中将抑郁症称为“抑郁障碍”，其主要临床特征表现为显著而持久的心境低落，是一种普遍而严重的情绪疾病，并伴有较为明显的躯体症状，严重时也会出现自伤、自杀行为，是一种病理性的症状表现。

而抑郁情绪相较于抑郁症，其表现程度更轻，基于一定的客观事物，是个体内在因素和外在事物刺激作用下所产生的消极体验和感受，是个人在负性情境中心理和行为的消极适应。抑郁情绪是个体在生活中经常会体验到的消极情绪，但不同于一般的负面情绪，它是多种不同情绪的叠加，其持续时间因个体而异，短暂或长久，主要表现为情绪低落（悲伤、沮丧、痛苦等）、兴趣减退（精力下降、疲倦等）、社会功能弱化（人际交往减少等），或伴有一定的躯体不适和睡眠紊乱等。抑郁情绪并未达到抑郁症的诊断标准和严重程度，但却是抑郁症的表现之一，若没有及时地调节干预，其会不断加强，可能会转化成为抑郁症或加重抑郁程度。

① 孟昭兰．情绪心理学［M］．北京：北京大学出版社，2005：4-5.

（二）阈下抑郁的定义

阈下抑郁（subthreshold depression，SubD），指的是个体存在一些抑郁症状，但又不符合抑郁症诊断标准的一类个体。有研究指出，无抑郁和阈下抑郁与抑郁症个体在临床特点和消极后果方面表现出连续性。并且，无抑郁和阈下抑郁与抑郁症个体在大脑的结构和功能方面也表现出连续性。以上结果表明，相比抑郁症的类别视角，抑郁症的谱系视角或许更加合理。也就是说，在同一个连续体上，并不存在无抑郁和抑郁症划分的临界点，而只是存在阈下抑郁这一过渡阶段。①

值得一提的是，针对未能满足以上抑郁症诊断标准的情况，DSM-5（《精神障碍诊断与统计手册（第五版）》的缩写，由美国精神医学会制定，用于精神障碍的分类和诊断。）也提供了轻性抑郁障碍（minor depression）和复发性短暂性抑郁障碍（recurrent brief depressive disorder，RBD）这两类阈下抑郁亚型的诊断标准。其中，轻性抑郁障碍是指虽然个体抑郁症状的持续时间超过两周，但抑郁症状的数量仅有2项至4项（至少包括1项核心症状），即抑郁症状的数量达不到抑郁症的诊断标准。而复发性短暂性抑郁障碍是指虽然个体抑郁症状的数量达到2项至4项（至少包括1项核心症状），但抑郁症状的持续时间不足两周，即抑郁症状的持续时间达不到抑郁症的诊断标准。

然而，尽管DSM-5明确规定了以上两类阈下抑郁亚型的诊断标准（主要是抑郁症状的数量和持续时间），但研究者却仍然对阈下抑郁所应具有的抑郁症状的数量、性质和持续时间等存在争议②，这导致阈下抑郁的操作性定义至今尚未统一。例如，虽然大多数研究者主要依据抑郁症状的数量来筛选阈下抑郁个体，但也有研究者提出应该依据抑郁症状的严重程度而非数量来筛选阈下抑郁个体。③ 究其原因，一方面是因为阈下抑郁本身的异质性较强，轻性抑郁障碍和复发性短暂性抑郁障碍不足以包括阈下抑郁的所有亚型；另一方面是因为不同研究者对阈下抑郁的关注点不同，一些研究者更加关注阈下抑郁个体所应具有的抑郁症状的数量，一些研究者更加关注阈下抑郁个体所应具有的抑郁症状的性质，还有一些研究者更加关注阈下抑郁个体所应具有的抑郁症状的持续时间。

分析发现，尽管不同研究者对阈下抑郁的操作性定义存在争议，但绝大多数研究者主要采用以下两种操作性定义④：第一，研究者往往采用轻性抑郁障碍的诊断标准来筛选阈

---

① Cuijpers P，De G R，Van D S. Minor depression：Risk profiles，functional disability，health care use and risk of developing major depression［J］. The Journal of the American Medical Association，2004，79（1-3）：71-79.

② Kroenke K. Minor depression：Midway between major depression and euthymia［J］. Annals of Internal Medicine，2006，144（7）：528-530.

③ Karsten J，Hartman C A，Ormel J，et al. H. Subthreshold depression based on functional impairment better defined by symptom severity than by number of DSM-IV symptoms［J］. Journal of Affective Disorders，2010，123（1-3）：230-237.

④ Kroenke K. When and how to treat subthreshold depression［J］. Jama the Journal of the American Medical Association，2017，317（7）：702-704.

下抑郁个体，即认为阈下抑郁个体是指那些抑郁症状的持续时间超过两周，但抑郁症状的数量仅有2项至4项（至少包括1项核心症状）的个体；第二，考虑到按照第一种操作性定义筛选阈下抑郁个体往往需要采用成本较高的诊断性访谈，因而另一些研究者往往通过抑郁自评量表的划分来筛选阈下抑郁个体，即认为阈下抑郁是指那些抑郁自评量表得分较高的个体。

（三）青少年阈下抑郁的流行率和危害性

尽管阈下抑郁并未达到抑郁症的诊断标准，但仍然会对个体的心理健康和社会适应产生较大危害。特别地，由于青少年时期是个体抑郁症状首次出现和快速发展的时期①，因而已有研究重点考察了青少年群体中的阈下抑郁。研究发现，阈下抑郁在青少年群体中不仅具有较高的流行率，而且具有较大的危害性。例如，有研究指出，在青少年群体中，阈下抑郁的流行率为5.3%至29.2%②；还有研究指出，在青少年群体中，阈下抑郁的流行率为2.2%至20%。③ 同时，尽管阈下抑郁并未达到抑郁症的诊断标准，但阈下抑郁不仅和青少年的生活水平和学业成绩呈负相关，而且与青少年的焦虑和自杀倾向呈正相关。④尤其需要指出的是，阈下抑郁青少年将来发展为抑郁症青少年的概率比无抑郁青少年更大，达到其1.75倍。⑤

三、青少年抑郁情绪的表现

抑郁情绪在个体的日常生活中往往呈现出多样化的表现形式，诸如消极的自我暗示、生活态度的慵懒、对自我的否定态度以及丧失对生活原有热情等，均是其典型的症状。值得注意的是，青少年抑郁情绪的表达方式兼具复杂性与隐匿性，这使得其识别与干预工作面临一定的挑战。

在实际的社会工作实践中，可以观察到青少年的抑郁情绪主要表现在以下三个方面：一是自我评价的显著降低，他们往往对自己的能力与价值持怀疑态度，缺乏自信；二是情绪问题的频繁出现，如情绪波动大、易怒、悲伤等，这些情绪问题往往会对他们的日常生

---

① 侯金芹，陈祉妍．青少年抑郁情绪的发展轨迹：界定亚群组及其影响因素［J］．心理学报，2016，48（8）：957-968.

② Carrellas N W, Biederman J, Uchida M. How prevalent and morbid are subthreshold manifestations of major depression in adolescents? A literature review［J］. Journal of Affective Disorders, 2016, 210: 166-173.

③ Bertha E A, Balázs J. Subthreshold depression in adolescence: A systematic review［J］. European Child and Adolescent Psychiatry, 2013, 22 (10): 589-603.

④ Balázs J, Miklósi M, Keresztény: A, et al. Adolescent subthreshold－depression and anxiety: Psychopathology, functional impairment and increased suicide risk［J］. Journal of Child Psychology and Psychiatry, 2013, 54 (6): 670-677.

⑤ Lee Y Y, Stockings E A, Harris M G, et al. The risk of developing major depression among individuals with subthreshold depression: A systematic review and meta－analysis of longitudinal cohort studies［J］. Psychological Medicine, 2018, 49: 92-102.

活与人际交往造成负面影响；三是社交技能的逐渐弱化，青少年在抑郁情绪的影响下，可能会逐渐失去与他人建立良好关系的能力，表现为退缩、孤立等。

青少年抑郁情绪的表现是多维度的，且具有一定的隐蔽性，这需要社会工作者在日常工作中保持高度的警觉，通过细致入微的观察与评估，及时发现并干预，以促进青少年的健康成长与发展。

（一）自我评价较低

经过更为细致的观察与深入交流，社会工作者揭示了一个重要现象：具有抑郁情绪的青少年倾向于将生活中遭遇的负面事件自动归咎于自身内在因素，从而形成一种习惯性的负面解读与消极预期模式。这种倾向不仅体现在对即时事件的反应上，更深刻地影响了他们对自我与周围环境的认知。

受抑郁情绪困扰的青少年往往将自己视为异类，感觉与周遭人群格格不入，而这种疏离感进一步加剧了他们的孤独与无助。长此以往，这种消极的自我归因和负面思维模式会逐渐固化，形成根深蒂固的低自尊与自我效能感缺失。在这种心理状态的影响下，青少年对自己的评价趋于负面，自我效能感显著降低，形成了深刻的自我价值贬低。

抑郁情绪不仅影响着青少年的情绪状态，更在深层次上扭曲了他们对自我与外界的认知，形成了一种消极的自我形象与低自尊心态，这对青少年的心理健康与成长发展构成了严峻挑战。

实际上，抑郁情绪的产生及其难以驾驭的特性，往往导致个体忽视自身固有的优势与潜能，逐渐构建起一种非理性的自我认知框架。在此过程中，个体易于陷入深刻的自我质疑之中，自我效能感显著下降，进而产生强烈的自我价值贬低感与存在意义的迷茫。这种源自内心深处的无价值感受与消极的自我心理暗示，又会反过来加剧抑郁情绪的负面影响，从而在个体内心构筑起一个难以打破的恶性循环。

个体在抑郁情绪的笼罩下，难以客观审视自身的长处与成就，反而容易被一时的挫败与困境所蒙蔽，进而形成扭曲的自我形象。这种自我形象的扭曲，不仅削弱了个体的自我信心与动力，还使得他们在面对挑战时更容易产生逃避与放弃的念头。同时，无价值感与消极暗示的交织，进一步加深了个体的抑郁程度，使得他们更加难以摆脱当前的困境，形成了一个互为因果、相互强化的负面循环。

对于处于抑郁情绪中的个体而言，打破这一恶性循环的关键在于引导他们重新发现自我优势，树立积极的自我认知，从而提升自我效能感与自我价值感，为走出抑郁情绪困境奠定坚实的心理基础。

（二）情绪问题频发

情绪困扰往往是抑郁最为显著且核心的特征表现之一。个体在遭遇意外生活事件或承受压力时，若缺乏有效的应对策略，缺乏对转变途径的主动探索及成功应对的经验，再加上自我调节机制欠缺，便容易滋生消极的认知观念。个体可能会认为所面临的情境与产生的情绪是既定且无法撼动的，这种无力感与失控感会导致情绪问题频繁出现，具体症状包括持续性的悲观沮丧、深刻的孤独感与难受体验等负面情绪状态。

在青少年群体中，情绪困扰的表现形式可能更为复杂多样。他们可能会通过烦躁不安、易怒等情绪反应，来宣泄内心积压的压抑感与不满情绪。此外，青少年在面对现状时所感受到的迷茫与忧虑，往往使悲伤、无助等低落情绪难以得到有效的疏导与缓解。这种情绪的累积与固化，不仅影响了青少年的日常生活与学习，更可能在长期内对其心理健康与人格发展造成深远的影响。

对于面临情绪困扰的个体，特别是青少年群体，应给予充分的关注与支持。提供有效的应对策略、引导其积极面对并探索改变途径，是缓解情绪困扰、促进心理健康发展的关键。

在实际的心理咨询实践中，可以观察到一部分青少年在面对如何改善当前处境时，表现出了一种深刻的迷茫与无助感，他们对改变现状的前景缺乏明确的期待与希望，对于专业心理咨询师的指导与建议也未能表现出积极的配合态度。此外，这些青少年在亲子沟通方面往往采取沉默的策略来规避问题，他们深信自己无力改变当前的困境，这种无力感进一步引发了内心的烦躁与无助情绪。

这些青少年在尝试寻求改变的过程中，似乎陷入了一种心理上的困境，他们既渴望摆脱现状，又缺乏实际可行的行动方案，这种矛盾心理导致他们逐渐失去了改变的信心与动力。在亲子关系中，他们更倾向于选择沉默，以此作为保护自己免受进一步伤害的方式，但这种逃避行为并不能真正解决问题，反而加剧了他们的无助感与烦躁情绪。

对于这部分青少年而言，关键在于帮助他们重新找回改变的勇气与信心，通过有效的心理咨询与干预，引导他们制订实际可行的改变计划，并鼓励他们积极参与亲子沟通，以更加积极、主动的态度面对生活中的挑战与困境。

（三）社交技能弱化

青少年在日常生活中若面临自我效能感受挫与持续性负性情绪的困扰时，往往难以发掘生活中的积极面，对于改变的可能性及未来的展望持悲观态度，进而对生活的失望持消极应对心态。这种心态不仅削弱了青少年面对生活挑战时的积极性，还导致他们在社会交往中的主动性行为显著减少，社交参与度逐渐降低。

持续的消极情绪与低自我效能感使得青少年在人际交往中表现出明显的退缩倾向，他们可能更倾向于避免社交场合，以减少因社交焦虑而带来的不适感。这种社交回避行为进一步加剧了人际关系的敏感性，使得青少年在人际交往中显得更为谨慎与疏离。长此以往，由于缺乏与他人的有效沟通与互动，青少年在建立和维持人际关系方面的能力逐渐弱化，社交技能得不到应有的锻炼与提升。

对于面临这一困境的青少年而言，提升自我效能感、缓解负性情绪、增强社交参与度与技能培养，是帮助其走出社交困境、促进人际关系健康发展的关键所在。通过有效的心理干预与社交技能训练，青少年可以逐步重建对生活的积极态度，增强在人际交往中的自信心与主动性，从而为未来的社会适应与人际关系奠定坚实的基础。

综合考量，受抑郁情绪困扰的青少年往往倾向于避免与友人轻易坦露心声，原因可归结为两点：其一，受非理性预期的影响，他们过度揣测他人对自己的评判与观感，长此以往，逐渐构筑起内心的壁垒，减少了与外界的沟通与交流；其二，他们的社交技能相对匮乏，尽管内心怀有与他人建立和谐关系的渴望，却因自身能力的局限，无奈地减少了与同龄人的互动。

值得注意的是，部分青少年虽然已对游戏产生空虚感，甚至滋生了一定程度的自我否定情绪，但缺乏对其他活动的兴趣与热情，他们依然放任自己沉迷于虚拟世界，以消极的态度面对现实生活，导致社会行为日益减少。这种长期以来的消极应对模式，不仅加剧了他们的社交技能退化，还使得他们的人际关系网络趋于单一或完全缺失，进而造成社会支持系统的薄弱，严重阻碍了抑郁情绪的缓解与改善。

对于这类青少年而言，提升社交技能、拓宽人际关系网络、增强社会支持，以及培养多元化的兴趣爱好，是改善其抑郁情绪、促进其心理健康发展的关键路径。通过有效的心理干预与社交技能训练，帮助他们打破内心的壁垒，重建与他人的连接，可为其抑郁情绪的缓解与康复奠定坚实的基础。

四、青少年抑郁情绪的诱因

青少年正处于青春期这一身心迅速发展的关键时期，相较于成年人，抑郁情绪对他们所产生的负面影响更为深远且严重。鉴于此，对青少年抑郁情绪的诱因进行深入细致的探究与分析，是制定科学有效的服务策略、进而改善其抑郁情绪的重要基石。

理解青少年抑郁情绪的根源，不仅有助于准确把握其心理发展的动态与需求，还能为设计针对性的心理干预措施提供理论支撑与实践指导。通过细致入微的原因分析，可以识别出影响青少年情绪健康的多种因素，包括但不限于家庭环境、学业压力、同伴关系以及个人特质等，从而为制订个性化的服务方案提供指导。

深入探索青少年抑郁情绪的诱因，不仅是对青少年心理健康问题科学认知的必然要求，也是制订合理服务方案、有效改善其抑郁情绪、促进其健康成长的关键所在。

（一）自我认知偏差

美国心理学家拉扎勒斯认为，情绪依赖于个人短时或持续的评价，不同的人在相同环境中会产生不同的情绪，因为这种环境对不同的人产生的意义不同，而这种意义由个人的认知评价所决定。[①] 青少年处于人生观、价值观的形成时期，性格较为敏感，在面对环境中的困难、挫折等压力事件时，常会绝对化地看待事件本身，放大负性事件带来的影响，出现自我否定、自暴自弃的心理行为反应，导致不良的情绪状态。在这种非理性认知的影响下，其惯性地消极评价自我和未来，逐渐形成对自我的负面认知，表现出较低的自尊和自信。而低自尊是青少年抑郁情绪的诱因之一，自尊与抑郁情绪显著负相关。为了客观了解抑郁情绪青少年的自尊水平和对自我价值的总体感受，选取某一社区 11 名情绪抑郁的青少年进行调查与分析，通过信度效度较高的自尊量表（SES）测量其自尊程度。该量表包含 10 个题目，每题分值为 1~4 分，总分 10~40 分，得分越高，表明自尊程度越高。具体测量结果如表 5-1 所示。

表 5-1 抑郁情绪青少年自尊水平得分

分值范围	自尊程度	人数	百分比（%）
10~25	低	8	73
26~32	中	2	18
33~40	高	1	9

从测量结果来看，抑郁青少年中低度自尊的人数较多，占比 73%，中等自尊和高度自尊的占比分别为 18%和 9%。

自尊程度体现个人的自我价值感和自我接纳程度，较低的自尊易导致青少年出现负面的自我评价，降低自我价值感。通过观察与访谈，发现存在抑郁情绪的青少年常以“完全”“永远”“总是”等绝对化的词来描述目前的困境；仅通过某一件事情预测未来，泛化事件影响，对自己作出负面评价；认为自己一无是处，永远无法改变现状，低估自己的价值和能力，这种非理性的自我认知对抑郁情绪的改善产生阻力。因此，改善青少年抑郁情绪，需要协助其修正不合理信念，构建理性认知；引导其接纳自我，正确看待问题，有意识地改变消极的想法；形成合理的自我认知，建立正面的自我形象，激发其改变的动机和希望。

（二）情绪管理困难

情绪管理是个体对自身及他人情绪进行感知、理解并有效调节的能力，涉及对情绪产生、体验及表达方式施加积极影响的一系列过程。抑郁情绪的持续加剧往往与个体情绪管理能力的薄弱紧密相连，而拥有出色的情绪管理能力则有助于个体维持积极的情绪状态，这在应对压力情境或应激事件时尤为关键。

① 孟昭兰．情绪心理学［M］．北京：北京大学出版社，2005：4-5.

众多研究已经明确指出，良好的情绪调节机制在抵御焦虑、抑郁等负面情绪方面发挥着至关重要的保护作用。情绪管理能力的强化不仅能够提升个体在面对挑战时的心理韧性，还能有效减少消极情绪的累积，从而维护个体的心理健康与情绪稳定。通过有效的情绪管理，个体能够更加理性地处理情绪波动，避免陷入情绪困境，这对于预防抑郁情绪的进一步发展具有重要意义。

提升个体的情绪管理能力，不仅是维护其心理健康的重要途径，也是预防和缓解抑郁情绪等负面情绪的有效策略。通过针对性的情绪管理训练与干预，可以帮助个体建立更加积极、健康的情绪调节模式，为应对生活中的各种挑战提供有力的心理支持。

青少年处在身心发展的关键时期，不但会受到生理发展的困扰，也开始思索、担忧自己的未来。而长期受到抑郁情绪困扰的青少年，相较普通青少年群体，对于情绪的调节、控制更为困难。为准确了解青少年情绪管理能力，社会工作者采用情绪智力量表（WLEIS）中的情绪调节和情绪认知分量表来测量 11 名青少年的情绪管理能力。该量表共 8 个条目，采用五级评分，总分值 8~40 分，得分越高，代表青少年的情绪管理能力越强。具体测量结果如表 5-2 所示。

表 5-2　抑郁情绪青少年情绪管理能力得分

维度	条目	分值	$\bar{X}\pm S$
情绪认知能力	4	20	9.00±1.84
情绪调节能力	4	20	8.18±1.16
情绪管理总分	8	40	17.2±1.56

量表结果显示，抑郁青少年情绪管理能力平均得分为（17.2±1.56），其中，情绪认知能力平均得分为（9.00±1.84），情绪调节能力平均得分为（8.18±1.16）。总体来看，青少年情绪管理能力得分较低，反映了青少年对自我情绪的感知、调控能力有待提升。

存在抑郁情绪的青少年往往难以管理自己的情绪，一方面，他们期待自己能够掌控情绪，产生更多的积极情绪；另一方面，又时常因为压力事件不可控制地陷入低落、沮丧的情绪中。这种矛盾的心理状态使其沉浸在消极情绪里难以自拔，逐渐失去情绪调节的动力和信心，时感烦躁易怒、悲伤无助，从而使抑郁情绪不断强化。由于不能及时地自我调节，使得负性事件和多种压力对青少年的消极影响更重、更持久。基于此，需要帮助青少年清晰地认识自身存在抑郁情绪，通过具体可行的方法来释放、表达、调控情绪，提升其情绪管理能力，从而达到缓解抑郁情绪的目的。

（三）家庭关系疏离

家庭是青少年社会化的第一场所，相关研究表明，家庭关系对于青少年抑郁情绪具有重要影响，家庭亲密度和情感表达与青少年抑郁情绪呈显著负相关。家庭矛盾性正向预测青少年抑郁情绪，频繁的亲子冲突造成青少年低自尊和较高程度的抑郁情绪，阻碍其心理健康发展。[①] 为了解抑郁情绪青少年的家庭关系，社会工作者通过家庭环境量表——家庭关系指数（FES-FRI）来测量青少年家庭环境和家庭功能情况。该量表中的家庭关系指数共设 27 道是非题，涉及亲密度、情感表达、矛盾性 3 个因子，每方面最高分均为 9 分。其中，亲密度和情感表达得分越高，表示家庭功能和家庭成员间的沟通越好，而矛盾性是家庭成员间公开表露愤怒、攻击的程度，得分高则表示低质量、恶劣的家庭环境。具体测量结果如表 5-3 所示。

表 5-3 抑郁情绪青少年家庭关系指数得分

维度	条目	参考值	$\bar{X}\pm S$
亲密度	9	7. 7±1. 9	4. 18±1. 17
情感表达	9	5. 8±1. 7	3. 64±1. 29
矛盾性	9	2. 2±1. 9	5. 82±0. 98

从测量结果来看，抑郁青少年的家庭关系指数总体得分偏低，其中，家庭亲密度、情感表达平均得分低于参考值，分别为（4. 18±1. 17）和（3. 64±1. 29），而矛盾性为（5. 82±0. 98），高于参考值（2. 2±1. 9）。这表明家庭成员间相互支持以及情感表达程度较低，家庭环境质量有待提高。

青少年在很大程度上仰赖家庭成员，尤其是父母的支持与关爱，然而，当家庭成员间关系出现疏离、家庭氛围不和睦、情感支持缺失时，青少年极易陷入不安全感之中，进而产生不自信、焦虑及抑郁等一系列负面情绪。对于那些因家庭关系疏离而饱受抑郁情绪困扰的青少年而言，他们一方面深感孤独与无助，内心深处极度渴望一个和谐且充满关爱的家庭环境；另一方面，他们却又往往认为家庭成员间的隔阂难以消除，家庭关系无法得到有效改善，这种认知进一步加剧了他们的消极情绪体验。

值得注意的是，家庭关系的良性发展对于改善青少年的抑郁情绪具有至关重要的作用。一个和谐的家庭环境不仅能够为青少年提供必要的情感支持，还能有效缓解其内心的焦虑与不安。然而，要实现家庭关系的良性发展，并非仅凭家庭其他成员的单方面努力就能达成。一方面，家庭成员需要有意识地调整自己的行为与态度，共同营造一个温馨、和睦的家庭氛围；另一方面，青少年自身也需要对家庭关系持有合理的认知，掌握有效的沟通技巧，学会积极主动地与家人进行沟通交流，明确而坦诚地表达自己的想法与期待。

家庭关系的良性发展是改善青少年抑郁情绪的关键。它要求家庭成员之间不仅要相互理解、支持与包容，还需要青少年自身具备积极的沟通意识与能力，共同为构建一个和

① 吴国兰，傅茂笋，刘丹，等．中学生抑郁情绪与家庭环境的关系研究［J］．中国儿童保健杂志，2013，21（1）：76-79.

谐、关爱的家庭环境而努力。

（四）负性生活事件

负性生活事件是对个人造成较为明显、持久的消极情绪体验事件。相关研究表明，负性生活事件能够正向预测青少年抑郁情绪产生的风险。① 青少年生活中的负性事件包括考试失败、父母离异、亲人离世、同辈竞争压力及人际关系不良等。青少年在面对负性生活事件时，由于解决路径的匮乏，加之自身对事件的不合理认知和较低的情绪管理能力，常因无法控制现状、无法解决问题而产生无助、失望等消极情绪，这种负面情绪的持续累积就形成了抑郁情绪。为了解 11 名具有抑郁情绪的青少年在过去 6 个月内负性生活事件发生频度和其对个人生活的影响程度，社会工作者采用青少年生活事件量表（ASLEC）进行测量。该量表包括人际关系、学习压力、受惩罚等 6 个因子，共 27 个条目，其中，2 个条目未纳入因子结构，3 个条目同时归属两个因子。根据事件是否发生或对自己的影响程度进行选择，"未发生"至"极重度"分别计 1~6 分，得分越高，表明负性生活事件对青少年的影响越大。具体测量结果如表 5-4 所示。

表 5-4　抑郁情绪青少年负性生活事件得分

因子	条目	发生频度	应激强度（分）	$\bar{X}\pm S$
人际关系	5	48	134	12. 18±1. 40
学习压力	5	43	150	13. 64±2. 25
受惩罚	7	24	108	9. 82±1. 60
丧失	3	13	22	2. 00±1. 47
健康适应	4	12	23	2. 10±1. 10
其他	4	20	58	5. 27±1. 52

从测量结果来看，抑郁情绪青少年受到学习压力、人际关系、受惩罚事件的影响较大，应激强度分别为 150 分、134 分、108 分，学习压力和人际关系平均得分为（13. 64±2. 25）和（12. 18±1. 40）。具体来说，青少年在学习压力方面的负性事件主要包括考试不理想、升学压力、学习任务重等，在人际关系方面的压力事件主要表现为与同学产生纠纷、受人误会歧视等，在受惩罚方面主要包括受到批评处分、遭受父母打骂、转学或休学等，也有少数青少年遭受亲人生病或离世的应激事件。

面对负性生活事件，青少年较少求助于他人，由于缺少解决问题的路径以及不合理的归因，使自己长期沉浸在负性事件带来的消极影响中，自责感和挫败感日益累积，形成对自我价值和个人能力的怀疑，从而加深了抑郁情绪的程度。因而，改善青少年抑郁情绪不

---

① 李玉霞．青少年抑郁、焦虑情绪与其相关因素［J］．中国健康心理学杂志，2013，21（3）：415-417.

仅需要协助其寻找解决问题的办法，使其学会挖掘并利用周围的资源，强化自我能力，获得成功经验，更重要的是引导青少年正确看待负性生活事件，形成对负性事件的合理认知。

五、青少年抑郁情绪治疗的需求分析

青少年抑郁情绪的治疗需求呈现出多维度的特征，其复杂性要求在制订治疗方案时，必须全面考量其心理、社会适应及生理健康等多个层面的因素。

在心理层面，青少年抑郁情绪的治疗需求包括但不限于情绪调节能力的提升、自我认知的深化以及积极应对策略的培养。这些需求旨在帮助青少年更好地管理自己的情绪，增强其对自我情绪状态的认知与理解，同时学会在面对困境时采取积极有效的应对策略。

在社会适应方面，治疗需求则聚焦于青少年社交技能的强化、人际关系网络的构建以及社会支持系统的完善。通过提升青少年的社交能力，促进其与同龄人的正常交往，以及增强其与家人、朋友等的联系，有助于缓解其抑郁情绪，提升其社会适应能力。

在生理健康层面，青少年抑郁情绪的治疗还须关注其睡眠质量的改善、饮食习惯的调整以及运动习惯的养成。这些生理因素与抑郁情绪之间存在着密切的相互作用关系，通过优化青少年的生理健康状态，有助于进一步改善其抑郁情绪。

综上所述，青少年抑郁情绪的治疗需求是一个复杂而多维的系统，需要在制订治疗方案时，全面考虑其心理、社会适应及生理健康等多个方面的因素，以确保治疗的有效性和全面性。

（一）心理支持和心理治疗

心理治疗在青少年抑郁情绪的干预中扮演着至关重要的角色，它不仅能够协助青少年深入认识并理解自己的情绪状态，还能够有效解决他们内心存在的冲突与困惑。通过这一过程，青少年能够逐步掌握情绪管理的精髓，学会运用有效的情绪应对策略，进而达到缓解抑郁情绪的目的。

在心理治疗具体实施的过程中，为受抑郁情绪困扰的青少年提供一个安全、私密且充满信任的空间尤为重要。这样的环境能够让他们毫无顾忌地表达自己的情感，勇敢地寻求心理层面的支持与慰藉。在这个空间里，青少年可以自由地探索自己的内心世界，与心理咨询师共同寻找解决抑郁情绪的路径，从而逐步走出阴霾，重拾生活的色彩与希望。

心理治疗不仅为青少年提供了认识自我、解决内心冲突的平台，还为他们创造了一个安全表达情感、寻求心理支持的宝贵空间，其对于缓解青少年抑郁情绪、促进其心理健康发展具有不可估量的价值。

（二）学业支持

学业压力是触发青少年抑郁情绪的一个主要诱因，这种压力主要来自教师期望、家长要求以及学生自我设定的高标准。邢强等一众学者强调，青少年在应对繁重的课业任务与激烈的升学竞争时，若无法得到足够的学业支持与肯定，他们极易在面临种种挑战与困境时陷入抑郁情绪之中。换言之，学业的正面鼓励对于缓解青少年抑郁情绪具有举足轻重的意义。

已有研究表明，来自外界的积极鼓励对于降低青少年及儿童的消极情绪具有显著效果。具体而言，当青少年在学习过程中得到来自教师、家长或同伴的肯定与激励时，他们更有可能以乐观的心态面对学业上的挫折与挑战，从而减少抑郁情绪的产生。因此，提供有效的学业鼓励不仅是提升学生学习动力的关键，更是预防青少年抑郁情绪的重要手段。通过构建积极的学业支持环境，可以为青少年提供更加坚实的心理保障，助力他们健康成长。

（三）社会支持和社交互动

抑郁情绪往往导致青少年个体在社交互动中表现出退缩倾向，他们倾向于避免与他人交流，进而常常体验到深刻的孤独感，仿佛被世界孤立。学者杨帆在其研究中强调，青春期是一个关键时期，青少年的人际需求在这一阶段发生了显著变化，他们开始将人际关系的重心从父母转向同伴。因此，青少年越发倾向于投入更多的时间与同伴相处，同伴关系在这一阶段对他们的成长与发展产生了深远的影响。

同伴间的交往不仅为青少年提供了情感交流的渠道，还成为他们探索自我、建立身份认同的重要途径。在这一过程中，培养亲密的友谊关系对于缓解青少年的孤独感与抑郁情绪具有不可忽视的作用。同时，家庭作为个体成长的首要环境，其氛围的温馨与和谐能够为青少年提供必要的心理支持与安全感，进一步促进他们与同伴之间的健康交往，从而有效缓解孤独感与抑郁情绪。

因此，培养亲密友谊与营造积极和谐的家庭氛围成为缓解青少年孤独感与抑郁情绪的重要保障，其不仅有助于青少年建立良好的人际关系，还能够为他们的心理健康发展奠定坚实的基础。

（四）心理健康教育

青少年群体亟须加深对抑郁症相关知识的认知与了解，进一步而言，推广心理健康教育同样至关重要。这不仅能够在青少年心中建立起预防抑郁的强烈意识，还能够为他们提供应对其他潜在心理健康挑战的有效策略与工具。

通过系统的心理健康教育，青少年能够学习到识别抑郁症状的方法，理解抑郁情绪与抑郁症之间的区别，以及掌握初步的自我调适技巧。这些知识的普及，不仅能够提升青少年在面对心理健康问题时的自我保护能力，还能够促进他们形成更加积极、健康的心态，为未来的成长与发展奠定坚实的基础。

深化青少年对抑郁症的认知、提供全面的心理健康教育，是构建青少年心理健康防护网的关键环节。这需要社会各界的共同努力，通过持续的信息传递与教育引导，帮助青少年提高对心理健康问题的正确认知与应对能力，为他们的全面发展保驾护航。

（五）生理健康

青少年在经历抑郁情绪时，往往伴随着睡眠障碍的困扰，因此，确保他们获得充足且高质量睡眠非常重要。通过保证足够的睡眠时间，青少年可以有效地调整自身的生理节律，进而提升情绪的稳定性与调节能力。与此同时，维持一个健康的饮食习惯同样不可或缺，它不仅对青少年的身体健康至关重要，还能显著增强他们的免疫力，预防因身体不适而可能加剧的抑郁情绪。

良好的饮食习惯意味着摄入均衡的营养，这有助于青少年在面对抑郁情绪时保持更强的身心抵抗力。此外，适度的体育锻炼在青少年抑郁情绪的干预中也扮演着至关重要的角色。通过参与体育锻炼，青少年不仅能够释放累积的压力与紧张情绪，还能促进内啡肽等愉悦激素的分泌，从而缓解抑郁情绪。体育锻炼不仅能够改善青少年的生理健康，还能通过提升他们的心理状态，为情绪的稳定与恢复提供有力的支持。

充足的睡眠时间、良好的饮食习惯以及适度的体育锻炼，共同构成了青少年在面对抑郁情绪时维护身心健康的重要基石。这些措施的实施，不仅有助于调节青少年的生理节律，还能通过增强免疫力与释放压力，为他们的情绪稳定与心理健康提供全方位的保障。

受抑郁情绪影响的青少年治疗需求主要分为对生理健康的需求和对心理健康的需求，生理健康的保证需要医疗技术和服务的支持；部分心理健康的需求需要社会、学校、家庭的共同努力，但也有部分心理健康需求的满足在当前传统治疗方式下还存在一定的障碍。

六、青少年抑郁与其情绪调节策略选择的关系

（一）情绪调节策略的具体类型

情绪调控机制是个体在管理和调整自身情绪体验及表达方式时所采用的一系列具体手段，旨在实现情绪调节的既定目标。根据对情绪调节这一概念框架的阐释，个体唯有运用有效的情绪调控机制，方能成功达成情绪管理的预期目的。因此，情绪调控机制被视为情绪调节概念框架中的核心组成部分，其在情绪调节中扮演着举足轻重的角色。

对情绪调控机制进行分类与细化，成为该领域研究不可或缺的基础性工作。通过对不同情绪调控机制的系统梳理与分类，研究者能够更深入地理解个体在面对情绪挑战时所采取的具体策略，以及这些策略如何影响其情绪状态与行为反应。这一分类不仅有助于揭示情绪调节的内在机制，还为开发针对性的情绪管理干预措施提供了理论依据与实践指导。

情绪调控机制的分类是情绪调节研究领域的基石，它促进了对个体情绪管理策略多样

性的认识，并为个体进一步提升情绪管理能力、优化情绪调节效果奠定了坚实的基础。

经过对现有文献的系统梳理与分析，发现情绪调节的过程模型在情绪调节策略分类方面具有显著的影响力。该模型深入探讨了情绪产生的内在机制，将其划分为情境识别、注意力聚焦、价值评估及行为反应这四个连续且相互关联的加工阶段。在此基础上，模型进一步提出了五类核心的情绪调节策略，它们分别是：情境选择性应对、情境适应性调整、注意力的有效分配、认知层面的积极转变以及行为反应的灵活调整。

这些策略与情绪产生的各个阶段紧密相连，共同构成了个体在面对情绪挑战时的多维应对策略体系。具体而言，情境选择性应对强调个体通过主动选择或避免特定情境来调节情绪；情境适应性调整则侧重于在既定情境下通过改变环境特征来影响情绪体验；注意力的有效分配关注通过引导注意力焦点来调控情绪反应；认知层面的积极转变致力于通过调整对情绪事件的理解与评价来改变情绪状态；行为反应的灵活调整则强调根据情绪状态的变化适时调整行为策略，以达到情绪管理的目的。

情绪调节的过程模型提供了一个全面而深入的理解框架，揭示了情绪调节策略与情绪产生阶段之间的内在联系。这一模型不仅增强了个体对情绪调节策略分类的理解，还为后续研究提供了坚实的理论基础与研究方向。

在情绪调节的过程中，不同阶段的策略各具特色。于情境阶段，情绪调节的策略主要包括情境的选择与修正；在注意阶段，策略主要聚焦于注意力的分配；进入评估阶段，策略转变为认知层面的改变；而至反应阶段，策略则体现为对行为反应的调整。其中，情境选择这一策略，具体是指个体主动采取行动，以最大化地使自己置身于能够诱发期望情绪的环境中，或尽可能地远离那些可能引发非期望情绪的环境。

这一策略的实施，体现了个体对情绪管理的高度自主性与灵活性。通过有意识地选择与调整所处的情境，个体能够在一定程度上掌控自己的情绪体验，从而达到调节情绪的目的。值得注意的是，情境选择并非孤立存在，它往往与注意力分配、认知改变及反应调整等策略相互交织，共同作用于情绪调节的全过程。

情绪调节策略在不同阶段各有侧重，而情境选择作为情境阶段的核心策略，对于个体情绪管理的有效性具有重要影响。通过深入理解并灵活运用这些策略，个体能够更好地应对情绪挑战，实现情绪的稳定与平衡。

（二）情绪调节策略选择的定义

依据情绪调节过程模型对情绪调节策略的详尽分类，早期的研究工作主要聚焦于探讨个体在恒定情境下单独运用某一特定情绪调节策略的实际成效，并往往倾向于将这些策略简单地划分为适应性或非适应性两大类。然而，随着研究的深入逐渐认识到，成功的情绪管理不仅要求个体能够在特定情境下精准地运用恰当的策略，更强调了个体需要根据情境的变化灵活调整策略选择的重要性。换言之，情绪调节策略的选择过程成为情绪管理成效的关键因素。

所谓情绪调节策略的选择，实质上是指个体在追求情绪稳定与平衡的过程中，依据所面临的具体情境差异，主动且灵活地挑选并应用不同的情绪调节手段。这一过程不仅考验了个体对情绪调节策略的深刻理解与熟练掌握程度，更体现了个体在情绪管理上的高度自主性与应变能力。因此，情绪调节策略的选择不仅关乎策略本身的有效性，更直接关系到个体情绪管理的整体效果与长期福祉。

情绪调节策略的选择在情绪管理中占据着举足轻重的地位，它不仅要求个体具备对策略的深入理解与灵活运用能力，更强调了个体在面对复杂多变情境时的策略调整与适应能力。

（三）情绪调节策略选择的理论模型

1. 情绪调节的扩展模型

虽然情绪调节的过程模型总结出了五类情绪调节策略，但却未能揭示个体采用情绪调节策略的具体过程，如个体究竟如何明确情绪调节目标、如何选择情绪调节策略以及如何执行情绪调节策略。为了对其进行补充，Gross 提出了情绪调节过程模型的扩展模型。该模型的基本假设是：情绪总是伴随着评估，而情绪调节涉及多种评估系统。①

扩展模型从评估系统的阶段、特征和类别等方面进行了具体阐述。

第一，评估系统的阶段。虽然多种评估系统在信息类型、时间尺度、可塑性和反应方式等方面不尽相同，但每一个评估系统都包括四个阶段：（1）世界（world，W），代表外部世界和内部世界；（2）知觉（perception，P），代表对进入评估系统信息的知觉；（3）评估（valuation，V），代表对知觉信息的评估，并且涉及对知觉世界和理想世界这两方面的评估；（4）行动（action，A），代表为了缩小知觉世界和理想世界之间的差距而采取的行动。值得注意的是，扩展模型与过程模型还存在对应关系：世界—情境、知觉—注意、评估—评价、行动—反应，如图 5-1 所示。

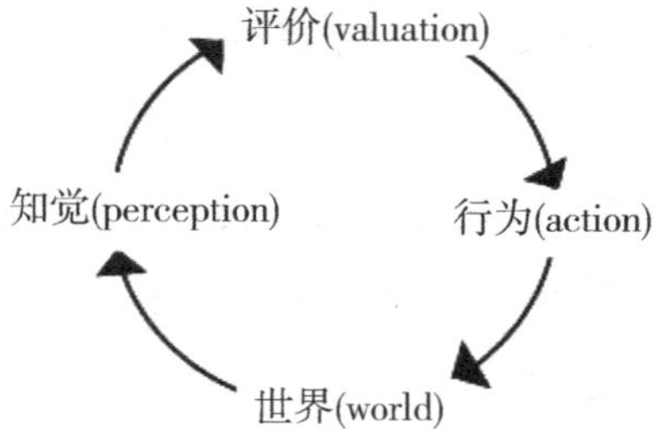

图 5-1　评估系统的阶段

① Gross J J. The extended process model of emotion regulation: Elaborations, applications, and future directions [J]. Psychological Inquiry, 2015, 26 (1): 130-137.

第二，评估系统的特征。评估系统最重要的特征便是动态性（dynamic），即“世界—知觉—评估—行动”的多层环路。第一层评估环路的“行动”可能会成为第二层评估环路的“世界”，即第一层评估环路可能会引发第二层评估环路，甚至更多。只有当知觉世界和理想世界之间的差距可以接受时，情绪调节环路（W-P-V-Acycle）才会停止，如图 5-2 所示。

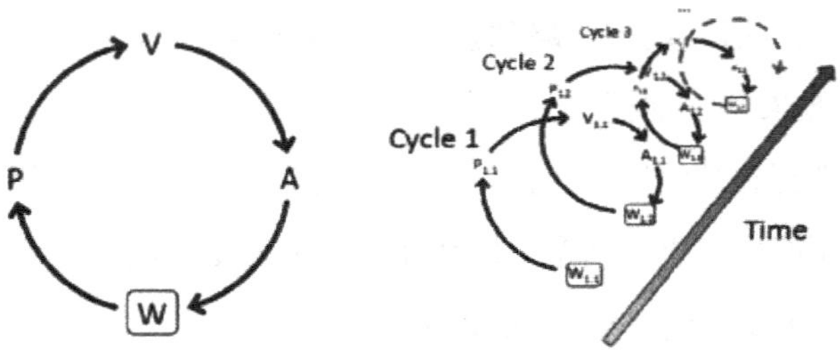

图 5-2　评估系统的特征

由于第一层评估系统可能会成为第二层评估系统的目标，因而多个评估系统之间常常存在相互作用。具体来说，第二层评估系统可以通过以下五种方式影响第一层评估系统：（1）改变个体将要身处其中的情境；（2）改变外部环境的某个或某些方面；（3）改变被知觉的部分外部环境；（4）改变表征外部环境的方式；（5）修正情绪相关行为，如图 5-3 所示。

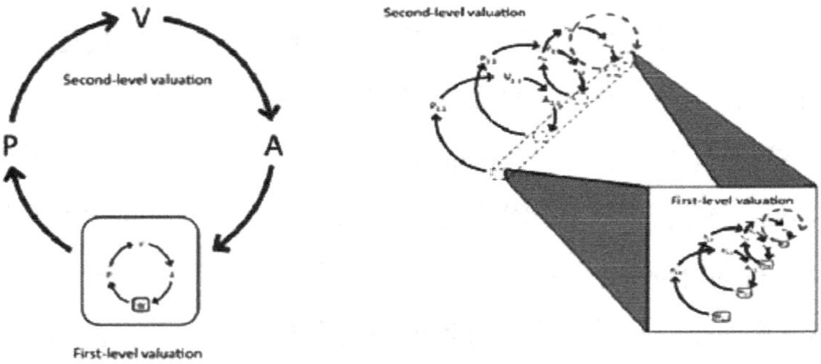

图 5-3　第二层评估系统的影响

第二层情绪评估环路可能会改变第一层情绪评估环路所采用的情绪调节策略，并可分为以下三种情况：（1）维持：当第一轮情绪调节效果较好，但仍需进一步调节时，第二轮将采取与第一轮高度相似的情绪调节策略；（2）转换：当第一轮情绪调节效果较差，且仍需进一步调节时，第二轮将改变情绪调节策略；（3）停止：当第一轮情绪调节效果很好或多轮情绪调节效果都很差时，后续调节会停止，如图 5-4 所示。

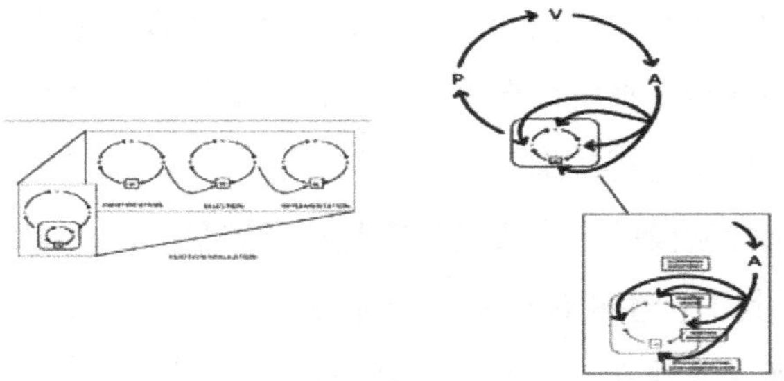

图 5-4　情绪调节策略

第三，评估系统的类别。对应于三个不同的情绪调节环路，情绪调节可以分为三类独立的评估系统：（1）识别阶段（the identification stage），指个体评估是否需要进行情绪调节；（2）选择阶段（the selection stage），指个体选择采用何种情绪调节策略；（3）执行阶段（the implementation stage），指个体具体使用某种情绪调节策略。以上每一类评估系统都可进一步细分为识别阶段、选择阶段和执行阶段，每一个阶段都会影响个体最终情绪调节的效果，且三个阶段之间存在相互影响，如图 5-5 所示。

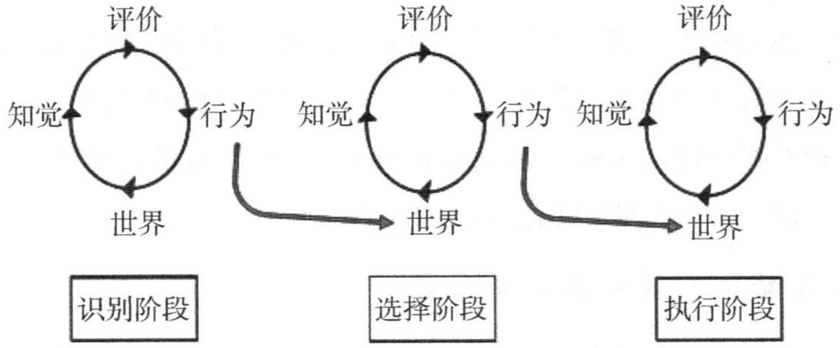

图 5-5　情绪调节扩展过程模型的三个阶段

2. 情绪调节策略选择模型

基于一系列实证研究成果①，Sheppes 等人②提出了情绪调节策略选择模型，其主要观点如下。

第一，从信息加工的视角来看，情绪调节是个体利用有限认知资源对输入的情绪信息进行加工的过程，且这个过程可以分为前期注意选择阶段和后期语义形成阶段。其中，前期注意选择阶段负责对输入的情绪信息进行过滤，属于低卷入度（disengaging）信息加工阶段；后期语义形成阶段负责对过滤之后的情绪信息进行语义分析，属于高卷入度（engaging）信息加工阶段。

第二，两个阶段加工情绪信息各有自己的优劣势。一方面，前期注意选择阶段适合加

① Sheppes G，Gross J J. Is timing everything? Temporal considerations in emotion regulation［J］. Personality and Social Psychology Review An Official Journal of the Society for Personality and Social Psychology Inc，2011，15（4）：319-331.

② Sheppes G，Scheibe S，Suri G，et al. Emotion regulation choice：A conceptual framework and supporting evidence［J］. Journal of Experimental Psychology General，2014，143（1）：163-181.

工高强度而非低强度的情绪刺激，而后期语义形成阶段适合加工低强度而非高强度的情绪刺激；另一方面，前期注意选择阶段允许个体对情绪信息进行精细加工，而后期语义形成阶段不允许个体对情绪信息进行精细加工。

第三，前期注意选择阶段的一个典型策略是注意转移，而后期语义形成阶段的一个典型策略是认知重评。① 其中，注意转移是指个体在看着图片的同时，会想到一些与当前图片无关的中性事物，即形成独立于当前情绪刺激且与其不冲突的新信息②；而认知重评是指个体在看着图片的同时，重新赋予当前图片一些非情绪性的意义，即形成依赖于当前情绪刺激且与其冲突的新信息。

第四，使用注意转移和认知重评调节情绪刺激各有自己的优劣势。一方面，由于注意转移起作用于情绪刺激强度聚集之前，而认知重评起作用于情绪刺激强度聚集之后，因而注意转移比认知重评更有利于调节高强度情绪刺激；另一方面，后期语义形成阶段不允许情绪信息得到精细加工，而认知重评允许情绪信息得到精细加工，因而注意转移比认知重评更不利于长期适应，尤其是那些需要通过直面困难才能达成的长期目标。③

第五，健康个体对在不同情境下使用不同策略的利弊权衡非常敏感，因此可以在面对不同强度的情绪刺激时选择合适的策略。具体来说，个体在面对高强度负性情绪刺激时倾向于选择前期注意选择阶段的策略（如注意转移），而在面对低强度负性情绪刺激时倾向于选择后期语义形成阶段的策略（如认知重评）。④

（四）影响情绪调节策略选择的因素

情绪因素通常被界定为情绪刺激所带来的影响力度或强度。在情绪调节策略的选择模型中，存在两种关键策略，它们作用于情绪处理的不同阶段。具体而言，注意转移策略主要在情绪刺激信息的初步汇聚之前发挥作用，属于前期注意选择阶段的一种干预手段；而认知重评策略则是在情绪刺激信息已经完成初步汇聚并进入晚期语义形成阶段时才开始介入。

基于这一模型，当个体遭遇到高强度的负性情绪刺激时，他们更倾向于采用注意转移策略，以此作为缓解强烈情绪冲击的首要手段。相反地，在面对低强度的负性情绪刺激时，个体则更可能选择认知重评策略，通过重新评估情绪刺激的意义与价值，来达到情绪

---

① Kalisch R, Wiech K, Herrmann K, et al. Neural correlates of self-distraction from anxiety and a process model of cognitive emotion regulation [J]. Journal of Cognitive Neuroscience, 2006, 18 (8): 1266-1276.

② Sheppes G, Meiran N. Better late than never? On the dynamics of online regulation of sadness using distraction and cognitive reappraisal [J]. Personality and Social Psychology Bulletin, 2007, 33 (11): 1518-1532.

③ Wilson T D, Gilbert D T. Explaining away: A model of affective adaptation [J]. Perspectives on Psychological Science, 2008, 3 (5): 370-386.

④ Sheppes G, Scheibe S, Suri G, et al. Emotion-regulation choice [J]. Psychological Science, 2011, 22 (11): 1391-1396.

调节的目的。

情绪调节策略的选择并非随意为之，而是由情绪刺激的强度与性质，以及个体所处的情绪处理阶段决定。无论是前期的注意转移还是后期的认知重评，都体现了个体在情绪管理过程中的策略性与灵活性。

认知因素在此处特指个体在运用情绪调节策略时所展现出的认知复杂程度。根据情绪调节策略选择模型，注意转移策略的实施要求生成与情绪刺激信息无直接关联且不相冲突的中性信息，这一过程相对独立于情绪刺激本身；而认知重评策略则需要构建出与情绪刺激信息存在直接对立且积极转化的新信息，这一过程紧密依赖于对原始情绪刺激的深入分析与重构。

个体在采用注意转移策略时，其认知负荷相对较低，因为该策略不涉及对情绪刺激信息的深度加工或积极转化，故而在操作层面上更为简洁直接。相较而言，认知重评策略则要求个体对情绪刺激信息进行更为复杂且精细的认知操作，以实现情绪色彩的积极转变。

动机因素被界定为个体所设定的具体目标。为了实现多样化的目标追求，个体需依据目标性质的不同，灵活选择相适应的情绪调节策略。具体而言，那些侧重于快速削弱消极情绪影响的早期注意分配阶段策略，如注意转移，往往更有利于个体迅速达成短期的享乐性目标，然而，这类策略可能不利于个体在追求长期工具性目标过程中的情绪管理与调控。相反地，后期语义加工阶段策略，如认知重评，尽管在处理负性情绪时可能显得较为缓慢且对短期享乐性目标不利，但它们却能够为个体在追求长期工具性目标时提供更为稳健的情绪支持与调控。

第二节　动物辅助疗法介入青少年抑郁情绪调节及干预

近年来，我国青少年群体中抑郁症状的发病率呈现日益上升的趋势，这一现象对青少年的身心健康构成了严重威胁。

相较普通青少年，抑郁情绪的青少年往往表现出更为明显的内向性格特征，难以主动敞开心扉与他人交流，且心理情绪波动更为剧烈。在此情境下，动物作为一种独特的媒介，为社会工作者提供了深入青少年内心世界的新路径。通过借助动物的行为与特性，社会工作者能够更有效地建立与抑郁青少年的信任关系，进而逐步引导他们表达内心感受，缓解抑郁情绪。回顾历史，从早期社会中将动物形象融入儿童教育，到父母通过讲述动物故事传递生活智慧，再到当今时代，家长们利用动物行为心理学原理，以动物为桥梁开展家庭教育，这些做法均在实践中取得了显著成效。

动物在青少年抑郁干预中扮演着重要角色。它们不仅为青少年提供了一个非言语的沟通平台，还能够帮助社会工作者以更为温和、自然的方式接近并理解抑郁情绪青少年的心理状态，为后续的干预治疗提供帮助。

一、动物辅助疗法的概念与机制

（一）动物辅助疗法概念

动物辅助疗法（Animal-Assisted Therapy，AAT）是一种目标明确的介入方法，在医疗卫生、公益慈善、社会服务等领域专家学者的指导下，精心筛选合适的动物作为参与治疗的工具和手段以达到帮助服务对象实现身体和心理机能康复的目的。它是一种基于与动物的互动来改善人类身心健康的治疗方法。它通常包括与宠物（如狗、猫、马等）建立情感联系，通过与它们的互动和关爱，以减轻焦虑、压力、孤独和抑郁等负面情绪。这种互动可以提供情感支持、社交支持，促进生理上的改善，从而促进个体的身心健康。动物辅助治疗是一种综合性的多元治疗方式，需要一套明确合规的实施标准及程序指引，这套标准包括了辅助动物和治疗对象的筛选，治疗方案的确定、专业人员的培训及评估，场所的选定及应急预案的制定等。将动物辅助治疗与社会工作相结合，通过开展小组活动可以帮助具有轻度抑郁或抑郁情绪的青少年在与动物的接触过程中表达需求，减少抑郁情绪，实现阳光成长。

（二）动物辅助疗法的机制

“亲生命性”理论认为，人类天生具备一种与自然界及其他生命体建立深厚联系的内在需求，这种与自然界的固有联结对于维护并提升身心健康具有积极作用。在动物辅助治疗的实践中，人与动物之间所构建的独特纽带能够催生出一系列生理与心理上的积极效应。具体而言，这种联系能够激发个体的运动积极性，有效缓解身心压力，进而促使血压及皮质醇水平下降。

动物辅助疗法还通过营造一种温馨、和谐的氛围，为治疗创造了一个积极向上的环境。在这一环境中，患者不仅能够感受到来自动物的陪伴与安慰，更能在与动物的互动中逐步找回内心的平静与力量，这对于加速康复进程、提升治疗效果具有不可忽视的重要意义。

亲生命性理论与动物辅助疗法的结合，能更好地满足人类与自然及生命体建立联系的需求，提供了一种全新的视角与方法，其在促进身心健康方面展现出广阔的应用前景。

1. 提供运动动力

动物辅助疗法在激发个体参与体育活动的积极性方面成效显著，其独特之处在于，个体与动物的亲密互动构成了一种既富有趣味性又极具吸引力的身体活动形式。这种疗法巧妙地利用了人类与动物之间的天然联系，使得锻炼过程不再单调乏味，而是充满了乐趣与新奇感。通过与动物的互动，个体不仅能够在身心愉悦的状态下完成锻炼，还能够增强对体育活动的兴趣与热情，从而在长期内保持积极的运动习惯。

动物辅助疗法中的互动环节往往设计得既有趣又富有挑战性，这进一步激发了人们参与的欲望。在与动物的共同活动中，个体需要调动身体各部分的机能，这不仅促进了身体的协调发展，还提高了身体的灵活性和协调性。因此，动物辅助疗法不仅为个体提供了一种新颖的锻炼方式，还为其身心带来了双重益处。

2. 降低血压和皮质醇水平

与动物进行亲密的肢体接触，如轻柔地抚摸或细心地梳理其毛发，能够向人体传递丰富的感官刺激。这种刺激不仅具有舒缓身心的效果，还有助于调节人体的生理机能。具体而言，通过与动物的这类互动，个体的血压水平能够得到有效降低，同时皮质醇的分泌量也会相应减少，这两者共同作用，能够显著缓解个体所承受的压力。

这种与动物间的互动还具有一种难以言喻的治愈力量。在与动物相处的过程中，人们往往能够暂时忘却外界的纷扰与压力，沉浸在与动物之间纯粹而美好的情感交流中。这种交流不仅能够使人的心情变得宁静平和，还能够激发人们对生活的热爱与向往，从而在根本上提升个体的心理健康水平。

与动物进行亲密的肢体接触，如抚摸或梳理等互动方式，不仅能够为人体提供必要的感官刺激，调节生理机能，还能够有效地缓解压力，提升个体的心理健康水平。

3. 提升催产素水平

与动物的亲密接触能够激发催产素的分泌，这是一种在人体中扮演着重要角色的激素。催产素不仅具备调节自主神经系统、有效缓解身心压力的功能，还扮演着促进社会交往、减轻压力与焦虑情绪的桥梁角色。动物的陪伴在降低压力激素（如皮质醇）水平的同时，能够显著促进催产素的分泌，这一生理变化对于促进个体的放松状态、增强主观幸福感具有积极作用。

动物的存在及其与人类的互动，构成了一种非言语的沟通方式，这种沟通方式能够激发人体内催产素的释放，进而引发一系列有利于身心健康的生理与心理效应。催产素的增多不仅有助于缓解紧张情绪，还能增强个体与他人之间的情感联系，形成更加紧密的社会网络。此外，通过调节自主神经系统，催产素还能促进身体的放松与恢复，保障个体健康。

与动物的互动通过促进催产素的分泌，为人类健康带来了多方面的积极影响，这些影响不仅体现在生理层面，更深刻地触及了心理与社会层面，为个体的全面发展与幸福感的提升提供了有力支持。

4. 给予社会支持和陪伴

与动物的交流能够赋予个体社会交往的支撑与陪伴的温馨感受。在医疗康复的情境中，动物常常扮演着“社交桥梁”的角色，它们能够有效地促进儿童与治疗人员、同龄伙伴以及家庭亲人之间的交流与互动。对于那些在人际交往中感到局促不安或面临威胁的儿童而言，动物所提供的无偏见陪伴成为一种宝贵的庇护，它传递出的安全感与接纳的温暖，使得社交互动变得更为顺畅与自然。

动物的陪伴对于减轻儿童的孤独感受、提升他们的幸福感具有显著作用。它们通过展现同情、理解与无条件的正面关注，为儿童的情感世界产生了深刻的正面影响，助力其情感健康的稳健发展。特别是在动物辅助疗法的应用下，动物成为儿童在压力重重或情绪波动时的坚实后盾，为个体提供了不可或缺的舒适感与情感上的支撑。这种支持在个体面临挑战与困难时显得尤为重要，它不仅能帮助儿童更好地应对情绪上的波动，还促进了他们整体福祉的提升。

综上所述，与动物互动不仅为儿童提供了社会交往的支撑与陪伴的温馨，还在医疗康复的情境中发挥了重要的“社交桥梁”作用。动物的陪伴不仅有助于儿童情感健康的积极发展，还为个体在面对压力与情绪波动时提供了宝贵的舒适感与情感支持。

二、动物辅助疗法的应用方向

（一）辅助儿童教育

1. 促进情绪情感发展

在教育环境中，动物辅助疗法有助于促进儿童的社会情感发展。与动物互动能够增强儿童的同情心、社交技能和情绪调节能力。周霞等①在宠物与儿童社会情感的对比研究中发现，养宠物的儿童与不养宠物的儿童在孤独感和亲社会行为方面（如分享和照顾他人）有显著差异。Vidovi 等②比较了养宠物和不养宠物儿童的社会情感特征，涉及 425 名女童和 401 名男童，以宠物依恋、亲社会行为、同理心、孤独感、家庭氛围感知和社交焦虑等为变量。结果显示，养宠物的儿童在同情心和亲社会行为方面的表现优于不养宠物的儿童。

2. 改善社会化行为

与动物互动能提供一个安全且无威胁的环境，有助于改善儿童的社交和沟通能力，有效促进他们的社会化技能。Purewal 等③研究了伴侣动物即动物辅助疗法对儿童和青少年发展的影响，发现宠物与社会能力的提升有关，这包括增强社会技能、增加亲社会行为以及

---

① 周霞，郑日昌，傅纳．宠物与儿童社会情绪的关系［J］．中国心理卫生杂志，2007，21（11）：804-808.

② Vidovic vv，Stetic vv，Bratko d. Pet ownership，type of pet and socio-emotional development of school children［J］. Anthrozoös，1999，12（4）：211-217.

③ Purewal R，Christley R，KORDAS K，et al. Companion animals and child/adolescent development：A systematic review of the evidence［J］. Intermtonal Journal of Environmertal Research Public Health，2017，14（3）：234.

促进同伴间的互动。Kogan 等[①]通过 2 个情绪困扰儿童的案例研究评估了动物辅助疗法的应用潜力，发现通过参与 12 周动物辅助疗法课程，儿童的社交能力均有所提高，过度活跃行为和不良行为显著减少。Heimlich[②] 的研究则评估了残障儿童的社会化发展，14 名 7~19 岁的残障患儿参与了为期 8 周的一对一动物辅助治疗（每周 2 次，每次 30min）。结果显示，大多数患儿在沟通和社会行为方面都有正向的发展。

3. 提升阅读技能

动物辅助疗法在提升儿童阅读技能和注意力方面也显示出积极效果。动物的陪伴营造了一个支持性和非评判性的环境，这有助于提高儿童的阅读兴趣和能力。Leroux 等[③]的研究探讨了犬类辅助阅读计划对小学三年级学生阅读技能的影响，发现参与计划的学生在阅读速度、准确性和理解力上都有显著提升。Linder 等[④]的研究则考察了犬类辅助阅读对小学二年级学生阅读技能和态度的影响，将学生分为干预组和对照组，干预组学生每周向治疗犬朗读 30 分钟，持续 6 周。结果表明，干预组学生的阅读态度有显著改善。Kirnan 等[⑤]的研究则将治疗犬纳入阅读课程，以评估动物辅助疗法对学生阅读能力的影响。结果显示，不同年级学生的阅读、写作技能以及阅读态度和热情度都有所提高，尤其是幼儿园、特殊教育和有阅读困难的儿童受益最大。

（二）辅助改善残障儿童身体机能

动物辅助疗法已被应用于辅助改善残障儿童（包括脑瘫、脊髓损伤和多发性硬化症等状况）的身体机能。动物辅助疗法能够提升身体残疾者的行动能力、协调性和肌肉力量，尤其是在粗大运动功能方面，如行走、跑步、跳跃，以及痉挛、肌肉对称性、姿势、平衡和步态。Mcgibbon 等[⑥]发现，对痉挛性脑瘫儿童进行 10 分钟或 2 周的马术治疗，可以显著改善内收肌的不对称性，并提高其他功能性运动技能。Sterba[⑦] 总结了 11 项研究，探讨了

---

① Kogan L R，Granger B P，Fitchett J A，et al. The human-animal team approach for children with emotional disorders：Two case studies［J］. Chiland Youth Care Forum，1999，28（2）：105-121.

② Heimlich K. Animal - assisted therapy and the severely disabled child：A quantitative study［J］. Journal of Rehabilitation，2001，67（4）：48-54.

③ Leroux M C，Swartz L，Swart E. The effect of an animal-assisted reading program on the reading rate，accuracy and comprehension of grade 3 students：A randomized control study［J］. Child and Youth Care Forum，2014，43（6）：655-673.

④ Linder D E，Mueller M K，Gibbs D M，et al. Effects of an animal-assisted intervention on reading skills and attitudes in second grade students［J］. Early Childhood Education Journal，2017（46）：323-329.

⑤ Kirnan J，Siminerio S，Wong Z. The impact of a therapy dog program on children's reading skills and attitudes toward reading［J］. Early Childhood Education Journal，2016（44）：637-651.

⑥ Mcgibbon N H，Benda W，Duncan B R，et al. Immediate and long - term effects of hippotherapy on symmetry of adductor muscle activity and functional ability in children with spastic cerebral palsy［J］. Archires of Physical Medicine and Rehabilitation，2009，90（6）：966-974.

⑦ Sterba J A. Does horseback riding therapy or therapist-directed hippotherapy rehabilitate children with cerebral palsy?［J］. Development Medicion & Child Neurology，2007，49（1）：68-73.

休闲骑马疗法和治疗师指导的马术疗法对脑瘫儿童粗大运动功能的影响。结果表明，这些疗法能显著改善脑瘫儿童的 5 项粗大运动功能。

（三）辅助儿童心理治疗

1. 焦虑障碍

在动物辅助疗法中，动物为焦虑症患者提供情感支持，充当治疗环境中的缓冲剂，帮助患者转移对焦虑源的注意力，这对有情绪障碍或面临紧张医疗程序的儿童尤其有益。Tahan 等①研究发现，动物辅助疗法能有效减轻学龄前儿童的焦虑。该研究对 33 名 5~7 岁焦虑儿童进行了 8 次动物辅助治疗，结果表明，动物辅助治疗显著降低了一般性焦虑以及分离焦虑、广泛性焦虑症、社交恐惧症和特定焦虑的水平。Perez 等②对接受磁共振成像检查患者的观察发现，动物辅助疗法能够有效减轻儿童对计划扫描的焦虑，并对其情绪状态有积极影响。

2. 创伤后应激障碍

动物辅助疗法在创伤后应激障碍（post-traumatic stress disorder，PTSD）治疗方面显示出积极的效果。经历创伤事件后，儿童可能难以信任成人和环境，而动物的陪伴会让他们感到安全并建立信任。Dietz 等③研究表明，接受 12 周动物辅助心理治疗的 PTSD 儿童，其症状有显著减轻。马辅助心理治疗（equine facilitated psychotherapy，EFP），使用马匹作为治疗工具，是动物辅助疗法的一种特殊形式，Mccullough 等④对受虐待的青少年进行了 EFP 治疗的试点研究，11 名 10~18 岁有 PTSD 症状的青少年参与了每周 8 次、每次 1.5~2 小时的门诊治疗。结果显示，EFP 在多个方面都有显著疗效。

3. 孤独症谱系障碍

动物辅助疗法在辅助治疗孤独症谱系障碍（autism spectrum disorder，ASD）儿童方面显示出较大潜力。针对儿童和青少年 ASD 患者的治疗分析发现，动物辅助疗法在改善 ASD 患者的认知、社交、情感、行为和身体方面有积极的趋势。Bass 等⑤的研究则考察了治疗性骑马对 ASD 儿童社交功能的影响。12 周的骑马干预后发现，ASD 儿童在感官寻求、

---

① Tahan M，Saleem T，SADEGHIFAR A，et al. Assessing the effectiveness of animal-assisted therapy on alleviation of anxiety in pre-school children：a randomized controlled trial［J］. Comtemporary Clinical Trials Communications，2022（28）：100947.

② Perez M，Cuscaden C，Somers J F，et al. Easing anxiety in preparation for pediatric magnetic resonance imaging：A pilot study using animal-assisted therapy［J］. Pediatric Radiology，2019，49（8）：1000-1009.

③ Dietz T J，Davis D，Pennings J. Evaluating animal-assisted therapy in group treatment for child sexual abuse［J］. Journal of Child Sexual Abus，2012，21（6）：665-683.

④ Mccullough L，Risley-Curtiss C，RORKE J. Equine facilitated psychotherapy：A pilot study of effect on posttraumatic stress symptoms in maltreated youth［J］. Journd of Infant，Child，and Adlescent Psychotherapy，2015，14（2）：158-173.

⑤ Bass M M，Duchowny C A，Llabre M M. The effect of therapeutic horseback riding on social functioning in children with autism［J］. Journal of Autism and Devdwpment Disorders，2009，39（9）：1261-1267.

感官敏感性和社交动机方面有显著改善，同时减少了注意力不集中、注意力分散和久坐行为。O'Haire 等①实施并评估了一项针对 ASD 儿童社会功能的课堂动物辅助活动计划，64 名 5~12 岁的 ASD 儿童参与了 8 周的课堂动物接触和 16 次 20 分钟的动物互动课程。结果显示，这些儿童的社会功能显著改善，社交接近行为和社交技能增加，社交退缩行为减少，超过半数的儿童对上学的兴趣增加。

4. 注意缺陷多动障碍

动物辅助疗法已逐渐成为对注意缺陷多动障碍（attention deficit and hyperactive disorder，ADHD）儿童干预的一种方法。ADHD 是一种神经发育障碍，特征为注意力不集中、过度活跃和冲动行为，通常在儿童时期出现并可能持续至成年。动物的安抚作用有助于减少多动和冲动症状，并对 ADHD 儿童的社会和情绪功能产生积极影响。Schuck 等评估了犬类辅助治疗对 ADHD 儿童的影响。结果发现，24 名接受 12 周认知行为干预的 ADHD 儿童症状有所减轻。在另一项研究②中，88 名 7~9 岁的 ADHD 儿童参加了随机对照试验，以检验动物辅助干预对提高 ADHD 儿童自尊的可行性。结果显示，干预后，这些儿童对自身社交能力、行为和学业能力的评价显著提高。

三、动物辅助疗法介入青少年抑郁情绪理论基础

（一）优势视角理论

与传统的社会工作理论聚焦于个体的缺陷与不足形成鲜明对比的是，"优势视角"理论强调了对个体自我优势及可利用资源的关注与挖掘。基于优势视角理论，社会工作者应当将服务对象及其所处环境中的优势资源作为服务活动的核心要素，而非仅仅局限于对缺陷与不足的审视。在这一框架下，抗逆力作为优势视角理论的核心组成部分，成为服务实践中不可或缺的关键要素。

在服务方案的设计与实施过程中，社会工作者需坚定不移地秉持以下两大核心理念：首先，去标签化原则，即避免让个体受到"抑郁"这一标签的束缚与影响，通过积极的引导与帮助，使个体深刻认识到抑郁并非不可逾越的障碍，抑郁状态下的个体同样不应遭受负面评价与社会排斥。其次，是对个体保持坚定的信念与信心，深信其具备利用现有资源解决自身问题的能力与潜力。

在面对服务对象时，社会工作者需积极向其传达一种信念，即服务对象自身具备独特

---

① O'Haire M E，MCKENZIE S J，MCCUNE S，et al. Effects of classroom animal-assisted activities on social functioning in children with autism spectrum disorder［J］. Journal of Alternative and Complementary Medicine，2014，20（3）：162-168.

② Schuck S E，Johnson H L，Abdullah M M，et al. The role of animal assisted intervention on improving self-esteem in children with attention deficit/hyperactivity disorder［J］. Front Pediatr，2018（6）：300.

的优势，且这种状态是可以发生积极转变的。对于抑郁倾向的青少年而言，他们往往表现出性格内向、人际交往技能相对薄弱的特点，更倾向于避免与外界的深入交流。遗憾的是，当谈及抑郁症时，社会上普遍存在着一种将其标签化的倾向，人们往往以怜悯、同情乃至敌视的态度对待这一群体，这种过度标签化的现象对服务对象产生了不容忽视的负面影响。

社会工作的核心任务之一，便是消除这种标签化的偏见，对服务对象保持深刻的同理心，让他们意识到，即便当前正置身于艰难的处境之中，承受着巨大的心理压力与痛苦，但他们依然拥有着与生俱来的独特优势与潜能。为了更有效地实现这一目标，社会工作实践可以巧妙地运用动物作为沟通的媒介。通过与动物的互动，服务对象能够逐渐放下心中的防备，增强与社会工作者之间的信任与沟通。

在此基础上，社会工作者可以精心设计一系列活动，这些活动不仅有助于服务对象更深入地了解自己，还能激励他们挖掘并发挥自身的优势。通过这种方式，服务对象的个人自信心将得到显著提升，进而实现个人能力的增强与自我价值的提升。总体而言，以动物为媒介的社会工作方法，为服务对象提供了一个独特而有效的途径，以克服心理障碍，促进个人成长与发展。

（二）社会学习理论

社会学习理论阐述了个体如何通过观察、效仿及汲取他人行为的过程，来实现自我行为的调整与优化，进而获得技能积累、经验积累以及进行价值观的塑造，这一过程深受外在环境因素的影响。该理论的精髓在于强调对他人行为的观察、效仿与学习，其中，“观察”指的是在亲密的相处中，个体细致入微地留意他人的举止行动，深入洞察他人的思维模式与决策逻辑；“效仿”是个体通过模仿他人的具体行为，以此作为对观察所得进行实践验证的桥梁；“学习”是指个体在历经观察与效仿的基础上，提炼并内化出一套契合自身特性的行为模式，并将其付诸实践。

社会学习理论不仅揭示了外在环境在个体行为塑造中的关键作用，还强调了观察、效仿与学习这一系列动态过程的连续性与互动性。个体在不断地观察他人行为、尝试模仿并内化为自己的行为方式的过程中，不仅实现了技能的习得与经验的积累，更在深层次上促进了价值观的塑造与自我认知的提升。这一理论为理解个体如何在社会环境中学习成长，以及如何通过优化外在环境来促进个体的正向发展提供了重要的理论支撑与实践指导。

四、动物辅助疗法介入青少年抑郁问题的可行性分析

沃尔瑟姆宠物护理科学研究所高级研究科学家 Carla J Eastherington 博士的一些研究表明，养宠物或者人和动物互动与抑郁程度降低有关；有医院的医生曾说过：“狗医生所赋

予病人的独特体验是无与伦比、不可替代的，它能让病患在康复过程中获得心理的慰藉，最终走出逆境。”因此，有理由相信动物辅助疗法在抑郁青少年心理问题的治疗中具有良好的效果。随着近年来动物辅助疗法实证研究的增多，以及对青少年抑郁问题的关注，人们发现，动物辅助疗法有极大可能在今后的青少年抑郁治疗中发挥它特有的优势。因为青少年及青少年抑郁的特点让他们与动物辅助疗法之间有着密不可分的连接。

（一）动物辅助疗法适合抑郁青少年的身心特点

青少年阶段是个体身心迅速成长与发展的关键时期，其体格形态、心理状态以及精神面貌均处于持续变化与塑造之中。在治疗青少年抑郁症状的过程中，药物治疗有时是必要的干预手段。然而，值得注意的是，过度的药物治疗对于正处于生长发育旺盛期的青少年而言，可能会带来一系列不利的影响，对其身心健康构成潜在威胁。

降低药物治疗在青少年抑郁治疗中的比重，转而采用具有治疗作用的替代疗法如动物辅助疗法，尤为重要。这种替代疗法不仅能够有效缓解青少年的身心痛苦，还有助于促进其心理健康的积极发展。从青少年身体成长的维度来看，与动物的接触对于抑郁青少年而言具有显著的益处，它不仅能够促进青少年的生理健康，还能在心理层面产生积极的影响。

当青少年在与动物的互动中感受到被需要、被依赖时，他们内心的责任感往往会被激发并得以强化。这种责任感一旦被唤醒，就会转化为一种强大的内在动力，激励着青少年树立更加远大的目标与理想，推动他们在成长的道路上不断前行。此外，动物的陪伴与安慰还为抑郁青少年提供了一个倾诉与释放压力的渠道，有助于他们减轻心理负担，更好地应对生活中的挑战与困境。

（二）动物辅助疗法适合抑郁青少年独特的表现特点

第一，青少年抑郁的核心表征通常体现在情绪的低沉状态，伴随着社交倾向的显著减弱，表现为个体的孤僻与独自行事，对人际交往持回避态度，对集体活动缺乏兴趣，且在人际交往中展现出高度的防御心理等。值得注意的是，动物具备一种独特的能力，即能够敏锐地感知并回应人类的情绪，它们所提供的无条件的爱与情感支持，对于促进抑郁青少年实现自我接纳具有不可忽视的作用。

相较其他社交伙伴，动物以其忠诚无欺、稳定可靠的特点，成为一个值得信赖与依靠的人类情绪支持系统。它们所提供的社交关系纯粹而直接，不存在复杂的人际冲突，也不会跨越个人界限，为抑郁青少年营造了一个安全、无压力的倾诉环境。换言之，在与小动物的相处中，抑郁青少年得以卸下防备，展现真实的自我，甚至分享那些深藏于心的秘密与烦恼，从而获得一种难以言喻的轻松与释放。这促进了他们的自我接纳与情感表达，对于青少年抑郁症状的缓解与康复具有积极的意义。

第二，青少年抑郁的症状亦体现为自卑感与自我厌恶等负面情绪。而动物作为社交互动的媒介，能够促使青少年必然地与他人交流，这一过程为青少年提供了学习并构建健康人际关系的宝贵机会。通过与动物的互动以及随之而来的社交活动，抑郁青少年得以增加社交经验，拓宽交友圈，进而改善其社交技巧，获得来自社会的支持。这些都有助于提升其社交能力与自信心。

在承担照护动物责任的过程中，青少年能够体验到一种独特的成就感与责任感。这种经历不仅激发了他们的自豪感，还促使抑郁青少年在照顾与被需要的过程中发现自己的价值所在，感受到自身的重要性，从而实现自我赋能。通过与动物的深入互动，青少年逐渐认识到自己在关系中的积极作用，这种正面反馈对于缓解抑郁症状、增强自我效能感具有重要意义。

动物作为社交互动的桥梁，不仅促进了抑郁青少年的社交活动，增加了其社交经验与交友机会，还通过照护动物的过程激发了青少年的责任感与自豪感，帮助他们在发现自己的价值中体会到被需要的感觉，进而实现自我成长与赋能。

第三，青少年抑郁在生理层面往往出现诸如食欲缺乏、睡眠紊乱等一系列问题，而动物辅助疗法被证实能够在一定程度上缓解这些症状。小动物们纯真无邪的天性具有感染力，能够激发抑郁青少年内在的活力，促使他们产生身体活动的欲望。当这些青少年以轻快的步伐行走时，体内会释放出内啡肽这一化学物质，使他们感受到更为愉悦与放松的状态，这对于减轻抑郁症状具有积极的促进作用。

为了更有效地与动物进行互动，提升个人的活力水平，青少年需要重视并维持良好的生活节奏。这包括确保充足的睡眠时间，以恢复体力与精神；按时进食，以满足身体对营养的基本需求；通过规律的生活安排，获得一种秩序感与控制感。这些生活习惯的调整不仅有助于青少年在与动物相处时保持最佳状态，更对他们的身心健康发展具有长远的积极影响。

动物辅助疗法在缓解青少年抑郁的生理症状方面展现出了一定的潜力，它不仅能够通过小动物的天性激发青少年的活力，还能促使他们调整生活习惯。这些措施共同作用于青少年的身心健康，为其全面康复奠定了坚实的基础。

五、动物辅助疗法介入青少年抑郁问题的流程指引

国外动物辅助疗法遵循的基本程序指引主要是由 Headey B 提出，包括服务对象的选择、评估，设计实施治疗方案，用户干预，成效评估等。① 考虑到我国社会工作的特点，

① Headey B, Na F, Zheng R. Pet dogs benefit owners' health: A "natural experiment" in China [J]. Social Indicators Research, 2008, 87 (3): 481-493.

有学者提出了一套详尽的开展动物辅助疗法的程序步骤，包括亲近度测评、动物筛选、提前培训、互动与陪伴、委身融入、自我释放与表达、温暖体验与自我提升、评估与脱离等。下面在学者的理论基础上总结出一套流程指引，具体程序如下。

（一）确定小组成员

在着手策划动物辅助治疗小组活动之初，首要任务是精心筛选并确定小组成员。该小组旨在吸纳那些经历轻度抑郁或抑郁情绪的青少年加入，他们需展现出对动物的积极态度，表现为不畏惧动物，不存在动物皮毛过敏症状，且未罹患传染性疾病或重大疾病，同时确保没有暴力倾向或虐待动物的历史。

之后，需要细致入微地了解并评估每位小组成员的具体需求、个性特征以及身体状况。这一环节至关重要，因为它将直接影响到后续动物辅助干预形式的选择与活动内容的规划。在此基础上，将深入分析每位小组成员的独特性，以确保所提供的动物辅助治疗方案能够精准对接其个人需求。

依据上述分析与评估结果，精心设计出一系列既符合小组成员特点，又能充分发挥动物辅助治疗效用的具体活动内容。这一系列活动旨在通过动物这一媒介，促进小组成员的情感释放、心理调适以及社交技能的提升，从而为其抑郁症状的缓解与心理健康的改善提供有力支持。

（二）选择辅助动物

社会工作者需全面收集并整理小组成员的详尽资料，经过深入的分析与细致的评估后，精心挑选出与服务对象相匹配的辅助动物，并据此制订出一套切实可行的活动方案。值得注意的是，不同种类的动物在治疗效果上展现出不同的优势。

本次小组活动的目标群体为遭受轻度抑郁或为抑郁情绪困扰的青少年。在综合考量多方面因素的基础上，审慎选定了几只具备特定特质的辅助动物。其中，科基犬“多多”以其温驯乖巧、智商出众的特点脱颖而出；拉布拉多犬“宝宝”与“贝贝”则以其友善亲和、毫无攻击性的性情备受青睐；边境牧羊犬“欢欢”则因其擅长洞悉人意、精力充沛的优势而被选中。这些辅助动物各具特色，将在活动中发挥各自的治疗效能，为服务对象带来积极的影响。

（三）进行事前培训

动物与人类在行为模式上存在显著差异，这导致小组活动往往具有突发性和难以预料的特性。因此，在小组活动正式开展之前，对小组成员进行必要的培训与指导显得尤为重要。这一环节旨在确保每位成员都能深入理解小组活动的宗旨、目标以及具体内容，从而树立起爱护动物的基本原则。

在此基础上，小组成员还须深入了解辅助动物的习性特征、兴趣所在、性格特点以及与之相处时需要注意的事项。这些知识的掌握对于确保与动物的和谐共处至关重要。同时，还将教授小组成员掌握与动物相处的技巧，包括如何正确解读动物的行为信号、如何与动物建立信任关系等。

系统的培训与指导，旨在帮助小组成员全面提升与动物相处的能力，为小组活动的顺利进行奠定坚实的基础。这一过程不仅有助于保障动物的安全与福祉，还能促进小组成员在活动中的积极参与和有效互动。

（四）动物辅助干预

动物辅助干预构成了小组活动的核心组成部分，其具体实施可被细化为以下三个紧密相连的环节。

首要环节聚焦于小组成员与动物的深度互动。在这一阶段，成员有机会通过诸如轻抚动物柔软的皮毛、为动物提供食物、陪伴动物度过时光以及与之嬉戏等多种方式，来增进彼此之间的情感联系。动物的温馨陪伴为小组成员带来了深刻的慰藉与感动，为他们提供了一种前所未有的体验，有助于拓宽他们的情感世界。

之后，就迎来了小组成员全身心融入的环节。在这一阶段，成员在与动物的相处中逐渐放下了内心的戒备与隔阂，全身心投入每一次活动中，通过与动物的互动，他们不仅获得了情感上的满足，更在心灵层面实现了成长与蜕变。

最终，抵达了释放压力与真诚表达自我的环节。在一次次精心策划的小组活动中，成员积压已久的压力得以有效释放，彼此之间的情感纽带也越发牢固。在工作人员的悉心引导下，小组成员学会了如何坦诚地面对自己，勇敢地表达内心的真实想法与感受，这一过程不仅促进了成员间的相互理解与支持，更为他们的心理健康发展奠定了坚实的基础。

（五）小组成效评估

成效评估是衡量动物辅助疗法在抑郁青少年治疗领域中有效性的关键客观标尺。这一评估过程需贯穿动物辅助治疗小组活动启动之前与圆满落幕之后，通过细致的对比分析，以精准把握活动实施的成效与影响。

对于抑郁青少年群体而言，幼小动物以其天真无邪的姿态更易赢得他们的亲近与信赖，进而成为他们倾诉心声、释放情感的理想对象。动物所回馈的纯真爱意，为小组成员营造了一种温馨愉悦的体验氛围，有效缓解了其日常生活中的负面情绪压力。

在与动物的亲密相处中，小组成员不仅大幅提升了个人的人际交往能力、团队协作能力与实践操作能力，还显著改善了人际关系，获得了更为广泛的社会支持网络。同时，通过参与一系列与动物共度的娱乐休闲活动与户外锻炼项目，小组成员的身体健康状况也得到了显著改善。

尤为值得一提的是，在照顾动物的过程中，小组成员的道德观念与责任意识得到了不断强化与升华，这对于他们实现身心的全面健康发展具有不可估量的积极影响。因此，在动物辅助治疗即将告一段落之际，有必要精心策划一系列的过渡性活动，帮助小组成员与动物逐步适应即将到来的分离，通过温和而富有弹性的过渡环节，为双方提供必要的心理调适时间，从而有效规避因离别而可能引发的消极情绪反应。

第三节　社会工作介入青少年抑郁情绪调节及干预

在学业负担日益沉重、社会期望持续攀升、社会环境急剧变迁以及自我认同陷入迷茫的多重压力下，青少年群体正面临着前所未有的情绪困扰与心理健康挑战。由于心理健康教育资源的匮乏以及情绪管理技能的缺失，青少年群体极易陷入自杀倾向、暴力行为等极端困境，其身心健康状况令人担忧。

鉴于此，探索并实践有效提升青少年情绪管理能力的策略，以及促使青少年形成积极健康的生活方式，不仅具有深远的理论意义，更在实践层面具有重要的价值。这一议题值得社会工作者高度重视并进行深入研究。通过科学系统的干预措施，有望帮助青少年群体增强情绪调节能力，引导他们树立积极向上的生活态度，从而为其健康成长与全面发展奠定坚实的基础。

一、社区社会工作方法的含义和原则

社区社会工作作为专业社会工作领域的一种核心实践路径，与个案社会工作及小组社会工作相比，其服务通常聚焦于社区本身及其居民群体，积极动员社区居民广泛参与到社区治理的各项活动中，以构建更加和谐、活力的社区环境。

在推动居民参与的过程中，社会工作者扮演着至关重要的角色。他们不仅致力于激发居民的参与热情，还善于从这份热情中发掘并培养社区的骨干力量。这些骨干力量如同社区的灯塔，引领并激励着其他成员积极参与到社区建设中。与此同时，居民在浓厚的参与氛围中相互鼓舞、彼此支持，形成了一种积极向上的循环效应。这种效应不断强化着社区居民的自主参与意愿，促使他们更加主动地投身于社区事务，共同为社区的繁荣发展贡献力量。

在社区社会工作的实践中，其核心要义在于精准识别社区内部存在的种种问题以及社区居民多样化的需求。作为社区活动的精心策划者与组织者，社会工作者需开展一系列旨在满足这些需求的活动，确保社区资源的最大化利用。他们应遵循有规划、有目标、有步骤的原则，以科学的方法逐一解决社区面临的问题，并致力于提升社区自我解决问题的能力。在此过程中，社会工作者还须努力调整并改善社区居民之间的关系，积极培育自助、互助及自决的精神风貌，以期进一步增强社区的凝聚力，推动社区的全面进步。

社区工作实施的原则，实质上是社区工作者在实践活动中应恪守的行为准则。从本质层面剖析，社区社会工作的原则体现了社区工作一般性或普遍性的客观要求，是确保社区工作有序、高效开展的基石。这些原则不仅规范了社区工作者的行为模式，更为社区工作的长远发展指明了方向。社区工作的基本原则主要包括以下几个方面。

（1）首要原则是坚持以人为本。这意味着社区工作的核心在于促进社区居民的全面发展，致力于满足他们多元化的需求，确保每一位居民都能在社区中获得归属感与满足感。

（2）社区发展被视为核心目标。社区工作将整个社区及其居民作为服务对象，紧密围绕社区居民的实际需求与期望来制订工作方案。这一过程中，社区工作者致力于解决社区内存在的各类现实问题，推动社区资源的有效整合，促进社区多元主体的集体增权，进而提升社区的自治能力，为社区的持续进步奠定坚实基础。

（3）高度重视社区居民的广泛参与。居民参与不仅是社区工作的重要目标之一，更是推动社区工作深入开展的基本手段。社区工作者鼓励居民积极参与到社区事务中来，通过他们的力量共同塑造更加美好的社区环境。

（4）充分尊重社区自决的原则。所谓社区自决，即强调社区居民应凭借自身的能力来解决社区内部的问题。这一原则体现了对社区居民自主性与创造力的充分信任，鼓励他们在社区事务中发挥更大的作用，实现社区的自我管理与自我发展。

二、社会工作干预抑郁倾向青少年的方式

从社会工作的专业视角出发，运用认知行为疗法、存在主义分析治疗以及人际关系疗法这三种治疗手段，以协助具有抑郁倾向的青少年群体构建起理性的信念体系、强化其人际关系网络，并帮助他们探寻生命的意义所在。

首先应用认知行为疗法，鼓励青少年学会以更加客观、理性的视角审视自我与世界，引导他们识别并挑战那些消极、扭曲的思维模式，从而帮助他们建立起更加积极、健康的信念体系。

存在主义分析治疗也被广泛应用。具体而言，引导青少年深入探索个人存在的意义，鼓励他们思考生活的目的与价值，从而帮助他们找到属于自己的生命方向。这不仅有助于提升青少年的自我认同感，还能激发他们面对困境时的勇气与决心。

人际关系疗法同样发挥着重要作用。具体而言，致力于改善青少年的人际关系，帮助他们学会有效沟通、理解他人，以及建立稳定的情感支持网络。通过这一过程，青少年能够更好地融入社会，减少孤独感与社交焦虑，进而提升整体的心理健康水平。

（一）认知行为疗法——转变思维方式

认知行为疗法被公认为一种极为有效的策略，旨在促进思维模式的积极转变。该技术

通过辨识并修正错误的思维方式，进而消除不良的认知模式，是一种旨在短期内调整不良情绪反应与行为模式的心理治疗方法。其通过引导个体深入审视并挑战那些引发负面情绪的内在思维，从而促使个体形成更为理性、健康的思考习惯。这一过程不仅有助于个体从根源上摆脱不良情绪的困扰，还能促进个体行为模式的积极改变，为个体的心理健康与整体福祉带来长远的积极影响。

在协助具有抑郁倾向的青少年时，首要任务是精确辨识其存在的错误认知。这类青少年往往难以自我觉察到已经固化或正在形成的非理性信念，即便有所认识，也缺乏主动改变这些不合理信念的动力。在此情境下，社会工作者作为引导者与激励者，能助力青少年深刻认识到自身认知中的非理性成分。

为了实现这一目标，社会工作者可以巧妙地运用情境再现的方法。具体而言，引导个体回溯近期发生的一些特定情境，鼓励其细致回忆这些情境中的每一个细节。在这一过程中，个体需被引导去反思自己在那些时刻的内心想法与情绪反应，无论是合理的还是非合理的，都应被详尽地记录下来。通过这种细致入微的回顾与记录，青少年能够更为直观地审视自己的认知模式，为后续的认知调整与改变奠定坚实的基础。

在推动个体转变错误认知的过程中，协同努力是至关重要的。一旦个体成功识别出自身的错误认知模式，就可以引入理性情绪疗法作为辅助手段，引导个体探索并确立一种更为合理且有益的信念体系。这一新的信念将与原有的不合理信念展开深入的辩论，通过一系列反复而细致的对话，促使个体深刻认识到原有信念的非现实性、非逻辑性以及不可实现性。

值得注意的是，抑郁情绪往往会使个体陷入自我否定的泥潭，认为自己毫无价值。为了有效应对这一挑战，就需要积极协助个体挖掘并记录下自身所具备的优点与长处。这些优点与长处将成为个体在面对困境时的有力支撑，帮助他们利用自身的优势资源，从而改善情绪状态，提升自我效能感。通过这种方式，个体不仅能够逐渐摆脱抑郁情绪的束缚，还能在自我认知与情绪管理方面实现显著的进步。

在实现生活方式积极转变的过程中，赋权于个体是至关重要的。社会工作者可以引导个体回顾过往经验，从中汲取力量，并共同制定一份详尽的行动时间表，这份时间表应具体到每日清晨的起床时间等细节，旨在帮助个体逐步建立起规律的生活习惯。当个体能够持续且基本完成时间表上的各项计划时，社会工作者应适时给予正面的反馈与奖励，以此激发个体的自信心，鼓励其持续努力，不断取得进步。

面对复杂问题时，社会工作者还须协助个体制定一份清晰的要事列表。这份列表应明确列出为解决当前问题所必需采取的关键步骤，并根据紧急程度与重要性进行排序，以确保问题能够得到有序且有效的解决。在制订这些计划时，需确保它们既简洁又实际，要充分考虑到个体的实际能力与需求，避免设置过高的目标而产生挫败感。

保持良好而有规律的睡眠模式对于降低抑郁程度具有不可忽视的作用。社会工作者应强调睡眠的重要性，并鼓励个体采取积极的措施来改善睡眠质量，如建立固定的睡前仪式、减少晚间对电子产品的依赖等，从而为个体的心理健康提供坚实的保障。

（二）人际关系疗法——构建支持网络

研究发现，对于精神异常的人来说，良好的人际关系在抑郁症的康复过程中会起到很大的作用①，来自同伴群体和家庭成员的支持能够帮助抑郁症患者面对疾病、接受治疗、后期康复。人际关系疗法（IPT）是20世纪80年代由科勒曼和威斯曼提出的，主要运用在抑郁障碍的治疗研究中，其理论基础认为精神障碍是在人际关系背景中产生的，所以精神障碍的治疗必须将个体的症状与其社会环境相联系。这里主要针对青少年群体，故从"师生""同伴群体""家庭"三个维度分析人际关系对于青少年，尤其是具有抑郁倾向青少年的作用。社工扮演一个教育者、指导者的角色，帮助抑郁青少年构建非正式的社会支持网络，树立自信心，积极地面对未来，了解生命的意义。

1. 确认积极的人际关系

在个体的生活中，一定有一些人可以给个体提供积极的帮助，包括经济上的、精神上的、学习上的，他们往往自己看起来就愉快、幸福，对待生活具有一种积极向上的态度。社工首先要帮助个体确定哪些人可以给他们提供帮助，然后可以鼓励个体和他们一起做一些事情，比如和朋友一起去购物、和父母一起看电视，以此来强化这种积极的人际关系。

2. 避免恶性循环

避免恶性循环就要学会利用人际关系，加强沟通来解决问题。内尔·雅克布森医生领导的研究小组研究了认知行为干扰对患有抑郁症和存在人际关系问题的人所起的作用。他们发现，加强沟通除了能够缓解抑郁症状外，还可以缓解婚姻矛盾，改善沟通。抑郁使得个体心情烦躁，在语气和身体语言上表现出愤怒，和别人相处的时候表现出敏感多疑、生气不满，身边人很小的一点缺点，在个体的眼里都变得特别的讨厌，开始指责别人，作出不理智的决定，甚至出现攻击性的行为，人际关系也越来越差，觉得朋友、亲人都不理解、不体谅自己，个体会变得更加抑郁，由此开始无限的恶性循环。

3. 做一个会倾听的人

社会心理学家艾根提出了在别人心目中建立良好第一印象的SOLER模式。即直接面对讲话的人（S）、开放的姿势（O）、身体稍微前倾（L）、眼神交流（E）、放松（R）。不必完全赞同他的观点，但要做到认真聆听，对方在受到鼓励之后，也会认真倾听你的故

① 杰西·赖特，蒙妮卡·拉密里斯·巴斯科．克服抑郁完全手册［M］．王亚光，褚天琦，译．哈尔滨：哈尔滨出版社，2006：213-223.

事，这样可以帮助个体减轻心理的压力。

4. 构建和谐的人际关系

构建积极和谐的人际关系对于青少年的心理健康至关重要，特别是对于有抑郁症或抑郁倾向的青少年而言。以下两个方面的工作策略尤为关键。

（1）强化校园内的信任纽带。鉴于青少年大部分时间都在学校度过，因此，与老师及同学之间建立起稳固的信任关系显得尤为重要。社会工作者可以主动与相关的教师及同学建立联系，保持持续且有效的沟通渠道，以便全面了解个体在校的表现与状态。在此过程中，社会工作者需严格遵守保密原则，未经个体明确同意，不得将其个人情况泄露给第三方。同时，鼓励青少年在遇到难题时，勇于向老师及同学寻求帮助，但也要培养他们独立思考与解决问题的能力，学会适度倾听他人的建议，并在这种互动交流中，进一步巩固和加强已有的良性人际关系。

（2）增进家庭成员间的亲密关系。在萨提亚家庭治疗模式的框架下，可以认识到不同的家庭模式对成员心理健康的深远影响，特别是讨好型与打岔型家庭，这两种模式容易导致家庭成员产生不合理的心理状态，增加抑郁风险，甚至引发自杀倾向。处于这两种家庭环境中的青少年，往往与家庭成员关系疏远。因此，社会工作者在介入初期，需全面收集个体家庭的相关信息，包括家庭成员构成、家庭结构、父母教养方式等关键要素。随后，运用家庭雕塑的治疗技术，直观展现抑郁青少年家庭成员间的互动关系与权力动态，帮助个体清晰认识并调整与家庭成员的关系，重建亲密且健康的互动模式。这一过程不仅有助于提升个体的自信心与自尊心，还能为整个家庭的和谐与稳定奠定坚实的基础。

（三）存在主义治疗法——寻找生命的意义

存在主义治疗法是在存在主义哲学的基础上发展起来的，最先由维克多·弗兰克尔在其著作《活出生命的意义》中主张协助人们处理生活中的困境。其核心思想是人生意义可以帮助人们面对一切痛苦的经历，并且一直保持着精神的统一和积极的生命力，主张“意义治疗”。其有两个原则，首先要找到什么东西对自己有意义，然后积极地用能够表达这种意义的方式去生活。

1. 寻找生命意义的方法

试图帮助个体感受到身边有意义的事情，学会享受这种来自外界的善意；鼓励个体做一些自己平时想做却害怕做的事情，即使做得不好，也鼓励他们尝试去做；帮助个体充分发挥身体器官的功能，最大限度地协助个体在身边的小事情上感受到自己存在的意义，这样他们更加容易接受这种积极的生活方式。

2. 分享、给予和爱

一个人不是完全独立的个体，他们依赖于自己生存的这个团体，社区、邻居、同龄群体、父母都会影响到青少年的身心发展。弗兰克尔在《活出生命的意义》中说："爱是人类能够产生的最终和最高的目标，人类需要通过爱和在爱的过程中得到拯救。"人们会在爱他人的过程中感受到自己存在的意义，这种爱有的时候可能会超越金钱，跨越生死。

社工在了解个体社会支持网络的基础上，可以定期组织小组活动，鼓励个体在活动中和他人分享自己内心的忧虑、悲伤、愉悦的经历和心理变化，从其他小组成员那里学习一些为人处世的方法，学习在接受别人帮助的同时给予他人帮助，使其在这种互帮互助过程中找到生命的意义，懂得给予有时比收获更重要。

三、社会工作介入青少年抑郁情绪调节的可行性与必要性

（一）可行性

在理念层面，医学与心理学在处理抑郁等心理健康问题时，主要聚焦于个体外在病理症状的表征性治疗，而此类治疗往往缺乏持久的影响力。相较而言，社会工作秉承"助人自助"等专业核心价值理念，在服务过程中将问题的解决与个人的全面发展视为同等重要的目标。社会工作者不仅关注服务对象当前的困境，更重视其成长潜力与持续社会化的过程，强调以接纳、关怀及非批判的态度，去除标签化，以平等的身份为服务对象提供支持。

社会工作在服务理念上的一大特色，在于深入探究个人问题背后的社会成因。它强调将抑郁情绪青少年置于其生活的广泛生态系统之中，全面审视其生活环境、社会关系等因素，以精准识别其问题与需求。在此基础上，社会工作者致力于培养这些青少年的自助意识，激发他们的主动性与积极性，注重恢复其社会功能，使他们能够更好地融入社会，实现个人价值。

这一服务理念不仅是对医学与心理治疗的有益补充，更是对传统治疗模式的一种超越。它有助于构建更为全面、长效的心理健康支持体系，为抑郁情绪青少年提供更为贴心、有效的帮助，促进他们的健康成长与全面发展。

在实践层面，近年来得益于相关政策的积极扶持，社会工作服务已在街道与社区实现了较为广泛的覆盖，特别是在青少年社会工作领域，其服务已趋向成熟与完善。社会工作者依托个案工作、小组工作及社区工作这三大核心专业方法，能够有效地整合那些单凭个人力量难以汇聚的资源，进一步挖掘并拓展支持网络，展现了社会工作低成本、高效率的显著优势。

社会工作者通过个案工作，能够深入了解青少年的个性化需求，并提供针对性的帮助；通过小组工作，则能促进青少年之间的交流与互助，形成积极的群体氛围；而社区工作则侧重于构建更加包容与支持性的社区环境，为青少年提供更为广阔的成长与发展空间。这些方法相互补充，共同构成了社会工作服务在青少年领域的坚实支撑，在推动青少

年的健康成长与社会融入方面发挥了重要的作用。

（二）必要性

我国心理健康服务起步较晚，但民众对于心理健康服务的需求却在持续增长，呈现出日益旺盛的趋势。然而，遗憾的是，该领域内的服务资源却相对匮乏，导致供需矛盾日益突出。在此背景下，对青少年抑郁情绪的关注显得尤为必要且紧迫。

社会工作者在此方面可以发挥至关重要的作用。他们不仅可以通过广泛的宣传与倡导活动，提升监护人对青少年抑郁情绪的认知与重视，从而增强家庭内部的预防与干预能力；还可以充分利用自身的专业优势，发挥资源链接与整合的桥梁作用，为抑郁情绪青少年积极争取外部资源与支持。在此基础上，社会工作者还可以协调家庭、社区、心理咨询师等多方力量，共同开展综合干预工作，以全面、系统地解决青少年抑郁情绪问题，推动我国心理健康服务领域的持续健康发展。

社会工作机构以其非营利性和深切的人文关怀价值导向，致力于为抑郁情绪青少年及其家庭提供基础而全面的咨询服务。在服务过程中，社会工作专业方法在改善青少年抑郁情绪方面成效显著。其中，小组工作方法通过将有抑郁情绪的青少年组织起来，为他们搭建了一个开放、包容的沟通交流平台。在这个平台上，组员因具有相似的经历与情感而产生了强烈的共鸣，这种同质性不仅促进了彼此间的理解与支持，还使得他们在相互分享与学习的过程中逐渐缓解了抑郁情绪。同时，小组工作方法明确的目标性也为青少年提供了清晰的方向与动力，使他们能更加积极地面对挑战，走出困境。

个案工作方法更加注重个性化与针对性，社会工作者围绕青少年的实际需求，从个人、家庭、社会等多个层面进行深入介入，通过细致入微的关怀与引导，帮助青少年逐步改善抑郁情绪。这一方法不仅满足了青少年的个性化需求，还为他们提供了更为全面、深入的支持与帮助。此外，个案工作方法的运用还有效减轻了临床心理治疗所产生的经济压力，为青少年及其家庭提供了更为切实可行的解决方案。

四、社会工作提升青少年情绪管理能力的建议

提升青少年情绪管理的能力，对于其全面发展及幸福感的增进具有至关重要的作用。其不仅有助于塑造青少年健康的心理状态与社交环境，还能培育他们积极的个性特质，进而显著提高他们的生活质量。更为重要的是，良好的情绪管理能力能够促进他们更加积极地参与社会活动，为青少年未来的成功奠定坚实的基础。

通过提升情绪管理能力，青少年能够更有效地应对生活中的各种挑战与压力，保持积极向上的心态。这种能力的提升，不仅有助于他们在学业上取得更好的成绩，还能使其在人际交往中展现出更为成熟与自信的一面。同时，积极的情绪管理还能激发青少年的创造

力与领导力，为他们在未来的职业生涯中脱颖而出提供有力支持。

（一）多维度助推青少年社会工作体系建设

一个完善的青少年社会工作体系，能够为青少年提供至关重要的支持与引导，助力他们有效应对成长过程中的种种困惑与压力。该体系通过提供适时且恰当的咨询与辅导服务，能够预防并解决青少年可能遭遇的情绪问题与行为困扰。

这一体系不仅关注青少年的心理健康状态，还致力于为他们构建一个安全、信任的沟通环境，使他们能够自由表达内心的想法与感受。在此基础上，社会工作者运用专业的知识与技能，为青少年提供个性化的咨询与辅导方案，帮助他们识别并理解自己的情绪，学会有效的情绪调节策略，从而增强自我认知与自我管理能力。

完善的青少年社会工作体系还强调家庭、学校与社区等的合作与联动，共同为青少年营造一个积极向上的成长环境。通过整合各方资源，形成合力，该体系能够有效预防青少年情绪问题与行为困扰的发生，并在问题出现时能够提供及时、有效的干预与支持。

构建一个健全的青少年社会工作体系，对于促进青少年的健康成长与全面发展具有不可估量的价值。

为了充分发掘并利用现有的社区资源，我们着手构建了一个以社区为依托的综合性支持模式。这一模式的核心在于，有效利用社区中心及学校等公共设施精心策划并举办一系列旨在促进青少年健康成长的活动。在此过程中，积极构建了一个涵盖教师、家长及社区志愿者在内的网络，以为那些遭遇心理问题的青少年提供及时、专业的情绪支持。

为了进一步深化家庭与社区对青少年情绪管理的理解与关注，还定期举办家长工作坊以及家庭日活动。这些活动不仅为家长提供了一个交流与学习的平台，使他们能够更深入地了解青少年的情绪管理需求，同时也促进了家庭成员间的沟通与互动，增强了家庭内部的情感支持。从家庭与社区两个层面出发，共同努力，为青少年营造一个更加理解、支持与包容的成长环境。

（二）多渠道促进青少年社会支持网络建构

社会支持网络在青少年的成长与发展中扮演着至关重要的角色，它能够提供多元化的资源与情感支持，有助于青少年养成健康、积极的生活态度。特别是在提升青少年情绪管理能力的过程中，构建社会支持网络被视为一个复杂且多维度的进程，这一进程不仅涵盖了家庭、朋辈关系这两个基础层面，还延伸到学校、社区乃至整个社会。

家庭作为青少年最初且最重要的社会支持来源，其影响深远且持久。家庭成员间的关爱、理解与鼓励，能够为青少年提供情感上的慰藉与支持，帮助他们建立自信，形成积极应对挑战的心态。而朋辈关系则构成了青少年社会支持网络的另一个关键节点，通过与同龄人的交流与互动，青少年能够学习到处理情绪、解决冲突的有效方法，从而进一步增强自身的情绪管理能力。

学校与社区作为青少年成长的重要场所，同样在构建社会支持网络中发挥着不可替代的作用。学校通过开设心理健康教育课程、组织团队活动等方式，为青少年提供了学习情绪管理知识与技能的宝贵机会。而社区则通过举办各类公益活动、志愿服务等，促进了青少年与社会的广泛接触与交流，拓宽了他们的视野，增强了他们的社会责任感与公民意识。

综上所述，构建社会支持网络是一个涉及多个层面，需要多方共同努力的复杂过程。只有家庭、朋辈、学校、社区以及更广泛的社会力量紧密协作、形成合力，才能为青少年提供一个全面、有效的支持体系，助力他们健康成长、积极面对生活的挑战。

第一，要构建一个和谐的家庭支持环境。一个洋溢着温馨氛围且采取恰当教育方式的家庭，对于减轻青少年情绪波动、增强其情绪稳定性具有不可估量的正面效应。

第二，要打造一个积极的朋辈群体支持体系。为有效预防青少年在情绪管理上遇到的难题，应当致力于培养他们正确的文化认知与交友观念。鼓励青少年积极参与各类文体活动，他们可以在此过程中获得积极的心理鼓舞，获得满足感与成就感，进而不断激发并强化自己的兴趣，逐步提高文化素养，从而能够理智地面对网络等外部因素的诱惑。同时，培养正确的交友观念也有助于减少青少年偏差行为的发生。

第三，要构建一个全面的学校支持网络。对于不发达地区的学校，应加大投资力度，提供必需的教学设施与资源，确保学校的硬件设施能够与城市接轨，从而避免学生因环境差异而产生情绪问题。此外，还须建立一种以学生为核心的师生关系，妥善处理好认知教育与情感教育之间的关系，充分发挥情感因素的积极作用。

第四，要积极推动友好社区支持网络建设。社区应致力于优化软环境，加强对青少年情绪管理的教育力度。同时，应努力改善社区的人文环境，完善青少年的文化建设。在人口密度较低且人际关系紧密的社区中，应创造一个安全且包容的社区环境，以减轻青少年在人际、学习及社会等方面所承受的压力；定期举办与心理及情绪管理相关的文化、艺术及体育活动，以激发社区居民对青少年心理健康的关注与重视。

第五，要构建一个安全的社会支持网络。这一网络的建设主要集中在政策扶持与媒体网络两个方面。通过制定并实施有力的政策措施，以及充分利用媒体网络的广泛影响力，可以为青少年提供一个更加安全、健康的成长环境。

（三）多领域开展青少年情绪管理能力教育

构建多领域的社会支持网络，为青少年的全面发展提供了现实层面的坚实支撑。开展情绪管理能力教育，则着重培养青少年在心理层面的韧性与适应能力，二者相互补充，共同作用于青少年的成长过程，促使其全面发展。

开展情绪管理能力教育需从家庭、学校、社区以及社会这四个关键层面入手。具体而言，不仅要注重情绪管理课程的设置与讲授，还要积极推动情绪管理实践活动的组织与开展。

家长应树立正确的教育观念，通过日常生活中的点滴细节，引导孩子学会识别、表达与管理自己的情绪；学校需将情绪管理纳入课程体系，通过专业的课程设计与教学，使学生掌握情绪管理的理论知识与实践技巧；社区作为青少年生活的重要场所，也应承担起相应的责任，通过组织各类情绪管理相关的活动与讲座，提升青少年的情绪管理能力；在社会层面，应倡导全社会共同关注青少年的情绪健康问题，通过政策引导、媒体宣传等方式，为青少年营造一个更加健康、积极的成长环境。

首要举措在于推动家校社三方融合，具体而言，应以社区为立足点，携手家庭与学校，针对青少年群体，系统性地开展情绪管理教育活动。

在此基础上，需要构建一个以学校教育为主导、家庭教育为基石、社会教育为支撑、自我教育为核心的全方位情绪管理实践体系。这一体系的建立，旨在系统性地提升青少年的情绪管理能力，引导他们在日常生活实践中，逐步树立起正确的情绪认知，并养成良好的行为习惯。

为了实现这一目标，社会与社区层面应积极营造一种积极向上的文化氛围。具体而言，可以充分利用媒体平台的广泛影响力，向青少年普及情绪管理的重要性，提升他们的认知水平。同时，还可以创设青少年志愿者项目，鼓励青少年积极参与社会实践，通过实践活动培养他们的同情心与社会责任感。

对于青少年自身而言，他们应将所学理论知识与实践活动紧密结合，不断反思自己的行为表现，并根据实际情况进行调整与优化。通过这种方式，青少年可以在实践中不断积累经验，逐步提升自己的情绪管理能力，最终实现个人成长与全面发展。

（四）多方式推动青少年家庭亲子关系融洽

构建和谐的亲子关系，能够为青少年营造一个安全且稳定的成长环境，其对于青少年在面对生活中的各种压力与挑战时，保持情绪的稳定与平衡至关重要。同时，它也为青少年社交技能的发展奠定了坚实的基础。

在家庭成员之间，情感支持是不可或缺的。这种支持不仅体现在言语上的鼓励与肯定，更体现在行动上的关爱与陪伴。对于青少年而言，来自家庭的情感支持是他们预防抑郁情绪和负面行为的重要防线。当青少年感受到家人的温暖与理解时，他们更有可能形成积极向上的心态，从而更好地应对生活中的各种挑战。

首先，应强化亲子间的信任基石与尊重氛围，以有效缓解家庭中的紧张情绪。在家庭决策过程中，应赋予青少年适当的参与权与发言权，使他们深刻认识到自身观点对家庭决策的影响。父母则需以身作则，通过言行一致及信守承诺，逐步增强孩子对自己的信赖。

同时，应充分尊重青少年的个人空间与隐私，妥善保管他们的心事，以免因“背叛感”而导致沟通渠道的闭塞。面对青少年的情绪波动，父母需展现出理解与共情的能力，及时给予正面反馈与情感支持，而非一味归咎于他们的不成熟，进而采取言语上的指责。

其次，需加强情感表达，以促进亲子间更为有效地沟通。父母应时常通过拥抱、称赞等肢体与言语方式，向青少年传达自己的爱意与支持，从而强化他们的自尊与自信。同时，也应尊重青少年的感受与想法，倾听他们的心声，营造一个开放且包容的沟通环境。通过定期与孩子进行深入对话，了解他们的真实想法与需求，使他们感受到被倾听与理解的温暖。这种积极的互动模式，不仅能够帮助青少年学会如何正确表达情感与需求，更是他们未来建立良好人际关系的重要基础。

最后，应积极参与亲子活动，以进一步增进亲子关系的融洽度。可以设定固定的家庭时间，共同参与如共进晚餐、散步、聊天等家庭活动，从而增加亲子间的接触。共同完成日常任务能够培养亲子间的相互依赖感，帮助青少年更好地理解家长的付出与辛劳，进而增进彼此间的交流与理解。此外，还应鼓励家庭成员充分利用社区资源，积极参与情绪管理等相关活动，共同分享对情绪管理的理解与感悟。这种侧面了解青少年想法的方式，无疑将进一步提升亲子关系的融洽程度，为青少年的健康成长奠定坚实的基础。

（五）全方位提升青少年自身情绪管理能力

青少年情绪管理能力的提升，固然离不开外部因素的积极推动，但更为关键的是青少年内在认知层面的深刻转变。只有当外部因素与内在因素相互融合、形成有机联结时，才能更为全面且有效地促进青少年情绪管理能力的全方位提升。

外部因素如家庭、学校、社会等环境的优化，能够为青少年提供更为有利的成长条件，以在一定程度上推动其情绪管理能力的提升。然而，这种提升往往具有局限性，难以触及青少年内心的深层次变化。因此，更应关注青少年自身认知的改变，通过引导其树立正确的情绪观念、增强其自我认知与自我调控能力，从根本上提升其情绪管理能力。

当青少年能够主动认识到情绪管理的重要性，并学会运用有效的情绪调节策略时，他们就能更好地应对生活中的各种挑战与压力。此时，外部因素的积极作用也将得到更加充分的发挥，与内在因素形成良性互动，共同促进青少年情绪管理能力的全面提升。

青少年情绪管理能力的提升是一个复杂而系统的过程，需要外部因素与内在因素的共同作用。只有当这两者形成紧密联结时，才能更有效地推动青少年情绪管理能力的全方位提升。

从个体角度出发，应聚焦于转变青少年存在的非理性认知模式，借助专业的心理疏导措施及行为模式的调整策略，减轻情绪困扰对青少年造成的负面影响。具体可通过提升青少年的知识水平与自我效能感来完成，称之为“知识赋能”。针对那些情绪调节能力欠缺、表现出偏差行为的学生，需开展个性化的辅导计划，通过知识赋能来强化他们的内在力量。

积极在校园及社区内设立心理辅导站点，定期举办情绪管理知识普及讲座，以拓宽青少年对情绪认知的边界，深化他们对情绪管理的理解。在此过程中，要充分利用学校这一桥梁的作用，以系统化的知识体系与实用技能为传输内容，通过构建完善的课程体系，实施有针对性的教学活动。

应高度重视家庭教育技巧与青少年日常生活的深度融合，倡导在家庭环境中进行实践指导，鼓励青少年将学校中学到的情绪管理知识与个人实际情况相结合，实现知识的内化与迁移。这一做法旨在通过家校合作，共同促进青少年在情绪管理、人际交往及道德品质等方面的全面发展，最终达到人格教育的深远目标。

综上所述，为了有效提升青少年的情绪管理能力，提出了一系列综合性的建议，旨在从多个维度助力青少年社会工作体系的建立健全，通过多种渠道加速青少年社会支持网络的构建，跨越不同领域深入开展青少年情绪管理能力教育，采取多样化方式促进青少年家庭亲子关系的融洽，以及全方位增强青少年自身的情绪管理能力。这一系列举措的目标，在于进一步优化和深化该领域的研究框架，为探索提升青少年情绪管理能力的有效途径提供更为坚实的理论支撑与实践基础，从而推动相关研究成果向实际应用的有效转化。

第六章　青少年心理健康教育对策及建议

第一节　青少年心理健康教育整体完善对策

心理健康教育是一项兼具长期性、复杂性与专业性的系统工程，在健康中国战略的推进中占据着举足轻重的地位。针对青少年群体，强化其心理健康教育，应当立足于系统性的视角，从社会支持的多元化系统层面深度介入。在这一过程中，既要注重宏观层面的战略规划与政策引导，又要兼顾微观层面的具体实施与细节优化。

宏观层面需关注社会环境、教育体系以及政策法规等方面的协同作用，为青少年心理健康教育提供坚实的保障与支持；微观层面，侧重于家庭、学校、社区等具体场景的心理健康教育实践，通过专业的方法与策略，精准识别青少年的心理需求与问题，提供个性化的干预与辅导。

一、政府层面

（一）加强青少年心理健康教育的统筹指导

要系统性地解决青少年心理健康教育问题，政府必须加强统筹指导，整合各方面的资源和力量，形成育人合力。一是各级党委政府要保障青少年心理健康教育工作的经费投入，以年生均10元的基准单列经费，支持中学开展心理健康教育，建设以点带面的农村乡镇标准化心理辅导室、心灵驿站等；建立“一人一案”多级心理危机预警机制，构建毕业季、考试季和重大突发事件后等特殊节点的危机筛查与心理服务体系，形成标准化、正常化的心理健康教育宣传活动等。二是推动教育部门创新学校心理育人体系，建设一支心理健康教育专业队伍，建设完善心理教师培训培养体系，制定标准化考核评价激励机制。三是推动《中华人民共和国家庭教育促进法》《中华人民共和国未成年人保护法》《中华人民共和国预防未成年人犯罪法》等法律法规的落实，建立健全重点青少年群体动态管理与协调机制，推动完善对重点青少年群体心理援助服务和干预机制，为青少年心理健康营造良好的社会环境。

（二）推动“双减”政策落实落细，切实减轻青少年学习压力

“双减”政策的根本宗旨在于树立以立德树人为核心、健康为首要的教育理念。在当

前社会背景下，青少年所面临的主要压力显著地指向了学习领域。“双减”政策的出台，积极响应了教育改革的大潮，旨在扭转将成人社会的焦虑与压力不断向青少年群体转嫁的趋势。通过有效缩减书面作业量，该政策能够显著缓解义务教育阶段学生在学业上的心理负担。

为了确保“双减”政策的深入实施，教育行政主管部门及各学校应在深化课程改革方面持续用力，积极探索并实施新的减负策略。具体而言，应鼓励课堂作业的分层设计，提升其灵活性与个性化程度，以满足不同学生的学习需求。同时，围绕青少年核心素养的全面发展，应当构建一套完善的课后兴趣培养体系，精心组织丰富多彩的班级活动。这些活动应注重培养青少年的人际交往能力、兴趣爱好以及沟通能力，从而满足学生多样化的成长需求，推动其实现全面而均衡的发展。

此外，政府还须积极整合各类社会资源，不断完善家校社协同育人的工作机制。通过进一步畅通家校社之间的沟通渠道，及时发现并妥善解决青少年在心理健康方面遇到的各种问题。在这一过程中，家校社三方应形成合力，确保教育工作的精准性与针对性，共同为青少年的健康成长保驾护航。

二、学校层面

（一）强化心理健康师资力量，激发工作动力

首先，学校需严格遵循相关规定，从师资力量的质量保障与数量充足两个维度出发，全面配备并优化心理健康专职教师队伍。为进一步提升心理健康教师的专业素养，学校应采取多元化的策略，强化其专业成长路径。鉴于人事安排是制约学校心理健康教师队伍建设的关键因素，学校需规范心理健康教师的职称评审体系、经济待遇标准等相关制度，清晰界定薪酬结构、绩效考核指标及职称晋升通道，以激发心理健康教师的工作积极性与职业热情。

其次，学校应高度重视心理健康教师的持续培训工作，通过系统化的培训项目，全面提升中学心理教师的专业知识与实操技能。培训内容需紧密贴合学生实际需求，侧重实践性与实用性，涵盖性教育、校园欺凌认知等关键领域。培训形式上，可灵活采用实地考察、交流学习、专题讲座、心理剧表演等多种方式，以增强培训的互动性与实效性，确保培训成果能够切实转化为教学实践。

最后，学校需深化对心理健康教育重要性的认识，勇于探索并创新心理健康教育的方式方法。通过充分整合并发挥校外专业社会工作组织的力量，学校可以进一步提升自身的服务水平。此外，学校应采取多样化的途径，加强对心理健康教育与心理学专业人才的培训力度，着重提升其预防心理问题的能力。这一系列举措旨在构建一个全方位、多层次的心理健康教育体系，为青少年的健康成长提供坚实的支撑。

（二）加强心理健康课程建设，引发学习兴趣

对于青少年群体而言，精心设计与开发高质量的课程资源，是提升心理健康教育课程教学质量的关键所在。在这一过程中，需着重从青少年的生理特征与审美偏好出发，通过科学合理的课程设计，培养他们积极向上的心态以及乐观开朗的性格特质。

具体而言，应深入探索青少年在身体发展与审美认知方面的独特性，以此为基础，精心设计心理健康教育课程的内容与形式。通过丰富多样的教学资源与活动设计，引导学生积极参与，从而在潜移默化中培养他们的良好心态与积极性格。在这一过程中，不仅要关注学生的知识学习，更要重视他们的情感体验与心理成长，确保心理健康教育课程能够真正贴近青少年的实际需求，助力他们健康成长。

（三）健全心理健康保障机制，确保教育质量

第一，建立健全心理健康教育工作领导机制。应成立由校级领导亲自挂帅的心理健康教育工作小组，由其全面负责学校心理健康教育工作的规划与监管。同时，推动心理健康教育硬件设施建设，并策划实施具有心理健康特色的校园文化活动，以营造积极向上的心理氛围。

第二，构建并完善家校沟通桥梁机制。鉴于家长的支持与参与对于心理健康教育成效具有不可忽视的影响，学校应积极组织家长开放日活动，定期召开聚焦于青少年心理健康成长的专题家长会，鼓励家长学习心理健康知识。充分利用信息平台及家长社群，不仅用于发布日常作业与通知，更将其作为交流青少年心理状态的重要渠道，以促进家校间的深度互动与合作。

第三，确保心理健康教育课程的时间充足。学校应严格按照规定落实心理健康活动课程，严禁挪用或挤占其课时，充分发挥心理课程在积极发现并干预学生心理问题中的关键作用。同时，应不断创新课程教学方式与方法，依据学生实际需求灵活设置课程内容，以增强教学的针对性和实效性。

第四，建立家校互动合作机制。通过开办家长学校，搭建家庭教育学习交流平台，学校可指导家长掌握科学的教育方法，从而延伸心理健康教育的触角，形成家校共育的良好局面。

第五，完善心理健康教师的人事管理机制。学校应配合专职心理教师，并确保心理教师享有应有的工作待遇与合理的工作时间。对于兼职从事心理健康教育的教师，学校应切实加强培训与指导，提升其专业能力与工作实效，以确保心理健康教育工作高质量开展。

第六，加强对心理健康教育阵地建设与管理的监督机制。学校应强化对心理健康教育阵地的日常管理和监督，确保各项资源得到充分、有效的利用；切实发挥心理咨询室等硬件设施的积极作用，避免资源闲置或形式化倾向，为青少年提供全方位、专业化的心理健康支持。

三、家庭层面

（一）转变教育观念，鼓励孩子身心全面发展

在“双减”政策深入实施的背景下，家长需积极调整自身的教育观念，深刻认识到心理健康教育对于孩子成长的重要性。心理健康教育的核心在于尊重并促进人的全面发展，这一理念强调个体在心理、情感及社交等多个维度的均衡发展。唯有家长从根本上转变教育观念，深入理解心理健康教育的本质，才能迅速适应教育环境的新变化。

若家长对心理健康教育缺乏足够重视，各方参与者均可能陷入焦虑与压力的困境之中。这些累积的压力，如同洪流一般，最终将更多地冲击那些情绪调节能力相对较弱的青少年。面对压力的冲击，他们往往缺乏有效的应对策略，进而容易产生一系列的心理问题，如情绪低落、焦虑不安、社交障碍等。

因此，家长需紧跟时代步伐，积极拥抱“双减”政策带来的变革，不断深化对心理健康教育重要性的认识，从而引导孩子健康成长，避免其成为心理压力的牺牲品。

首先，家长需全方位地审视已步入中学阶段的孩子，认识到其全面发展的重要性，明确学习成绩绝非衡量孩子价值的唯一尺度。家长应学会从学习方法的有效性、学习态度的积极性、生活习惯的规律性，以及问题解决能力等多个维度对孩子进行教育与评价。在此过程中，家长应给予孩子更多的尊重、理解与关怀，持续不断地鼓励他们，助力其塑造健康、成熟的人格特质；通过积极的鼓励与支持，肯定孩子的内在价值，帮助他们建立正面的自我评价机制，从而激发青少年对生活的坚定信念与积极动力。

其次，家长需引导孩子正确解读“减负”的内涵，使之明白减负并不意味着停止学习或仅仅是将学习时间转移至课后。相反地，“减负”在减轻孩子学业负担的同时，鼓励他们培养多元化的兴趣与爱好，充分发挥自己的特长与优势。通过这一过程，孩子能够提升学习能力与自律性，逐步形成积极向上、乐观健康的生活方式。更为重要的是，家长应引导孩子准确认识到自身全面发展的潜能，鼓励他们积极探索未知领域，勇于挑战自我，为实现个人的全面发展奠定坚实基础。

（二）加强亲子沟通，改善教养方式方法

首先，家长应采取科学合理的教养策略。中学阶段往往伴随着诸多挑战与压力，孩子可能展现出所谓的“叛逆”行为，对传统管教方式产生抵触情绪。此时，父母应避免依赖传统的威慑手段，而应积极学习并掌握有效的沟通技巧，通过日常生活中的对话交流、家务分工以及社会实践等，以身作则，潜移默化地引导孩子成长。

其次，家长需全方位地关注并满足孩子的多元化需求。青少年步入青春期后，其成长环境及心理状态均发生了显著变化，家长需从日常生活细节、家庭氛围营造等多个方面，

密切关注孩子的成长轨迹。在此过程中，家长应秉持积极倾听的态度，尊重孩子的个性发展，并注意调整交流时的语气与姿态，从孩子的视角审视其优势与不足。同时，鼓励孩子将课堂所学知识与实践相结合，认识到语言、数学逻辑、音乐、体育等学科知识在现实生活中的价值，培养其发现问题、分析问题及解决问题的能力，以便在其遇到心理困扰时，能够妥善应对或主动寻求帮助。

最后，家长应陪伴孩子积极参与社会实践活动。通过组织亲子活动、鼓励参与社会实践等多种形式，拓展亲子互动的空间与深度，向孩子传授生活智慧与多种实用技能。在此过程中，家长还须引导孩子关注国家大事与社会动态，学会适时转移注意力，有效缓解心理压力。通过这样的方式，不仅能够增进亲子关系，还能促进孩子综合素质的全面提升。

（三）注重家庭氛围，培养健康生活方式

家长在履行家庭教育的责任时，需深刻认识到家庭教育的核心在于促进孩子的健全人格发展，维护孩子的身体健康，促使孩子养成良好的习惯以及积极的生活态度。为实现这一目标，家长应着重从以下几个方面着手。

首先，应构建和谐温馨的家庭环境。众多研究表明，心理问题频发的孩子往往深受不良家庭氛围的影响。因此，父母不仅要满足孩子的物质需求，更要细腻地体察其心理诉求，致力于维护良好的家庭关系，以相互尊重、协商的方式与孩子共处，营造积极向上的家庭情绪氛围，为孩子的品格塑造提供坚实的支撑。

其次，家长应高度重视孩子良好生活习惯的培育。这包括鼓励孩子积极参与体育锻炼，确保充足的休息与合理的作息安排，同时，关注孩子的课后兴趣，尤其是在美术、音乐等非学术领域才能的挖掘与培养，以促进其综合素质的全面提升。

最后，家长需不断提升自身的教育素养。养育子女是一项极为复杂且充满挑战性的任务。作为父母，在孩子成长的不同阶段，都应保持学习的热情。具体而言，家长应积极参与学校组织的家长教育活动，加强与教师的沟通交流，主动了解孩子的兴趣。面对孩子对手机网络的热衷，家长不宜采取简单粗暴的禁止措施，而应引导孩子正确利用媒体工具，教会他们甄别信息真伪，培养其自主学习的习惯与自我塑造的能力，从而助力孩子在数字化时代健康成长。

四、社会层面

（一）广泛传播优质青少年心理健康教育资源

首先，教育资源覆盖面与使用率的提升对“双减”政策下教育公平的实现具有直接影响，其能够有效缩小地域间及城乡间的教育水平差异。值得注意的是，城乡教育差距在一定程度上与家长的经济条件相关联，特别是在贫困地区，多数父母因生计外出打工，将子

女托付给老人抚养，这一留守儿童群体因缺乏家庭教育而更易滋生心理问题。因此，扩大优质课程资源的覆盖范围，培育他们自我认知与问题解决能力尤为重要。同时，加大社会各界心理教育资源的共享，确保各地区孩子均能获得心理治疗的机会，这也是缩小教育差距、实现教育公平的关键一环。

其次，加大心理健康教育的社会宣传力度，借助多元化的社会化渠道与媒介，广泛引导社会各界关注并重视青少年心理健康教育。通过多样化的宣传途径，普及心理健康知识，旨在提升青少年的心理素质，完善其人格结构，并增强其面对挫折的能力。这一举措对于培养青少年形成积极向上的心理品质具有深远意义。

最后，营造全社会共同关注心理健康教育的良好氛围，鼓励各类社会团体和公众积极组织并参与青少年心理健康方面的社会实践与宣教活动。各类社会宣传活动不仅能够普及心理健康知识，丰富青少年的精神世界，还能够助力其形成积极的心理品质，为他们的健康成长助力。

（二）切实加强关爱青少年心理健康成长服务供给

首先，应构建一个开放的关爱青少年身心健康的资源平台。该平台旨在有效整合并利用社会资金，为处于困境中的青少年提供必要的资助。同时，应强化关爱阵地的建设，确保资源的有效利用与青少年的实际需求相匹配。

其次，需持续推进贫困青少年关爱服务工作的深化。为此，应建立贫困青少年群体“精准识别与帮扶”机制，特别是针对事实无人抚养的青少年，要实现“一对一”的精准帮扶匹配；完善心理援助体系，加强心理健康的“入户走访式”宣传与“全程陪伴式”服务，确保每一名需要帮助的青少年都能得到及时且有效的关怀。

为了减轻家庭困难青少年群体的经济负担，应建立心理治疗费用的减免与报销政策，同时，创新服务模式，如开展心理医生进校园宣讲服务，通过专业医生的讲解与互动，提高青少年对心理健康知识的认知，降低因心理问题而产生的“病耻感”。此外，还应加强心理素养的宣传教育，提升青少年的自我调适能力。

最后，针对青少年可能面临的失控、失学、家庭贫困、心理障碍等实际困难，应加大关爱服务的力度，提供全方位、多层次的帮助与关爱。通过整合社会资源，构建多元化的支持体系，引导青少年树立积极向上的生活态度，促进其健康成长，为社会的和谐稳定贡献力量。

五、家校社共育层面

（一）增强心理健康教育共育意识，协调各方资源

在“双减”政策的推动下，家校社协同育人对营造积极向上的教育环境起到了至关重

要的作用，而这一环境进一步促进了青少年快乐、高效地学习，有效避免了因多重压力而诱发的心理问题。家校社协同育人，离不开学校、家庭以及社会机构之间共同秉持的育人理念与意识。为了深化并强化这一共育意识，可以从以下几个维度着手。

首先，通过举办协同育人主题的系列讲座，广泛宣传家校社共育的积极效应与独特优势。这些讲座可以引导学校、家庭和社会机构三方，就学生的成长状况与学习表现进行深入沟通与交流，共同发掘彼此间的契合点与共同兴趣，从而确保各方在育人过程中的协同一致性与互补性。

其次，创新学生管理机制，将社会机构与家长纳入班级管理的范畴，打破传统观念中学校是单一管理主体的局限。这一举措旨在通过多元主体的参与，全方位、多角度地掌握青少年的思想波动与心理状态，充分发挥各自的优势资源，实现对青少年成长的全面关注与精准支持。

最后，教育部门应发挥主导作用，推动建设课堂学习指导、家庭教育指导以及社会机构心理治疗的专业团队。这些团队将秉持相互学习、优势互补的原则，实现资源的有效整合与共享。通过专业团队的引导与帮助，学校、家庭和社会机构能够形成科学的目标导向与问题解决策略相结合的共育模式，共同为青少年的健康成长提供有力保障。

（二）构建心理健康教育沟通机制，开展有效合作

在家校社共育体系中，三方主体间的有效协作离不开高效的沟通。充分的沟通不仅能够迅速识别并解决问题，还能确保所有参与者对共育目标有清晰而统一的认识。首先，构建平等的沟通模式至关重要。教师、家长及社会机构在学生成长与学习过程中都扮演着不可或缺的角色，尽管各自的专业领域有所差异，但彼此间存在着紧密的联系。因此，这三方应被视为平等的伙伴，需培养理性思考与换位思考的能力，以建立一种基于相互尊重与理解的平等交流氛围。

为深化沟通的内涵，沟通内容需围绕青少年的全面发展这一核心议题展开。这意味着，不能仅仅局限于学习成绩的单一维度，也不能过度聚焦于青少年的心理压力，而应积极响应“双减”政策的号召，从多个视角全面审视并沟通青少年的成长状况。这包括但不限于学业表现、心理健康、兴趣爱好、社交能力等各个方面，以确保沟通内容的全面性与针对性，进而结合实际情况制订并实施有效的解决方案。

建立畅通无阻的传达与反馈机制是提升沟通效率的关键。一个科学且合理的沟通体系不应仅仅停留在单向的信息传递上，而应转变为多向的反馈通道。这意味着，教师、家长及社会机构之间应相互通报青少年的实际情况与思想动态，并及时反馈在采取改进措施后所发生的变化。通过这种持续的互动与反馈，三方能够不断调整和优化共育策略，从而显著提升育人的效率与质量。

（三）确定心理健康教育三方权责，助力高效育人

明确界定家校社三方在共育过程中的权利与职责，是确保共育机制高效运行、有效规避缺位与越位现象的关键所在。在家庭教育环境中，父母扮演着主要教育者的角色，承担着引导与培育子女的首要责任；在学校教育的场景下，教师是教学活动的主体，负责知识的传授与品德的塑造；至于社会教育活动，其施教主体则转变为相关的活动组织方，它们通过策划与实施各类教育活动，对青少年产生积极的影响。

家校社三方在心理健康教育功能的发挥上，各自具备独特的优势与局限性。因此，为最大化共育效果，三者不仅需要紧密联结，形成协同育人的强大合力，还须充分发挥各自专长，明确并履行好各自的职责，实现优势互补与资源共享。具体而言，家庭应侧重于情感关怀与价值观的引导，学校应强化专业知识的教学与心理健康教育的系统性，而社会教育机构则需利用丰富的资源与多样的形式，为学生提供更为广阔的学习与实践平台。

通过这样的分工合作与资源整合，家校社三方能够更有效地促进青少年的全面发展，特别是在心理健康领域，共同为青少年营造一个健康、积极、向上的成长环境。首先，家庭与社会相关组织应当携手心理咨询机构，致力于深化学习与实践，主动融入学校环境，深入理解并认同学校的育人理念。在重视文化课程教学的同时，更应关注孩子在学习及生活中所遇到的心理问题，并学会与学校共同识别与解决这些问题。此外，家庭教育在孩子道德品质、生活习惯的养成及交往方式的塑造上扮演着至关重要的角色。因此，家长不仅要通过自身行为为孩子树立榜样，传授生活智慧，还须与教师紧密合作，共同关注青少年课后的学习状态，为其提供必要的支持与引导。

其次，课堂教学作为专业教师的主阵地，其质量直接关系学生的心理健康发展。心理教师在此过程中承担着不可推卸的责任，他们不仅需要确保心理健康教育的教学质量，还须积极策划并主持各类家校活动，以此作为宣传相关政策、增进家校沟通的重要平台。同时，教师应定期向家长与学校反馈学生在校的学习进展与心理状态，建立并维护长期的合作关系，共同促进学生的健康成长。

最后，社会层面的心理健康教育应当与家庭和学校建立更为紧密的沟通联系。为此，应加强对社会工作者与志愿者的专业培训，提升其专业素养与服务能力。在策划与组织心理健康实践教育活动时，应紧密结合学校、家长及孩子的实际需求，确保活动内容的针对性与实效性。通过这样的努力，以构建一个全方位、多层次的心理健康教育体系，为学生的健康成长提供有力保障。

第二节　青少年心理健康教育课程开展建议

一、更新心理健康教育课程理念

随着“素质教育”理念的持续深化与推广，心理健康教育课程的广泛普及已成为不可逆转的趋势。然而，值得注意的是，部分学校仍处于“应试教育”向“素质教育”转型的过程中，尚未完全摆脱传统教育观念的束缚，从而导致心理健康教育课程的深入实施仍处于亟待突破的关键时期。

在实际操作层面，学校领导应当积极响应国家政策的号召，深入研读并准确把握相关文件的核心精神，深刻理解心理健康教育课程在学校育人体系中的重要地位与独特价值。具体而言，学校需从本质上明确区分德育课程与心理健康教育课程的不同侧重点与功能，避免将二者混为一谈。为实现这一目标，学校应采取切实有效的教育策略，强化国家相关政策文件的执行力度，树立科学、正确的心理健康教育观念。

在此基础上，学校应将心理健康教育课程的实践工作落到实处，通过精心设计的教学方案与丰富多彩的教学活动，切实提高学生的心理品质与心理素质。这一举措不仅有助于青少年形成积极向上的心理态度，还能为其未来的全面发展奠定坚实的基础，从而在根本上促进青少年心理健康教育的持续发展。

（一）提高对心理健康教育课程的关注度

科学合理的教育理念是学科课程发展的坚实理论支撑，而明确心理健康教育课程在教育体系中的地位，则是推动其持续发展的根本保障。这一地位的明确，不仅体现了对心理健康教育重要性的深刻认识，也为该课程的规范化、系统化发展提供了有力的依据。只有这样，才能更好地发挥心理健康教育课程在培养学生心理素质、促进其全面发展方面的独特作用，进而为整个教育体系的优化与完善贡献力量。

当前，众多青少年普遍认同学校实施的心理健康教育对于提升个人心理品质与心理素质具有积极作用，这一反馈彰显了心理健康教育课程的必要性，紧密贴合了学生的成长需求与发展期望。因此，学校管理层应深刻领悟并高度重视心理健康教育课程的重要性，在构建课程体系的过程中，应当致力于打造一个涵盖教学计划、专业指导、监督执行以及评价反馈在内的全面的心理健康教育体系，确保心理健康教育课程在实践层面得以有效落地。这样，不仅可以将国家的相关政策与具体要求细化为具体的操作指南，还通过制度化建设，为课程的持续优化与深化实施提供了坚实保障，从而真正意义上实现心理健康教育对学生心理健康成长的积极影响。

（二）加大对心理健康教育课程的支持力度

国家颁布的《中小学心理健康教育指导纲要》明确提出，将地方或学校心理健康教育课程建设、心理辅导室的建设和心理健康教育师资队伍建设作为重点加以突出。[①] 因此，各校应加大对心理健康教育的支持力度。首先，应完善学校心理咨询室（或心理辅导室）的建设及相关物资的配备。按照学校心理咨询室的设置标准，其应包含独立办公室、独立咨询室以及团体辅导室，心理咨询室内应设置可进行专业心理测评的电脑、心理学相关书籍、音乐治疗系统、减压设备、沙盘系统、宣泄室等。[②] 其次，应在青少年每年入学时利用心理测评软件对其进行心理测验并建档立案，并且定期检测以便掌握青少年心理发展动态；对心理健康有问题的学生着重关注，在接到个体咨询时做好辅导案例记录备案；与班主任教师及时沟通学生的情况，做好回访调查，确保其个人健康发展。再次，应在完善心理健康教育课程的同时给予心理健康教育活动以相应的支持，如邀请专业心理教师举办主题心理辅导活动，将游戏体验与心理健康知识相结合，充分发挥青少年的主观能动性，培养青少年自我解决问题的能力与意识，将寓教于乐落实到实践中。最后，为心理健康教育课程设立专项资金，为心理健康教育相关工作的开展提供经济保障。

（三）提高心理健康教师的待遇

现阶段，学校面临的一个突出问题是心理健康专职教师数量不足。造成这一现象的部分原因在于心理健康教师的待遇相较文化课教师存在明显的差距，这一现状直接导致了人才引进的困难。通过对教师进行深入的访谈与调研，进一步了解到，众多学校的心理健康教师在晋升职称时，往往更多地依赖其兼任的文化课科目成绩，而非其心理健康教育领域的专业贡献。这一现实情况无疑挫伤了那些拥有专业学科背景的心理教师工作的积极性。

此外，参与访谈的教师还普遍反映了一个问题，即作为职业咨询师所能获得的工资待遇往往高于纯粹从事心理健康教育的教师。然而，与此同时，心理教师在学校所承担的工作量却远超一般的心理咨询师。这种工资待遇与工作量之间的不匹配，进一步加剧了学校在引进心理健康专业人才方面的难度，使得学校在努力构建和完善心理健康教育体系的过程中，常常感到力不从心。

二、建立专业化的心理健康教育师资队伍

自 1999 年教育部出台《关于加强中小学心理健康教育的若干意见》开始，我国便要求：从事心理健康教育的教师要掌握进行心理健康教育所具备的知识和能力；通过培训取

---

① 周怡廷，范会勇．如何更好地落实《中小学心理健康教育指导纲要》——基于 2002 版和 2012 版比较的视角［J］．校园心理，2017，15（5）：386-387.

② 阳鸿．中学心理咨询室设备要素研究［J］．教育与装备研究，2020，36（1）：14-17.

得证书的教师还应该有从事专职心理咨询教师资格认证。而在前期的调查中发现，当前部分地区的心理健康教师师资力量薄弱、专业水平良莠不齐，整体情况有待提升。具体可从以下几个方面进行改善。

（一）明确自身角色与职能定位

教师的角色定义涵盖了社会对教师智能、地位及职责的广泛期待与要求，它详细规定了教师在教育场景中应当展现的内在心理状态与外在行为模式。因此，从事学校心理健康教育工作的教师应当清晰地认识并定位自身角色。鉴于当前教师队伍资源紧张，部分教师需兼任其他学科教学的现状，他们需妥善处理角色分工，确保在履行心理健康教师职责时，能够及时且有效地调整自身的状态，以适应不同角色的需求。

此外，初中心理健康教师还须明确自身的职能定位。他们应当凭借自身的专业素养与能力，敏锐地洞察青少年在日常学习生活中所遇到的心理困扰与不足。在此基础上，教师应从专业的视角出发，切实解决青少年面临的实际问题，为他们的健康成长提供有力的支持与保障。这一过程不仅体现了教师对青少年心理健康的深切关怀，也彰显了心理健康教育在青少年成长过程中的重要性。

（二）积极提升自身教学与专业研究水平

根据2012年修订的《中小学心理健康教育指导纲要》，其要求心理健康教育教师要遵循学生的心理动态和教育规律，要为学生提供发展性的心理辅导以及积极方向的心理帮助。[①] 首先，心理健康教育教师要关注青少年的身心发展动态，帮助青少年面对学校生活中所遇到的各种问题，排解其心理困扰。其次，心理健康教育教师要具备一定的危机干预能力与心理测评素养。他们在从事教学工作时应根据不同课程内容确定不同教学方法，根据青少年发展情况灵活运用教学方法，积极引导青少年完成课堂体验。心理健康教育教师只有在对心理学和教育学深入了解学习的基础上才能对心理健康教育做进一步的研究，进而才能促进心理健康教育课程“本土化”研究与有效实施。最后，心理健康教师应参加一些专业技能培训的外出学习机会，以便于提升自身的专业能力。

（三）形成教师学习评价监督体系

鉴于当前众多学校面临的心理健康教育教师资源匮乏的现状，各校在构建心理健康教育团队时，可以考虑吸纳那些对心理学怀有浓厚兴趣的其他学科教师加入。这一举措不仅有助于在各学科教学中全面融入心理健康教育元素，还能在一定程度上缓解心理教师资源紧张的问题。然而，在吸纳这部分教师时，必须严格把控选拔与评价标准，确保他们的专

① 教育部．关于印发《中小学心理健康教育指导纲要（2012年修订）》的通知［EB/OL］．http：//old. moe. gov. cn//publicfiles/business/htmlfiles/moe/s3325/201212/145679. html.

业素养能够满足心理健康教育的基本要求。

为此，可以定期对“非专业”教师进行心理学知识的培训与讲授，并通过定期的心理学知识考核来检验他们的学习成果。当这些教师在日常教学中接收到青少年的心理咨询需求时，应要求他们详细记录个案情况，并在解决问题后，主动询问学生对他们处理方法的反馈与评价。这样做不仅有助于提升教师的实践能力，还能确保他们在处理学生心理问题时更加专业与细致。

但值得注意的是，当青少年遇到需要专业心理咨询的情况时，应及时将他们“转诊”给具有专业资质的心理健康教育教师，以避免因问题处理不当而延误对学生的及时干预。此外，为了更全面地了解青少年的心理状态，还应定期采用专业的心理测评工具来收集与分析学生的心理状态数据，以客观评价教师心理健康教育的实际效果，从而不断优化教学策略，提升教育质量。

（四）完善心理健康教育课程的教学内容与方法

鉴于当前心理健康教育领域尚欠缺一套广泛认可的统一教材，学校管理层应当高度重视并大力推进校本心理健康课程的研发工作。鼓励心理健康教师紧密结合学生实际情况，精心编纂出既符合各校本土化特色，又能够有效满足学生心理发展需求的校本课程教材或辅助读本。这一举措旨在进一步完善学校心理健康教育的课程体系与内容架构，确保青少年能够在一个系统化、本土化的学习环境中，全面而深入地了解并掌握心理健康知识，从而为他们的健康成长奠定坚实的基础。

在着手进行校本课程内容的研发过程中，教师应当精心挑选那些具有高度针对性的素材，并严格遵循青少年身心发展的阶段性特征这一基本原则。同时，教师还须充分考虑到学校所处的本土环境差异，比如，城镇学校与乡村学校在学生家庭背景方面存在的显著差异，乡村学校中留守儿童所占的比例较大等。这一现实情况要求教师在编纂涉及家庭关系的相关知识点时，必须审慎把握内容的侧重点。

具体而言，教师应深入剖析留守儿童在家庭关系方面可能面临的特殊问题与挑战，如亲子沟通的缺失、家庭教育的不足等，并在课程内容中予以充分的体现与关注。通过这样的方式，校本课程不仅能够更加贴近学生的实际生活状况，还能为他们提供更具针对性的心理健康指导与支持，从而助力他们健康成长。

在编排与组织教材内容的过程中，教师应当遵循螺旋式上升的原则，以充分适应青少年不断发展的身心特点。鉴于青少年处于持续成长与变化的阶段，他们在不同年龄层次面对相同问题时，往往会展现出迥异的认知与见解。因此，教师在设计教材内容时，需采取由浅入深、循序渐进的教学策略，实施阶段性教育。具体而言，教师应根据青少年的认知发展规律，将知识内容科学合理地划分为不同难度与深度的层次，并据此逐步深化对青少年能力的培养，确保他们在每个成长阶段都能获得恰当的知识滋养与能力锻炼。

鉴于心理健康教育课程内容的独特性质，教师在选取教学方法时，必须高度重视青少年个体的情感体验与自我探索过程。在教学实践中，教师应致力于营造一个安全、开放的学习氛围，鼓励青少年积极表达自己的内心感受与情绪体验，通过引导他们深入探索自我，促进其对自身心理状态的认识与理解。这样的教学方法不仅能够增强青少年在学习过程中的参与度与主动性，还能有效提升心理健康教育课程的实际效果，帮助青少年更好地掌握心理健康知识与技能，有助于其健康成长。

三、构建“家—校—社”的心理健康合作系统

在一些经济发达的国家与地区，学校心理健康教育的起步早于我国，它们在不断完善心理健康教育课程体系的同时，已经成功构建了各具特色的心理健康服务体系。这些服务体系的一个显著的共同点在于，它们都实现了学校、家庭及社区三者之间的紧密联动。这一现象充分表明，构建“学校—家庭—社区”三位一体的心理健康服务体系，已经成为推动心理健康服务完善与发展的必然趋势。

因此，应积极借鉴这些先进经验，着手构建相应的合作体系。在当前这个电子信息化高度发达的时代，可以充分利用网络技术来搭建这一合作平台。具体而言，可以通过建立专门的网站、开发手机应用程序等多种方式，将学校、家庭及社区紧密地联系在一起，形成一个全方位、多层次的心理健康服务网络。这样的合作体系不仅能够为青少年提供更加全面、专业的心理健康服务，还能在很大程度上提升心理健康教育的效果，为青少年的健康成长与心理完善发展贡献力量。

（一）利用网络平台构建网络生态体系

随着社会的持续进步与经济的蓬勃发展，已经迈入了一个全新的信息化时代。在此时代背景下，心理健康教育的全面完善与发展成为时代的迫切呼唤。为了积极响应这一需求，可以将心理健康教育与网络信息技术深度融合，借助网络的力量，构建一个心理健康教育及服务的网络生态系统。

当前，大多数学校已基本建成校园网络系统，并逐步推进教学资源的数字化共享。在此基础上，各学校的心理素质中心或心理健康中心可以进一步拓展服务渠道，如建立自己的微信公众号，推荐家长进行关注。心理健康教师可以结合不同时间段学生的咨询热点，系统梳理学生在各个成长阶段容易遭遇的心理问题，并配以详尽的文字说明及针对性的解决策略，通过微信公众号这一平台向家长发布。这不仅能够帮助家长及时、准确地把握孩子心理发展的动态，还能为家长提供科学有效的家庭教育指导。

此外，微信公众号还可以设立家长讨论互动区，为家长与家长、家长与教师之间搭建

一个便捷的交流沟通平台。通过这样的互动，家长可以分享育儿经验，共同探讨解决孩子心理问题的方法，从而形成家校共育的良好氛围。

在充分利用互联网建立与社区之间的互助机制方面，同样可以大有作为。社区自身的网格化管理特点与当前初中的学区化管理在地理位置上具有较高的重合度。初中阶段的学生在心理上往往更容易受家庭的影响，因此，构建“学校—家庭—社区”联动机制，对于有效解决因家庭原因引发的青少年心理健康问题具有重要意义。

最后，各学校还可以积极探索与当地妇女联合会或其他社会公益组织在互联网信息方面加强合作。

（二）建立线下服务联动机制

尽管网络平台的建设能够突破时间与空间的限制，为心理健康教育的发展提供一个崭新的舞台，但鉴于心理健康教育的独特性质，确保青少年真正获得深刻的心理体验才是心理健康教育工作的核心所在。因此，在构建网络生态平台的同时，还应着重考虑如何在线下层面推动心理健康教育的深化。

首先，政府可以发挥引领作用，牵头构建“家庭—校园—社区”三位一体的线下联动机制。通过建立线下学校与社区联动机制，能够更有效地解决青少年与其家庭之间所存在的种种问题。

其次，为了进一步提升社区服务的效能，应不断完善社区工作者对社区居民的帮扶模式。具体而言，可以建立起校园与社区之间的紧密联系网络，确保在青少年遇到心理困扰或家庭矛盾时，能够迅速获得来自社区与学校的双重支持与帮助。这样的联系网络不仅能够为青少年提供一个更加全面、及时的援助体系，还能够促进学校与社区之间的深度合作，共同为青少年的健康成长保驾护航。

第三节　多学科融入青少年心理健康教育对策

习近平总书记在中央政治局第三次集体学习时指出：“要优化基础学科建设布局，支持重点学科、新兴学科、冷门学科和薄弱学科的发展，推动学科交叉融合和跨学科研究，构筑全面均衡发展的高质量学科体系。”① 习近平总书记的讲话为新时代的学校教育指明了新方向。学科融合，既有利于落实素质教育倡导的青少年全面发展与个性发展相结合的理念，又有利于培养符合经济社会发展所需的复合型人才，也是为新时代推进高质量发展培养高素质的能工巧匠，为大国工匠凝神聚气。

---

① 习近平主持中共中央政治局第三次集体学习并发表重要讲话［N］.［EB/OL］.（2023-02-22）［2024-05-07］. https://www.gov.cn/xinwen/2023-02/22/content_5742718.htm.

一、美术学科融入青少年心理健康教育的策略

（一）美术学科融入青少年心理健康教育的可行性

1. 美术学科蕴含丰富的心理健康教育资源

（1）从美术学科内容来看，首先中外美术史里蕴含的哲学思想、人文精神、价值理论、道德规范，充分发挥着以史育人、以文化人、培养心理健康的作用。宋代郭若虚在《图画见闻志》中说道："窃观自古奇迹，多是轩冕才贤""人品既高，气韵不得不高也"，历来从事书画艺术的人，无不将提升自我品德修养与学识水平作为人生目标。中国传统书画不仅注重知识与技能，更是以美化育人心、陶冶人格的审美体验，其对待世界的超然态度，可以让人心摆脱"物性"，获得"灵性"，养成高尚的旨趣，获得精神的提升。关注"人"及"人的心灵"是传统书画美育与新时代美育精神的契合点，包含着"艺术化人生"的涵化过程。中国历史上"梅兰竹菊"一直被众多画家所喜爱，郑板桥善于画竹，代表作《兰竹芳馨图》；王冕擅长画梅，代表作《墨梅图》；郑思肖擅长画兰花，代表作《墨兰图》；吴昌硕擅长画菊花，代表作《秋菊》。在中国的文化之中，"梅兰竹菊"作为花中四君子，通常是用来表示文人君子身上所带有的美好品格，代表着有骨气、坚贞不屈与刚正不阿，同时也象征着生命的生生不息，宣扬一种虚心亮节、正直清高、不畏苦寒、坚守自我的品格。

六朝刘宋时画家宗炳提出"澄怀观道"。其中"澄怀"是说要让自己的心境、情怀、意念变得非常清澄，没有丝毫的杂念。进入这样的状态去体会山水之中所蕴藏的自然之道，挖掘心灵中美的源泉，实现最自由最充沛的自我，是一种独特的人生态度，一种主观心性的修养。

（2）从美术学科特点来看，美术学科具有视觉感知性、情感性、实践性等特点。

视觉感知性特点。美术中的形象均为视觉形象，美术的创造和欣赏都与视觉密不可分，人们借助相应的审美手段，如线条、色彩等把眼睛看到的事物进行艺术加工，进而传达审理经验。观赏者在欣赏艺术作品的时候，同样是通过视觉进行感知的，从而产生审美愉悦。例如，达·芬奇的《蒙娜丽莎》以柔和的色彩和细腻的笔触，表现出蒙娜丽莎的神秘微笑和优雅的气质，让观众感受到了达·芬奇高超的绘画技巧和深厚的艺术修养。

情感性特点。在美术作品中不同的画面可以给人带来截然不同的感受。如作为重要视觉元素的"线"，当"线"呈现直线状态时，让人感觉静、平和；当"线"为曲折、弯曲状态时，让人感觉焦虑、不安定、烦躁。在色彩表达上，明度不同，色相不同也会给人不同心理体验，明亮的色彩给人轻且柔软，积极的印象；黑暗的色彩给人沉重，消极之感；暖色让人感觉温暖、兴奋、积极；冷色则让人感觉寒冷、镇静、消极、压抑。在"面"的表现

上，不同的组合方式、排列顺序会让人产生不同的感受。如当面按照有秩序的连续排列时，就会使人形成或舒缓，平静的心理情绪。许多人性格特征与心理状态都可以“移情”于“线”“色”“面”等要素，其通过不同的表现手法反映出画家不同的内在情感特征。

实践性特点。艺术来源于生活，现实生活是艺术创作的土壤。美术课程要求学习者关注日常生活，从日常生活中发现美、感受美、表现美。在实践考察中去学习研究也是美术教学活动之一。实践的意义在于提高青少年对知识的掌握和运用能力，其是对课堂知识的补充，是理论与实践相结合。走出课堂，提高动手实践能力、观察能力、交流能力，可以陶冶青少年的情操，培养其吃苦耐劳的精神，促进其综合素质的提升。

2. 新课程标准下美术教学目标与心理健康教育部分目标具有一致性

2022 年版新课标提出，要以美育人、以美化人、以美润心、以美培元。以教育之美培育人之美是提升教育品质、走向美丽人生与美好生活的必要手段。“以美育人”指通过认识美，青少年学会在审美活动中看待自我与他人、自然、世界的关系，完成真善美统一的人格培养。“以美化人”指通过美育教育，让人们在审美上更加敏锐，更加善于发现美，更加懂得欣赏美。美育教育可以让人们在日常生活中更加注重细节，更加关注美的存在，从而让人们的生活更加美好。“以美润心”指通过美育丰富精神、温润心灵。“以美培元”是中国传统文化中的一个重要概念，是通过欣赏和培养美的元素来塑造个体和社会的价值观和精神追求。“培元”首先意味着培养和提升个体的精神素质和能力。它不仅为人们提供精神上的满足和愉悦，还可以引导人们追求真善美的境界。其次，现代社会的快速发展和变化使得人们容易迷失方向，以美培元可以帮助个体和社群更好地应对这种迷失感。最后，以美培元可以为社会的发展和进步提供一种正能量，促进人类文明的进步和发展。

综合而言，通过美术活动能充分调动人的感官，重塑对事物的感受，重建对世界的理解，重审对生命的态度从而激励人的奋进，提升个体的精神素质和能力。这与青少年心理健康教育目标的内容具有一致性。

3. 美术教学有利于调节青少年情绪

中国古代书画艺术以“画里乾坤”表达人生的喜悦或悲哀。例如，南朝宗炳认为山水画的重要功能在于“畅神”，通过绘制山水画、观赏山水画，审美主体的精神会变得舒畅；花鸟画艺术也讲求“怒气写竹，喜气写兰”，米芾评价苏轼所作枯木“如其胸中盘郁也”，认为他是借奇怪的枯木发泄心中的怒气；怀素在书法挥洒过程中“忽然绝叫三五声，满壁纵横千万字”，将胸中浩然之气一吐为快。通过书画表现，人内心的“怒气、怨气、惰气”等能发散出来，情绪得到释放，人的精神就恢复了正常状态，其成为心理疾病的疗愈过程。

在快速发展的时代背景下，当代年轻人可能遭遇精神危机，如与西方文明碰撞后的迷惘，急速变化的环境所带来的“现代乡愁”，理想与现实的冲突等，这些都可在传统书画艺术的滋养中得以解脱。

（二）美术融入心理健康教育的策略

1. 培养青少年自信心的策略

美术教育是成为提升青少年自信的重要手段。美术教育可以培养青少年的感性认知和审美观念，使其对于美的感知和理解更加深刻；同时也可以帮助青少年在绘画过程中展示自我，释放情感，从而让青少年感受到肯定，收获自信心。

（1）教师采用鼓励性的语言在美术创作中培养青少年的自信心。美术创作也是一个循序渐进、反复实践的过程，青少年在这个过程中通过不断尝试、失败、再尝试，逐渐掌握绘画技巧和解决问题的能力。

如美术课程《方寸之间》，课程内容是篆刻一枚印章，要求青少年掌握篆刻的基本方法，课程内容具有一定难度。在课程上学生迟迟不肯动手，怕刻坏了，这是他们缺乏自信心的反映，而这也是培养他们自信心的好时机。当学生篆刻得比较成功时，教师应当夸奖学生的用心和技巧；当学生篆刻了一个不太成功的作品，教师也应该及时发现其中的亮点，赞扬学生的努力和尝试，并及时提供帮助，用发展的眼光去看待学生。教师要多给予学生赞美，当学生的作品被他人肯定时，他们会感到自己的努力和付出被认可，从而对自己的能力产生更多信心，形成愉快的内心体验。

（2）在作品展示评价环节培养青少年的自信心。作品展示，一方面是对青少年作品的认可，让学生觉得自己的作品是有价值的，会促进学生对个人能力的自信心；另一方面在这一过程中也可采用自我评价、学生互评、教师评价等手段，培养学生的团队精神和人际交往能力，这也是一种提升自信心的重要手段。美术作品没有标准的固定的答案，强调的是发散的思维以及作品的创造性。

在美术课程教学中，教师要帮助引导，激发学生积极思考。当学生控制笔墨能力欠缺时，教师可以多角度分析学生作品，谈谈作品带给自己的感受，引导学生多方面思考，激发学生创作的自信心。在展示环节，学生可以就自己的设计构思、创作方法与同学进行深入沟通、交流，培养学生自我表达的自信心。除集体展示外，绘画展示环节也可有多种方式：一是优秀作品展，每单元课程结束后选取优秀作品展示在宣传栏上；二是创意精品展，教师和同学一起选取具有独特性、新颖性的作品进行展示，并邀请作者分享自己的创作思路和表现方法，启发其他同学；三是局部细节展，在作品赏析时往往更倾向于完整的、画面效果好的作品，但在实际教学过程中会发现学生不完整的画面中也有耐人寻味的细节和亮点，也有值得学习的地方。教师可以在作品展示中增加局部细节展示，引导青少年善于发现、善于观察，取长补短，共同进步。

2. 培养青少年坚强意志和抗挫折能力的策略

（1）在美术鉴赏中培养青少年的坚强意志和抗挫折能力。美术鉴赏是指对艺术作品进行审美评价和欣赏的活动。它是一门综合性的课程，涉及艺术史、艺术理论、审美心理等多方面的知识，可以通过对艺术作品内容的赏析及对画家生平经历的讲解对学生进行心理健康教育。

如赏析《春风吹又生》这一作品。在食物短缺的情境下，两位女战士只能挖野菜为部队战士充饥，这也折射出战士们的不畏艰险、不怕牺牲和百折不挠的坚定意志力。画面中女战士面带笑容，抬头遥望远方的天空，从她们的脸上仿佛可以看见胜利的曙光，草丛间点缀着星星点点的小花，无不昭示出春天的生机盎然和对美好未来的期盼，象征了战士们永不妥协的坚强意志，展现了抗战必胜的信念。

又如作品《邱少云》。画家孙国岐根据邱少云的英雄事迹，受邀创作了油画《邱少云》。画面中弥漫着战火硝烟。画家将邱少云牺牲前的那种坚韧、顽强不屈、视死如归的表情刻画得入木三分。邱少云眉头紧锁，眼睛直视前方，目光中的坚毅，是对胜利的坚定信念，其中脸部细节尤为突出，咬紧的牙关显示出面部肌肉的紧绷和扭曲感，汗水从他的太阳穴流淌下来，战争的艰难与沉重感呼之欲出。他的左手五指深深地插入泥土之中，小臂上突出的筋骨清晰可见，可见其坚定的决心、充足的信心、足够的耐心。

引导学生对这些作品进行赏析时，他们无疑会受到感染，从而继承和发扬英雄先烈们百折不挠的精神，激发内在的动力。其也会影响学生面对困难时的选择和态度，为学生提供精神力量。

（2）在美术实践课中培养青少年的坚强意志和抗挫折能力。美术实践课相较于其他学科更具有趣味性，也是一个对错误十分包容的课程，其能够提供一个相对宽松的环境，对培养学生坚强意志和抗挫折能力具有独特作用。第一，在美术创作中需要学生保持耐心、细心，对作品进行反复修改。这一过程能有效锻炼学生的意志力，而一个学生如果具有坚忍不拔的意志力，那么他的抗挫折能力就会提高。在此过程中，要求教师帮助学生做到做事有头有尾、有始有终，不半途而废。

如在人物美术教学中，学习的持续时间会很长，需要学生具有足够的耐心和恒心，往往在美术创作过程青少年会出现放弃、重画等现象，学生也会给自己找各种放弃的借口，如内容太难、自己不会等。此时教师要及时鼓励学生坚持完成作品，引导学生形成正确的归因观，引导学生积极思考如何解决画面存在的问题，不畏难、不放弃，敢于直面挫折。在日常教学中也应向学生提出明确要求，做到每一幅画都是完整的，培养学生在困难面前不放弃的精神。这也是在绘画中磨炼学生的意志，让学生在不断的坚持和自我突破中，塑造一颗健康强大的心灵。

3. 培养青少年科学严谨精神的策略

（1）教师发挥自身示范作用引导青少年养成严谨的行为习惯。学高为师，身正为范。教师对青少年来说不仅仅是传道授业解惑，也是他们人生的引路人。教师的一言一行都可能对学生产生影响，因此，加强教师教育理念培训十分必要。培养学生的科学严谨精神应该从教师团队开始。美术教师应该树立终身学习的意识，通过各种渠道借助各种资源加强学习，继而将科学严谨的精神落到实处。首先，教师在备课中要全面思考，多方收集资料，确保备课的内容是科学正确的；课程安排结构合理，条理清晰，由简到难，层层递进。其次，教师在上课时要做到语言准确，减少口误、表述不明确等情况，用语上少说“差不多”“大概”“将就”等词汇。同时，教师在美术课堂中要注重对学生创造性思维的培养，让学生养成独立思考、敢于探索的精神，不人云亦云，具有批判性。

（2）教师要充分挖掘并利用美术教材中蕴含的心理健康教育资源。可以借助美术教材中蕴含的心理健康教育资源，通过引导青少年观察和提问的方式，激发青少年的好奇心。如湘美版九年级上册《走下神坛》一课要求欣赏文艺复兴时期的艺术作品，教师可以通过对文艺复兴思想、背景的介绍，让学生感受文艺复兴时期艺术家将思想情感融入宗教题材的创作中，吸取古典精髓，注入人文精神，使宗教题材的人物形象越来越世俗化的倾向，从而开创了反封建、反神学的新视觉语言；让学生感受作品中的美与爱、理性与科学，培养学生乐观积极的生活态度，同时，分析作品中的人体结构和透视，引导学生发现作品透露出的艺术家理性的思维和科学严谨的态度。

4. 培养青少年积极生活态度、陶冶情操、调节情绪的策略

青少年的情绪表现往往兼具强烈狂暴与温柔细腻的双重特性，且情绪状态易发生波动与变化。因此，对青少年进行情绪疏导，引导他们形成积极的生活态度和稳定的情绪状态尤为重要。在绘画这一艺术实践活动中，画家通过创作实现了与自我内心的深度对话与交流，这一过程往往蕴含着强大的治愈力量。

具体而言，绘画创作活动本身、绘画作品所呈现的内容，以及将绘画作品以言语形式进行表达与阐述，均具有独特的心理治疗效果。在美术课堂教学实践中，教师可以采取多种方式来调控学生的情绪状态，如营造一个轻松愉悦且充满灵感的创作环境、鼓励学生进行自由涂鸦与绘画，以及引导学生通过冥想的方式进行绘画创作等。通过这些方式，学生不仅能够使情绪得到宣泄与释放，还能够体验到内心的平静与满足，从而达到调节情绪、提升心理健康水平的目的。

（1）营造舒适的课堂氛围。在美术学科的教学实践中，教室的合理布置对于提升教学效果至关重要。教师应根据美术课程的教学特性与内容需求，对教室进行多样化的布局设计。例如，可以采用环绕式布局，让学生将课桌围绕成一个圆圈，这样不仅便于学生之间

的交流与讨论，还能有效促进他们之间的合作与互动。

一个科学合理的教室布局能够极大地激发学生的学习投入度，因此，在布置教室时，还需要注重保持教室的整洁与有序，为学生创造一个清爽宜人的学习环境。

此外，色彩与灯光的巧妙运用也是营造舒适学习环境的关键。应精心挑选柔和而温暖的色调，以及适宜的灯光亮度，以营造出一种放松而宁静的学习氛围。在课堂上，还可以适时播放柔和的音乐，让学生在这份和谐与宁静中放松身心，进一步提升他们的学习兴趣。

（2）让情绪的色彩在绘画中展现。语言往往作为遮掩内心思绪的面纱，而绘画则如同一把钥匙，能够开启个体内心深处那些隐秘的角落，同时成为情感宣泄的出口。在美术课堂教学的深入探索中，发现绘画在调节学生情绪方面成效显著。它不仅能够促使学生通过画面洞察自身的情绪状态，还能够让学生将积压的情感释放，进而使内心重归宁静。

为了让学生亲身体验个人情绪与绘画之间的微妙联系，教师可以在教学过程中安排一项特别的活动：要求每个学生面对自己的纸张和画笔，根据自己的即时心情，挑选出心仪的色彩，然后自由地在纸面上涂抹，直至色彩覆盖整个画面；然后，让学生静静地观察自己的作品片刻，细细体会画面与色彩所共同呈现出的情绪特征。

在此基础上，教师可以进一步引导学生深入思考那些触发自己情绪波动的具体事件。通过这样的反思过程，学生不仅能够更加清晰地认识到自己情绪的起因，还能够在绘画的陪伴下，找到一种独特的方式来处理和调节自己的情绪。

（3）在绘画活动中形成积极的生活态度。要引导学生深刻感知生活中的美学元素，鼓励他们积极地在日常生活中探寻创作素材，因为生活素材的积累，实质上就是在为教育资源注入鲜活的血液，进一步拓宽课程内容的广度与深度。为此，教师应深入学生的生活，细致入微地挖掘他们生活经验中的点滴细节，精心挑选出既贴近学生实际又富有启发性的活动素材，以此作为教学的切入点，以激发他们学习的兴趣与创作的热情。

通过这样的方式，不仅能够让学生感受到美术与生活的紧密联系，还能够在实践中培养他们的观察力与感知力，为他们的美术学习之路铺设坚实的基石。

5. 培养青少年主动学习以提高自我教育能力的策略

在众多学科领域中，绘画这一艺术形式尤为独特，它往往是学生投入自主学习时间最长的一个学科门类。正因如此，绘画在培养学生自主学习能力、提升自我教育能力方面展现出了无可比拟的优势。

绘画学习的过程，本质上是一个自我探索与表达的过程，它需要学生长时间的沉浸与投入，这为他们提供了广阔的自主学习空间。在这一过程中，学生不仅能够根据自己的兴趣和节奏进行学习，还能够通过不断的实践与思考，逐步提升自己的艺术素养与创作能力。

绘画作品的创作往往需要学生深入挖掘内心的情感与想法，这在一定程度上锻炼了学生的自我反思与自我教育能力。通过绘画，学生学会了如何更好地表达自己、理解自己，并在创作的过程中不断发现自我、完善自我。

6. 培养青少年人际交往能力和适应环境能力的策略

人际交往能力对于学生塑造积极向上、阳光健康的心理特质具有举足轻重的作用。在美术课堂教学中，美术教师可以巧妙地利用合作学习、趣味游戏及深入探讨等环节，为学生搭建起人际交往的桥梁，进而推动他们人际交往能力的提升。

通过组织小组合作学习，美术教师可以引导学生在共同完成任务的过程中学会相互沟通、协作与分享，这不仅能够增进他们之间的友谊，还能够培养他们的团队精神与交往技巧。同时，引入富有趣味性的游戏环节，能够让学生在轻松愉快的氛围中放松心情、释放压力，并在游戏过程中自然而然地与他人进行互动与交流，从而锻炼他们的人际交往能力。

此外，美术教师还可以围绕美术作品或相关话题展开讨论学习，鼓励学生积极发表自己的观点与见解，并在交流中学会倾听与尊重他人的意见。这样的讨论学习不仅能够拓宽学生的视野，还能够提升他们的思维能力与表达能力，进而促进他们形成更加积极健康的交往模式，增强对复杂多变环境的适应能力。

（1）在小组合作中培养学生交往能力。在美术教育的实践中，学生往往习惯于独立完成各自的作品。然而，为了增强学生的沟通与协作能力，美术教师可以巧妙地运用小组合作的教学策略，遵循“组内成员能力各异，组间整体水平相当”的分组原则，科学合理地组建学习小组。小组合作这一教学模式，不仅考验着每位学生的个人绘画技艺，更对其团队意识与协作精神提出了较高要求。

基于此，美术教师可以精心策划一场特定主题的绘画比赛，鼓励学生以小组为单位积极参赛。小组间的良性竞争如同一股强劲的催化剂，激励着学生为了集体的荣誉而群策群力、各抒己见。在小组内部，成员积极表达个人观点，随后通过协商讨论，达成共识，形成统一的创作方案，并最终携手将方案转化为生动的绘画作品。

这一过程不仅锻炼了学生的人际交往技巧，还提升了他们适应多变环境的能力，从而在潜移默化中培养了学生的心理品质。通过小组合作的形式，美术教育与心理健康教育得以有机融合，共同为学生的全面发展助力。

（2）在课堂教学中培养学生观察力和细致力。在绘画与艺术创作的过程中，学生需对周遭事物进行深入的观察与理解，并将这些观察所得转化为个性化的艺术表达。这一过程不仅是对学生艺术造诣的锤炼，更是对他们理解和洞察能力的有效培养。

通过绘画与创作实践，学生能够更加敏锐地捕捉和解读他人的情感流露与非言语沟通信号，进而在人际交往中更加精准地把握对方的情感需求，从而建立起更为深厚的情感联系与共鸣。这种观察与细致性的训练，使学生在社交场合中展现出更高的敏感度与同理心，能够更加细腻地体察他人的情感波动，从而有效促进和谐人际关系的构建。

美术教育中的观察与细致性训练不仅关乎学生艺术技能的提升，更在深层次上对他们的社交能力与适应能力产生了积极的影响，为美术教育与心理健康教育的有机融合提供了有力支撑。

7. 培养青少年独立探究能力与探索精神的策略

（1）重视青少年的主体地位，引导他们自主探究。学生发现问题、剖析问题以及独立解决问题这三项核心能力的增进，与自主探究能力的培养密不可分。在这一过程中，通过广泛而深入的沟通互动，学生的思维逻辑能力得以有效锻炼，同时，他们的交际技巧与思维能力也得到了显著的提升。这些能力的综合发展，是培养学生自主探究能力的关键要素。

一方面，思维逻辑能力、交际技巧与思维能力的不断进步，为自主探究能力的提升奠定了坚实的基础，并为其提供了源源不断的动力；另一方面，自主探究能力的持续增强，又反过来促进了思维逻辑能力、交际技巧与思维能力的更深层次发展，二者之间形成了相互作用、相互促进的良性循环。这种相辅相成、相得益彰的关系，不仅提升了学生的综合素质，更为他们未来的学习与生活奠定了坚实的基础。

（2）联系生活，加深艺术感受。以学生日常生活的点滴以及他们熟悉的事物为切入点，使学习过程与他们的实际生活紧密相连，能够有效激发学生的参与热情，从而增强学习的现实意义。贴近生活的教学内容因其直观性和亲近感，往往更易引发学生的深度思考与理解，进而提升学生的接受度。通过在日常生活中培养学生的审美眼光，使他们学会发现美、欣赏美，是美术教育不可或缺的一环。

随着科学技术的迅猛发展，教育领域正经历着一场前所未有的变革。科技的迅猛发展不仅丰富了教学手段，更打开了一扇通往信息世界的大门，极大地拓宽了个体的视野与思路。在此背景下，教学应充分利用信息技术的强大功能，特别是互联网与校园网络资源的优势，大量引入图片资源供学生鉴赏。这样，不仅能够提升学生的艺术审美水平，还能够激发他们的创作灵感。

互联网为学生提供了一个展示自我、交流思想的平台，学生可以在网络上发表自己的美术作品，或是对他人的作品发表见解与评价，甚至与同学、老师共同探讨学习中遇到的难题。这种互动式的交流，不仅能够激发学生的学习热情，还能够培养他们的探索精神与批判性思维，从而在艺术与科技的融合中，实现学生综合素质的全面提升。

二、语文学科融入青少年心理健康教育的策略

（一）语文教学中渗透心理健康教育的可行性

1. 语文学科渗透心理健康教育的优势分析

语文学科在渗透心理健康教育方面具有得天独厚的优势，这缘于语文学科本身所兼具的工具性与人文性特质。工具性特质使得语文学科成为学生表达情感、交流思想、锻炼思维与提升交际能力的有效载体，而人文性特质则赋予语文学科以深厚的文化底蕴与社会价值，能帮助学生更好地适应社会环境，全面提升核心素养。

正是基于语文学科这一独特的双重属性，其在青少年教育体系中占据着举足轻重的地位。语文学科不仅是青少年学习其他学科的基础，更是促进学生全面发展的关键所在。在各学段的学习中，语文学科都扮演着不可替代的角色，其重要性从学校的课时安排中便可窥见一斑。

语文学科不仅为学生提供了丰富的知识滋养与技能训练，更为渗透心理健康教育搭建了一个广阔而坚实的平台。在这一平台上，教师可以充分利用语文学科的特点与优势，将心理健康教育巧妙地融入日常教学之中，从而助力学生身心健康的全面发展。

教材，作为传递知识与情感的重要媒介，自然而然地成为进行心理健康教育的首选载体。语文学科所使用的教材中蕴含着极为丰富的心理健康教育资源，这些资源以形象鲜明、生动有趣的课文形式呈现出来。课文中的情节设置与人物形象塑造，往往能够轻易地触动青少年的心弦，引发他们的共情心理，并在情绪情感层面激起层层涟漪。在教学过程中，教师若能巧妙地与学生展开情感层面的深度沟通，那么，这无疑将是开展心理健康教育的一个绝佳契机。

针对不同学段学生的发展需要，高年级的语文课文在篇幅上相对更为冗长，内容表达也更为丰富、多元。这些课文不仅开阔了学生的知识视野，更为培养他们健全的人格特质、良好的道德品质以及独特的个性心理提供了强有力的支撑。然而，值得注意的是，语文教材中的心理健康教育资源并非直观地、有序地展现于读者眼前，而是巧妙地隐藏于课文的字里行间，等待着教师的细心发掘与精心组织。这就要求教师在备课时，必须深入钻研教材，用心捕捉那些潜藏在文本深处的心理健康教育资源，并对其进行有效的整合与利用，以在教学过程中实现心理健康教育的渗透与融合。①

语文学科的教学方法丰富多样且极具灵活性，这为心理健康教育的有效实施提供了直接而有力的支撑。在教学实践中，语文教师能够根据需要，灵活选用各种教学策略与手

① 刘燕，王亭月．中学语文教学中渗透心理健康教育的意义及途径［J］．教育科学论坛，2021（35）：74-77.

段，以更好地服务于心理健康教育的目标。这种教学方法的多样性与灵活性，不仅有助于提升学生的学习兴趣与参与度，还能够更加精准地触及学生的内心世界，从而实现心理健康教育效果的最大化。

2. 语文教学渗透心理健康教育领域的分析

（1）识字与写字。在汉字学习与书写练习的过程中，审美教育贯穿始终。通过对汉字形态的细致观赏与深入品味，学生能够逐渐增强对善恶美丑的辨析能力，这种能力的提升，不仅能够丰富学生的审美体验，更能够在潜移默化中净化学生的心灵世界。在这一过程中，学生不仅学会了欣赏汉字的独特美感，更在心灵深处建立起正确的价值观念与审美标准，从而为他们的健康成长奠定了坚实的基础。

（2）阅读与鉴赏。阅读与鉴赏和心理健康教育的关联尤为密切，堪称是心理健康教育的沃土。在阅读与鉴赏活动中所渗透的内容，多元化特征尤为显著。阅读教学，其目的绝非仅仅局限于提升学生的语言能力和文学修养，更要求通过阅读这一途径来提升学生的人文素养，滋养他们的精神世界。

在阅读的过程中，学生不仅能够接触到丰富多彩的语言文字和文学作品，更能够在这些文字与作品的引领下，深入了解不同文化、不同历史背景下的社会风貌与人生哲理。这种深入骨髓的阅读体验，不仅能够拓宽学生的知识视野，更能够在潜移默化中培养他们的人文情怀，提升他们的人文素养。因此，阅读教学在增进学生人文素养方面的作用，是其他任何学科所无法替代的。

（3）表达与交流。在表达与交流的教学范畴内，习作训练和口语交际是其核心组成部分，它们主要聚焦于学生的输出环节。对于高年级的学生而言，教学要求他们不仅要乐于表达自我，更需在与人交流的过程中展现出对对方的尊重与深刻理解。因此，无论是通过口头语言的流畅表述，还是书面文字的精准描绘，学生都需要对自己的内心真实想法与独到见解进行系统的梳理与呈现，这一过程实则是对他们心理状态的真实映射与表达。

学生的内心体验、个性情感等要素与其表达与交流能力紧密相连，教师需具备敏锐的洞察力，能够及时地从学生的作文中捕捉到他们心理层面与思想层面的微妙变化，进而如同高明的医师一般，针对学生的具体问题对症下药，提供精准有效的心理指导。

同时，学生在口语交际的实践中，往往容易不经意间暴露出他们在人际交往、社会认知等方面的短板与困惑。这些真实的反馈为教师实施更具针对性的心理辅导提供了宝贵的依据与参考。通过细致入微的观察与分析，教师能够更为精准地把握学生的心理动态，从而为他们量身定制个性化的心理辅导方案，助力他们在表达与交流的能力上实现质的飞跃，同时促进他们心理健康的全面发展。

（4）梳理与探究。梳理与探究领域是一个集综合性、实践性和包容性于一体的广阔天地。综合性体现在该领域不仅囊括了前述三个领域的精髓，而且通过有机融合，使得学生的知识体系得以进一步丰富与明晰。实践性是指其在充分梳理既有知识的基础上，引导学生进行深入的探究活动，参与语文实践活动，这一过程尤为注重知识的实际应用，同时，学生在实践中的行为表现及外化的心理特点也应得到充分的关注与考量。包容性强调的是该领域对于跨学科学习的重视。在语文教学的广阔舞台上，其他学科知识得以巧妙渗透，这不仅极大地拓宽了学生的知识视野，更为心理健康教育的融入开辟了新的路径与方式。

综合来看，梳理与探究领域与学生的现实生活紧密相连，其所探究的问题大多源自学生的生活实际，这种紧密的联系使得学生能够更好地将所学知识与现实生活相融合，从而培养他们正确分析并解决实际问题的能力。

3. 语文教学渗透心理健康教育内容的分析

自我认知教育旨在引领学生全面而准确地认识自身的优势与不足，学会悦纳自我，建立积极的自我形象。在学习心理层面，教育的重点在于激发学生的求知兴趣，提升其学习能力，同时培养其正确的学习动机与良好的学习心态，让学生能够在学习的旅途中体验到成功的欢愉。

针对青春期的人际交往，教育应着重引导学生以恰当的方式面对异性间的交往，促进他（她）们建立并维持和谐的人际关系。情绪管理教育要求学生能够正确感知并合理表达自身情绪，当出现消极情绪时，能够迅速调整心态，保持情绪的平稳与健康。亲社会行为教育则强调，学生应明确自己在社会与国家中的定位与角色，学会在社会生活中理解他人、尊重他人，展现出友善与合作的姿态。此外，培养学生分析问题与解决问题的能力，也是心理健康教育不可或缺的一环。这要求学生面对困难时能够勇往直前，积极寻找解决方案，为初中生活和未来的社会生活做好充分准备，打下坚实的基础。

（二）语文教学融入心理健康教育元素的优化策略

提升语文教师心理健康教育领域的专业素养与技能掌握程度，是确保语文学科有效融入心理健康教育的重要先决条件。同时，激发语文教师及学生积极参与心理健康教育与语文学科融合的主观能动性，则为推动这一融合进程的顺利开展奠定了坚实的基础。除此之外，强化教师在语文教学中发掘心理健康教育资源的能力，无疑为提升学科融合效果创造了更为有利的条件与环境。

1. 提升语文教师心理健康教育素养

（1）提升教师对心理健康教育专业知识的掌握程度与技能运用能力，是优化教育效果、促进学生心理健康发展的关键举措。通过系统的培训与学习，教师能够深入理解心理健康教育的核心理念，熟练掌握相关技能，从而在教育实践中更加有效地运用这些知识，为学生的心理健康成长提供有力支持。

（2）学校应组建语文学科与心理健康教育融合研究的专业教研团队。

2. 提高教师将心理健康教育融入语文教学的主动性

（1）提升教师自觉将心理健康教育渗透于语文教学中的意识与能力，是优化教育成效、促进学生心理健康与语文素养同步发展的关键。

（2）学校管理层与教师群体需转变固有的分科教学思维模式，摒弃传统的对于学科界限的刻板认知，以促进跨学科整合教学的新理念为引领，推动教育实践的革新与发展。

3. 增强教师挖掘语文课程心理健康教育资源的能力

（1）在教育实践中，应以情感培育为切入点，引导学生涵养并锤炼高尚的道德情操。通过情感的熏陶与引导，助力学生形成积极向上的情感倾向，进而在潜移默化中修炼并提升个人的品德修养与精神境界。

（2）借助写作这一平台，教师可以有效引导学生形成并塑造积极正确的人生态度。通过写作过程中的思考与表达，学生不仅能够锻炼自身的文字驾驭能力，更能在不断的反思与总结中，逐步明确自己的人生方向与价值追求，进而构建起一套健康向上、符合社会主流价值观念的价值体系。

4. 激发青少年参与心理健康教育的积极性

（1）为了提升青少年在心理健康教育知识学习方面的积极性与自主性，学校需要采取一系列有效措施。这些措施旨在激发青少年内在的学习动力，使他们能够主动寻求并吸收心理健康教育方面的知识，从而增强其自我认知，提升其情绪管理和社会适应能力。通过引导青少年树立正确的学习观念，培养他们对心理健康学习的重视与兴趣，可以有效促进他们在这一领域学习的主动性，为他们的全面发展奠定坚实基础。

（2）为了提升青少年在心理健康教育学习过程中的趣味性，教师需要精心设计教学内容与方法，使之更加生动、有趣且富有吸引力。通过融入多样化的教学手段，如案例分析、角色扮演、小组讨论等，能够有效激发青少年的学习兴趣，使他们在轻松愉快的氛围中掌握心理健康知识，提升自我认知与情绪管理能力。此外，还可以结合青少年的兴趣爱好与实际生活，开发具有针对性的心理健康教育课程，进一步增强学习的趣味性与实效性，为青少年的健康成长提供有力支持。

5. 改进评价方法，实现评价多元化

（1）主体多样、差异化评价。教学评价本质上是一个对教学效果进行价值评估与判断的过程。它要求采用科学合理的方法与手段，以全面且深入地了解实际的教学成效。在传统的教学实践中，教师通常扮演着主要评价者的角色，然而，由于教师难以全面照顾和细致观察到每一位学生的心理状况，这种单一主体的评价方式往往难以充分发挥其导向、激励与调控功能。

为了弥补这一不足，教师应当高度重视并充分利用多主体评价的方式，这包括学生的自我评价、同学间的相互评价以及家长的评价等。同学和家长的评价往往能够从不同的视角为教师提供有益的补充，他们能够从自我认知、人际交往等多个层面出发，对学生的心理状态产生积极的影响。同时，多主体评价的方式更具有针对性，更能够凸显评价的个性化特点，从而能更加精准地把握学生的心理发展状况，为他们的心理健康成长提供更有力的支持。

（2）方法多元、全面性评价。在实际的教学活动中，语文教学广泛采纳了积极评价的方式，充分发挥了其内在的激励效能。具体而言，积极评价的作用体现在两个方面：一方面，它能够有效地激发学生的语文学习热情，提升其学习的内在动力；另一方面，积极评价还能够契合学生的心理需求，助力学生建立起坚定的自信心。

为了将心理健康教育的元素有机融入语文教学评价之中，教师应当遵循学生的身心发展规律，在阅读理解或写作练习等环节中巧妙地设计渗透心理健康教育的内容。这种设计旨在从传授语文知识的维度出发，同步提升学生的心理健康水平。

值得注意的是，仅凭测验、书面作业等评价手段难以获得全面而准确的评价结果。因此，在教学评价的实施过程中，教师应当注重评价的过程性，密切关注并积累学生在心理健康发展方面的成果，并及时将这些成果记录下来，作为过程性评价的重要参考依据。

为了实现全面而有效的评价，教师应当灵活运用多样化的评价方式，以达到评价的全面和深入，从而为学生的身心健康发展提供有力的支撑和保障。

第四节　青少年心理健康素养提升策略——应用体验式教学模式

教育部《中小学心理健康教育指导纲要（2012 年修订）》明确指出，要注重学生心理健康发展。根据青少年心理健康教育学科的特点，体验式教学模式可以有效培养学生心理素质，能较好地满足新课程改革的要求。

一、重视体验式教学模式的创新应用

（一）体验式教学目标的制定要重视心理健康目标导向

为了适应新时代教育发展的需要，教师必须更新教育理念，确立“以学生全面发展为核心”的指导思想。在设计具体的体验式教学目标时，教师需要充分考虑青少年的实际状况与教学内容的契合度，确保教学内容具有明确的针对性和适用性，同时兼顾课程的连贯性与适应性。

以促进学生自我认知素养的培育为指引，教学内容应当强调体验性、活动性与应用性的深度融合，教学结构则需注重多样化、趣味性与操作性的有机结合。在这一过程中，教

师应将体验式教学、案例式教学以及实践参与式教学等多种教学模式融为一体，以此激发学生的学习兴趣，使他们能够在愉悦的氛围中主动学习。

在教学过程中，教师需要密切关注学生的学习状态，及时帮助他们克服学习中的困难，培养他们的学习兴趣，引导他们树立正确的学习动机。同时，教师还应积极引导学生调整学习心态，使他们能够正确看待学习结果，从而在体验学习成功的过程中获得满足感与成就感。

（二）加强体验式教学模式理论知识的学习

为了顺应教育改革与发展的时代潮流，并满足现代社会对创新型人才培养的迫切需求，提升教师队伍的整体素养，特别是强化教师的专业发展，尤为关键。教师专业发展是一个持续不断的过程，它要求教师作为教育领域的专业人员，不断精进和完善自身的教育理念、专业知识以及教学能力，积极将自己塑造成终身的学习者和深入的教育研究者。

教学不仅仅是一门需要严谨科学态度的学科，更是一门蕴含深厚艺术魅力的实践领域。教师在设计和实施教学活动时，必须遵循科学的原理与规律，这就要求他们必须具备扎实的专业教学技能。在教学活动中，教师既是教学活动的精心组织者，也是深度参与者。一堂精彩纷呈、富有成效的课，离不开教师的精心策划与巧妙引导。尽管当前教育理念倡导以青少年为主体，强调学生在课堂中的主导地位，但教师的引领与指导作用依然不可或缺，他们的专业素养与教学智慧对于提升教学质量、促进学生的全面发展具有举足轻重的作用。

（三）增强体验式教学模式教学设计与创新能力

随着教学资源的日益丰富，教师在设计体验式教学模式时，往往过度依赖现有的网络资源，而忽视了结合特定的教学目标来精心组织教学活动。高中阶段的学生，其认知能力已得到显著提升，具备了独立思考与判断的能力。因此，在教学设计环节，教师应当深入考虑青少年的个性化特征与实际需求，通过巧妙创设贴近学生生活的体验情境，引导学生形成积极的自我认知，帮助他们克服自卑与自负的不良心理倾向，使他们清晰地认识到自身的优势与不足。只有这样，学生才能够学会全面、客观地评价自己，掌握自我管理与自我约束的能力。

此外，在日常教学工作中，教师应当积极引导青少年探索多元化的职业需求，鼓励他们深入挖掘个人兴趣，并依据自身的独特性格与潜在能力，明智地选择适合自己的成长路径，以为未来的学习与职业生涯做好充分准备。通过这样的指导，青少年将能够更好地适应未来的挑战，以更加自信与稳健的步伐迈向人生的新阶段。

二、完善体验式教学模式的应用过程

要全面而深入地实施体验式教学模式，必须做到以下两个方面：一是课程时间的科学规划；二是学校基础设施的完善建设。

一方面，在课程时间规划上，鉴于当前学校课业负担较重的实际情况，单纯增加心理健康教育课程的节数显得不切实际，因此，在保障心理健康教育课程课时充足的前提下，可以考虑将原本分散的两节课合并为一节长课进行。传统的心理健康教育课程通常设置为每周一节至两节，且多安排在下午的最后一节，每节课时为四十五分钟，这样的安排难以充分满足体验式教学模式的需求。为了克服这一局限性，可以尝试将两节心理健康教育课程连续安排，合并为一节时间更为充裕的大课。这样的调整不仅不会干扰其他学科的正常教学进度，反而能够确保体验式教学模式得以顺畅且深入地开展。

另一方面，学校心理健康教育课程相关基础设施的完善同样至关重要。这些基础设施的完善将为教学方式的多样化提供有力支撑。在硬件条件得到保障的基础上，教学将不再局限于传统的课堂讲授，而是可以更加灵活地将课堂与实践相结合。在体验式教学实施的过程中，教师可以充分利用这些基础设施，将理论知识与实践操作紧密结合，从而最大限度地提升体验式教学的效果，为学生的心理健康发展创造更加有利的条件。

（一）创设情境，鼓励青少年自主体验

多数青少年展现出对心理健康教育课程的浓厚兴趣，他们认为，在心理健康课程中融入体验式教学模式，能够对他们的学习和日常生活产生积极影响。这充分反映出青少年对体验式教学模式持有一种正面的态度。然而，也有部分教师观察到青少年在课堂上的积极性有待提高，并主张应采取有效措施来激发他们的学习热情。这些教师建议，在课堂上应更多地让学生参与其中，通过探究式学习、合作学习以及体验式学习等多种教学模式，提升学生的主动参与度。

为实现这一目标，教师需要增加与学生的沟通与互动，设计更多与课程内容紧密相关的实践活动。通过增加学生间的讨论与交流，教师可以引导学生主动探索知识，培养他们的批判性思维和团队协作能力。此外，学校也应加强户外教学设施的建设。这些设施不仅能够让学生亲身体验实践过程，还能使他们更深入地融入课程之中，通过自己的亲身经历与感受，真正收获知识与感悟。这样的教学方式，不仅能够提升学生的综合素质，还能促进他们心理的健康发展。

在探讨学生对体验式教学方式偏好的问题时发现，相较于其他类型，动手操作型和实践活动型的体验式教学方式更受学生的青睐。学生期望通过课程不仅能够锻炼自己的动手能力，增强人际交往能力，还希望能够从中体会到学习的乐趣，获得成就感。然而，在实施体验式教学的过程中，也不得不正视其局限性。教师在传授心理健康知识、培养学生适应能力和耐挫能力方面，单纯依靠课堂讲授，所能达到的效果是有限的，难以全面展现教育的预期成效。

为了克服这一局限，教师需要紧密结合教学实际，精心创设与教学内容紧密相关的生活情境。在此基础上，组织和开展形式多样的心理健康教育课程实践活动，鼓励学生亲身操作和体验，使其对所学知识有更深刻的理解和掌握。学生在参与这些多样化实践课程的过程中，不仅能够加深对知识的理解，更重要的是，他们能够在实践中锻炼自己，逐步获得解决多样化问题的能力，提升自己的综合素养。这样的教学方式，无疑更加符合学生的心理需求和发展规律，有助于培养他们的创新精神和实践能力。

（二）发展以学生为中心的教学模式，开展合作学习

推进以学生为主体的教学模式，实施合作学习策略，对于培育青少年的合作与交流能力具有积极作用。青少年喜欢体验式教学模式，主要在于教师授课风格的幽默诙谐、语言的平易近人以及态度的和蔼可亲。此外，课程内容与现实生活的紧密关联、教学形式的丰富多样以及课堂上采用的小组合作模式，也是学生对体验式教学课堂感到满意的重要因素。

然而，学生对于体验式教学模式也有不满意之处，主要体现在教师授课方式过于单一，主要以讲授为主，导致课堂氛围严肃且沉闷；教学内容缺乏趣味性，显得枯燥无味，课堂上教师占据主导地位，学生发言机会较少。回顾过去的课堂教学，教师往往占据主讲地位，学生则主要扮演听众的角色。在这种教学模式下，学生被动接受知识，其接受程度相对较低，且缺乏主动探索和思考的机会。

为了提升体验式教学模式的效果，教师需要更加注重课堂氛围的营造，采用更加灵活多样的教学方式，激发学生的学习兴趣和主动性。同时，也应鼓励学生更多地参与到课堂讨论和合作中，以提升他们的合作与交流能力，促进其全面发展。

除此之外，鉴于学生之间的差异性也对体验式教学模式提出了挑战。在此背景下，教师应当承担起引导学生正确认知心理健康教育学科性质的重任，避免学生将心理健康教育课程简单地等同于活动课程。为了实现这一目标，教师需要在教学过程中发挥积极的引导作用，努力营造一个积极的课堂教学氛围。

具体而言，教师可以通过丰富多样的教学手段和策略，激发学生的学习兴趣，帮助他们深入理解心理健康教育课程的独特价值。同时，教师还应注重培养学生的自主学习能力和批判性思维，使他们在学习过程中能够主动探索、积极思考。在这样的课堂氛围中，体验式教学模式得以顺利融入教学过程，这不仅有助于学生更好地掌握心理健康知识，还能有效提升他们的心理健康素养。

（三）有针对性地选择课程形式，全方位培养青少年心理健康素养

为了充分发挥心理健康教育课程的效能，并充分利用高中心理健康教育课程的灵活性特征，可采取多样化的课程形式来实现教育目标。这些形式主要包括：科普性质的专题讲

座、团体心理辅导活动以及实践性的活动课程等。每一种课程形式都体现着不同的教育目标，它们在培养学生心理健康教育核心素养方面各具特色。

为了最大化地实现培养学生核心素养的教学目标，就需要根据不同的心理健康教育核心素养目标，有针对性地设计并实施相应的教学活动。这意味着，在教学过程中，需要细致地分析每种核心素养的具体要求，并结合学生的实际情况，选择最适合的课程形式和教学策略，以确保教学效果的最优化。通过这样的方式，不仅能够更好地满足学生的心理健康需求，还能够有效地提升他们的综合素养，为他们的全面发展奠定坚实的基础。

1. 进行科普性质的讲座，提高学科知识与环境适应素养

科普性质专题讲座的主要受众群体为全体学生，其核心目的在于通过讲座这一形式，广泛传播心理健康知识。此类讲座旨在协助学生掌握情绪调节的技巧，深入理解人际交往的重要价值及其内在规律，并学会运用思维规律来解决实际问题。在实施过程中，教师应当弱化心理学概念的抽象性，强调实践应用的重要性，从学生的实际出发，紧密贴合学生的生活经验，确保学生所学知识能够真正服务于自己的日常生活与学习，从而提升学生的心理健康素养和综合能力。

2. 利用团体心理辅导，提高自我认知素养

学校团体心理辅导是指在教育环境中，由具备专业心理辅导能力的教师，针对以班级为集体单位的学生群体，所开展的一种心理疏导活动。作为学校心理健康教育体系的关键构成部分，团体心理辅导不仅能够有效发挥学校心理健康教育的作用，还具备内容涵盖广泛的优势，其效率相对较高。此外，团体辅导的形式与内容紧密贴近学生的日常生活，易于激发学生的参与兴趣。通过融入多样化的元素和贴近实际的案例，团体心理辅导成为学校心理健康教育课程中不可或缺的一环，对于提升学生的心理健康水平具有重要作用。

3. 开展活动实践课，培养人际沟通素养

活动实践课是一种以学生主动参与、深度体验为核心，旨在通过精心策划、目的明确且操作性强的多样化活动，为学生提供充分体验与实践机会的课程形式。此类课程强调学生在活动进程中的深刻反思与体验积累，鼓励学生从亲身体验中汲取智慧，将所学知识应用于实际情境，并在不同的生活场景中灵活迁移。活动实践课尤为注重激发学生主动参与的热情，加深其内心体验，并强化实践操作的训练。

在课程形式上，活动实践课展现出高度的灵活性与多样性，包括但不限于辩论赛、小组讨论、互动游戏以及心理剧表演等。而在内容设计上，它则广泛涵盖了学校适应、同伴交往等多个与学生日常生活紧密相关的领域，旨在通过丰富多样的活动形式与内容，全面促进学生的心理健康发展与社会适应能力的提升。

在活动进行的整个流程中，学生之间的协同合作不仅能够有效提升他们解决问题的效

率，还能够显著增强他们的团队协作意识。更为重要的是，这样的合作过程为学生社交能力的培养提供了宝贵的实践机会。在团队合作的框架下，学生们能够接触到多样化的思维方式，这些思维的碰撞往往能够激发出新的灵感，促使他们从多个角度对问题进行深入思考和探讨，从而找到更为全面和创新的解决方案。

作为教师，不仅是活动的参与者，更是学生探索过程中的引导者。具体而言，致力于确保每位学生都能充分参与到活动中，获得丰富的体验。同时，也应当及时且积极地回应学生的需求和困惑，特别是对于在活动中遇到困难的学生，应给予特别的关注和个性化的帮助。此外，在恰当的时机主动进行示范，与学生携手合作，共同面对挑战，实现教学相长，与学生一同成长。

三、完善心理健康教育课教学评价体系

（一）建立以核心素养为导向的教学评价体系内容

心理健康教育评价的核心原则强调，教师应当与学生建立一种基于平等原则的友好交往关系，成为学生的良师益友，这种平等的关系是提升心理健康教育课程质量的关键所在。在课程推进的过程中，教师必须展现出对学生的充分尊重，包括对学生的言行举止保持尊重，对学生的人格给予高度重视，并严格保护学生的个人隐私信息。

为了营造一个开放包容的课堂氛围，教师应当激励学生积极参与讨论，鼓励他们大胆坦露心声，勇于表达自己的见解与看法。在这个过程中，无论学生的观点是否成熟或准确，教师都应确保在正确引导的前提下，避免对学生作出草率的评价或判断。在课堂上，教师的角色应当转变为引导者和辅助者，与学生并肩作战，共同投入到各项活动中，携手完成既定的教学目标。

在构建以核心素养为导向的教学评价体系时，其内容可细化为以下四个方面。

首要的是学科知识的获取与学习方法指导，这要求教育者遵循现代学习理论，针对学生学习过程中可能遇到的各种问题，有计划、有步骤地指导学生掌握科学的学习方法。这一环节涵盖了学习方法、学习动机、学习兴趣、学习习惯以及应试心理等多个维度的指导，旨在全方位地培养学生的学科知识核心素养。

人际沟通能力的培养同样至关重要。在教学过程中，教师可以通过组织小组合作学习、设置多样化的活动课程，以及设计需要合作完成的任务，来促进学生间的交流与合作。这些活动不仅能够提升学生的沟通能力，还能在合作的过程中锻炼他们的人际交往技巧。

自我认知的培养也是心理健康教育课程的重要目标之一，旨在帮助学生建立正确的自我意识，形成积极向上的世界观、人生观和价值观，培养他们乐观向上、健康积极的心理

品质。同时，通过充分开发学生的心理潜能，促进学生的身心和谐与可持续发展。

环境适应能力的培养对于青少年学生来说尤为关键。高中阶段的学生正处于心理发展的高峰期，认知能力和逻辑思维能力都有了显著提升，智力发展已接近成人水平。然而，他们的心理尚未完全成熟，情绪表现出不稳定性和复杂性，特别是在面对学业压力和人际交往困扰时，容易产生焦虑情绪，导致对周围环境的不适应。因此，教师需要从社会环境适应的角度出发，帮助学生有效调节人际焦虑和学习焦虑，鼓励他们以积极乐观的心态去结交朋友，积极融入社会，从而不断提升自身的环境适应能力。

（二）丰富教学评价方法

在心理健康教育课程的教学效果评价体系中，学生的成长与进步占据着举足轻重的地位，它构成了该评价体系的核心。针对青少年学生的成长这一关键考察点，部分隐性的成长指标难以仅凭问卷或标准化测验得以全面且深入的揭示。因此，教师有必要采取多元化的教学评价手段，以更为全面地捕捉学生的成长轨迹。

对于那些可以通过量化方式评估的心理特质，如学生的记忆力等认知能力，可以借助问卷调查或专业的心理测验工具来直接获取相关数据。例如，为了了解学生的记忆力水平，可以设计并实施专门的记忆力测验。然而，对于那些难以通过问卷或测验完整呈现的心理品质，则需在利用问卷调查获取初步信息的基础上，进一步深入学生群体，细致入微地了解他们的学习压力、心理状态等。

通过这样一种综合性的评价方式，不仅能够获得更为全面且具体的学生成长数据，还能够基于这些数据，针对学生的学习实际情况，制订出更具针对性和实效性的教学计划。在此基础上，教师可以不断反思并优化教学策略，从而推动心理健康教育课程教学质量的持续提升。

（三）及时反馈教学评价结果

为了确保教学评价的时效性与有效性，教师在实施体验式教学模式的过程中，必须高度重视与学生的互动以及促进学生间的沟通合作。在体验式教学活动中，学生难免会遇到种种困惑与挑战，此时，教师若能适时地为学生提供必要的帮助与指导，无疑将极大地增强学生的参与信心，并显著提升体验式教学的成效。

除此之外，师生互动在体验式教学中还扮演着更为关键的角色。通过细致的观察与评估，教师能够对学生的表现给予及时的反馈，并针对学生的具体表现提出相应的评价意见与建议。这种及时的反馈与评价不仅能够帮助学生明确自身的优势与不足，还能够引导学生进一步发展各项能力。

因此，在实施体验式教学模式时，教师务必确保能够为学生提供及时且有针对性的教学评价。通过精准的点评与个性化的指导，教师能够更有效地促进学生的学习与发展，这也是体验式教学模式得以成功实施并发挥最大效用的关键环节之一。

（四）建立青少年学生评教的长效机制

核心素养理念强调青少年群体的长远发展能力，因此，心理健康教育课程的评价不应只局限于对学生当前心理健康水平的即时评估，而应当构建一套着眼于学生长远发展的规划体系。在发展性原则这一心理健康教育课程的核心指导下，教育教学活动应当秉持一种动态的、前瞻性的视角来审视学生的心理发展，而非仅仅聚焦于学生某一特定阶段的发展状况。

这样做是为了确保教学活动的长期有效性，即通过持续的引导与支持，助力学生逐步实现全面且可持续的发展。通过这一方式，不仅能够更准确地评估学生的心理健康状况，还能够为学生的未来成长奠定坚实的基础，确保他们在人生的各个阶段都能保持积极向上的心理状态和稳健的发展态势。

参 考 文 献

［1］查佳凌，金薇，徐呈宙，等．基于 BERT 的青少年心理健康预警模型［J］．中国数字医学，2024，19（10）：101-106.

［2］常原鸣．多元参与视角下深圳市青少年心理健康管理问题及对策研究［D］．武汉：华中师范大学，2023.

［3］陈凤，赵若兰．手机依赖对青少年心理健康的影响及应对［J］．百科知识，2024（30）：56-57.

［4］陈雪峰．青少年心理健康问题的影响因素与应对［J］．人民论坛，2024（16）：90-93.

［5］杜敏敏．社交媒体内容生产对青少年体育健康促进的影响研究［D］．曲阜：曲阜师范大学，2022.

［6］付仁．家庭故事对农村青少年心理健康的影响研究［D］．武汉：华中农业大学，2023.

［7］高彬艳．焦虑对青少年创造力的影响［D］．成都：四川师范大学，2023.

［8］葛玥．智能手机成瘾与青少年心理健康的关系：横断与纵向研究的证据［D］．武汉：华中师范大学，2023.

［9］公维举．足球运动对青少年心理健康的干预效果研究［D］．上海：上海师范大学，2023.

［10］苟舒尧．父母应对方式对青少年心理韧性的影响：自我效能感的中介作用［D］．南充：西华师范大学，2023.

［11］郭自珍．青少年自我宽恕、情绪管理和心理健康的关系研究［D］．成都：西南交通大学，2021.

［12］胡鑫．青少年健康体适能与心理健康的关系研究［D］．重庆：西南大学，2023.

［13］亢莉萍．跆拳道运动促进青少年身心健康发展研究［D］．武汉：武汉体育学院，2023.

［14］李剑飞．体育锻炼促进青少年心理健康发展的作用分析［J］．健与美，2024

(10)：105-107.

［15］李兰馨．家庭教养方式和亲子价值观冲突与青少年心理健康的关系探究［D］．上海：华东师范大学，2022.

［16］李茹梦．父母心理控制与青少年抑郁情绪的关系：心理弹性的中介作用及干预研究［D］．南充：西华师范大学，2023.

［17］李腾子．音乐治疗促进青少年心理健康的研究［J］．四川教育，2024(27)：47.

［18］李怡静．青少年手机使用对心理健康的影响机制研究［D］．济南：山东大学，2021.

［19］李子月．家庭教育投入对我国青少年心理健康的影响［D］．长春：吉林大学，2023.

［20］刘冰．篮球运动对青少年健康体适能及心理健康的影响研究［D］．北京：首都体育学院，2022.

［21］刘彤．共同做好新时代青少年心理健康工作［N］．人民政协报，2024-10-18(001)．

［22］刘欣怡．青少年自我关怀的发展、环境影响因素及其对心理健康的促进作用［D］．上海：华东师范大学，2022.

［23］鲁晓辉，李妍，芦红燕，等．青少年心理健康状况调查及心理干预效果评价［J］．职业与健康，2024，40（18）：2544-2548.

［24］吕青．基于情感化理论的青少年心理类 APP 交互设计研究［D］．青岛：青岛理工大学，2022.

［25］潘雅欣．基于情绪调节理论的青少年心理疏导 APP 界面设计研究［D］．济南：济南大学，2023.

［26］潘亚军．青少年社会性发展的影响因素及家校共育策略研究［D］．青岛：青岛科技大学，2022.

［27］齐兰兰，周素红，张琳，等．城市绿色空间对青少年心理健康的影响：性别和手机娱乐时间的调节作用［J］．中山大学学报（自然科学版中英文），2025，64（1）：228-237.

［28］秦玮崧．青少年抑郁情绪及其影响机制研究［D］．北京：中国社会科学院大学，2022.

［29］任学慧．家庭教育投入对青少年学业成绩和心理健康的影响［D］．济南：山东大学，2021.

[30] 申宏浩. 家校协同视域下青少年学生心理健康现状及提升对策研究 [D]. 西宁：青海师范大学，2023.

[31] 绳金承. 社会支持对青少年健康促进生活方式的影响研究 [D]. 重庆：西南大学，2023.

[32] 司炜晨. 心理健康的“隐形杀手”：青少年社交媒体成瘾 [J]. 科学之友，2024（10）：147-148.

[33] 王一鸣，王洪芳. 乡村青少年心理健康监测及干预策略案例研究 [J]. 吉林教育，2024（24）：50-53.

[34] 吴慧攀. 中国心理亚健康青少年体质健康及其影响因素的研究 [D]. 上海：华东师范大学，2019.

[35] 许国帅. 基于元认知与情感化设计的青少年心理健康产品设计研究 [D]. 上海：华东理工大学，2022.

[36] 宇霖. 音乐治疗对青少年心理健康教育的探究 [J]. 当代音乐，2024（10）：141-143.

[37] 张婷. 青少年健康体适能与心理行为问题的关系及运动干预研究 [D]. 上海：华东师范大学，2023.

[38] 章珂珲. 篮球运动对青少年体质及心理健康影响的研究 [D]. 哈尔滨：哈尔滨体育学院，2022.

[39] 朱馨瑶. 浅谈体育运动对青少年心理健康的积极影响 [N]. 河南经济报，2024-10-31（012）.